澄心清意

阅读致远

中日图解
山海经

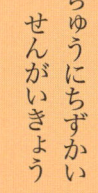

ちゅうにちずかい
せんがいきょう

何中夏 注解

浙江文艺出版社
Zhejiang Literature & Art Publishing House

出版说明

《山海经》是中国先秦古籍,其在中国传统文化经典中有着重要的地位,是一部融合了地理、历史、民族、宗教、矿产、医药等多学科的著作。若说"连世界都没有观过,就没有世界观"的话,从此书中,无疑是能够窥见中国古人之世界观的,因为《山海经》从一定意义上来说,就是古人观世界的记录。这本书对于研究中国古代的社会历史文化有重要的作用,同时,它也对如今仙侠、玄幻等题材的电影、小说里虚拟世界的整体架构有着很大的影响。

关于《山海经》,不论是其归类还是作者和成书年代,都没有确切的定论。

在归类上,因其内容涉及的面向广,先后被归分到不同的类别中:《汉书·艺文志》归其为形法类;东汉班固则将之列入术数类;而刘歆则认为《山海经》是一部地理博物著作;西晋的郭璞认为它是一部可信的地理文献,《隋书·经籍志》《旧唐书·经籍志》《新唐书·艺文志》及王尧臣《崇文总目》也皆将其列入史部地理类书;《宋史·艺文志》又将其划分到史部的五行类;至明代,胡应麟认为《山海经》为"古今语怪之祖",始将该书列为"语怪"之书;清代的《四库全书总目提要》则认为它是"小说之最古者",将之列入子部的小说家类;到了近代,鲁迅的《中国小说史略》把它归为"古之巫书"。统而观之,《山海经》之杂,似乎很难有什么确定的归类。

至于这本书的作者和成书年代,旧传为夏代初期,夏禹、伯益所作;近人蒙文通先生则认为《山经》为古巴人所编,《海经》为古蜀人所辑,而袁珂先生却断定《山海经》的作者是战国初年或中年的楚国或楚地人。

其实说起来,西汉刘歆曾经明确地说:"《山海经》者,出于唐虞之际……禹别九州,任土作贡,而益等类物善恶,著《山海经》。皆圣贤之遗事,古文之著明者也。"这是一封上书给汉哀帝的表奏,其出现舛误实要冒杀头之罪,按理应当可信。但有学者认为,夏禹、伯益其时,在传说体系里,仓颉虽已造字,但并没有足够的文物证明文字的普及,所以,《山海经》的流传很可能经历了"口头文学"的形式,最终将"口头"落为文字的"著者",大约就如蒙文通先生或袁珂先生所说,是古巴蜀人或战国时期的楚人。

通过典籍,我们能够知道,有一本《山海经》,屈原读过、老庄读过、吕不韦读过、秦始皇读过,到司马迁,他甚至还发出了"至《禹本纪》《山海经》所有怪物,余不敢言也"的感慨。

需要注意的是,经过千百年的流传,"那一本"《山海经》究竟是不是如今我们能够看到的这本,未有定论。

我们今天所能看到的最早的版本是由西汉刘秀(即刘歆)校订,东晋郭璞作注的。《山海经》原是有图的,郭璞曾作有《山海经图赞》,后来赞存图佚,后人依赞另作新图。东晋以后《山海经》的研究相对沉寂,至明、清复盛,重要的著作有明代杨慎的《山海经补注》、王崇庆的《山海经释义》,清代汪绂的《山海经存》、吴任臣的《山海经广注》、毕沅的《山海经新校正》、郝懿行的《山海经笺疏》等。其中,郝懿行的《山海经笺疏》博采众家之长,成一家之说,为后世研究者不可不读之作。到了现代,研究者中成就最大的当数袁珂先生。他作有《山海经校注》《山海经校释》《山海经全译》等。其中《山海经校注》一书,在广泛吸收古今研究成果的基础上,又有诸多创获,实为《山海经》研究的集大成之作。

总之,对于《山海经》的阅读,每个人可以有不同的解读方法,或学术性研究,或知识性参考,或趣味性发现,或开拓式发散,诸如此类。每一种阅读,都有其独有的魅力。所有的阅读,都是发现与众不同之美的手段;于《山海经》而言,每翻一页,便是越过了中国古代的一片河山,一片风土,一片中华文明之美……

现在我社奉献给读者的这个校注本,以还读楼校刊本郝懿行《山海经笺疏》为底本,博采各家之长,注释力求简明扼要,地名不详者未一一指出,注音主要依据《现代汉语词典》,书中插图均选自清代吴任臣《山海经广注》。舛误不当之处,敬请读者批评指正。

此次出版《中日图解山海经》,我社将首次完整出版长期被誉为"山海经神兽彩卷"的日本国宝级绘卷《怪奇鸟兽图卷》,并对此图卷附以详细解说。《怪奇鸟兽图卷》诞生于日本江户时代,作者不详,从被发现以来一直被学界认为是日本人所绘关于《山海经》的图卷,因图卷内容反映出古代日本人对《山海经》中神兽的异域想象而备受重视。此图卷共绘有76种珍禽异兽,约有60种出自今本《山海经》,画风细腻,用笔生动且以彩色绘制,相比较我国明清时期各类黑白线描《山海经》图谱尤显珍贵。现将这一异国奇图以全彩的形式完整出版,以飨读者。

浙江文艺出版社
2021年8月

怪物是如何炼成的？

刘宗迪

一

《南山经》之首曰䧿山。其首曰招摇之山，临于西海之上，多桂，多金、玉。有草焉，其状如韭而青华，其名曰祝余，食之不饥。有木焉，其状如榖而黑理，其华四照，其名曰迷榖，佩之不迷。有兽焉，其状如禺而白耳，伏行人走，其名曰狌狌，食之善走。丽麖之水出焉，而西流注于海。其中多育沛，佩之无瘕疾。

又东三百里，曰堂庭之山，多棪木，多白猿，多水玉，多黄金。

又东三百八十里，曰猨翼之山。其中多怪兽，水多怪鱼，多白玉，多蝮虫，多怪蛇，多怪木，不可以上。

这是两千多年前的一位旅行者所写调查报告中开头的几段。这位在群山中跋涉的旅行者，沿着预先设计的路线行进，他可能是穿行于山间谷地的古老交通线，也可能是沿河谷溪流循水而行。他每到一山，就记下这一座山相对于他经过的上一座山的方位和里程，随后他会记下他对这座山植被、水土的总体观察，如：山上长什么树？生什么草？是草木茂盛，还是童山濯濯？山上是否有水源？是否有河流流出？这些河流最终流向哪里？他还记下这些山上生活着什么样的野兽、鸟类，水中有什么样的鱼类和两栖类动物，他甚至记下了对山上草木鸟兽这类生物形态的细致观察：那些树或草长什么样的叶？开什么样的花？结什么样的果？生什么样的种子？那些飞禽、走兽、爬虫、游鱼长得什么样子，它们的头部、面目、躯体、四肢、尾巴、皮毛分别长得什么样子？叫声是怎样的？习性是怎样的？对人有无伤害？

这显然是一位既有耐心又很细心的观察者。如果说这些关于生物形态的客观性知识都可以通过观察得到，那么这些草木鸟兽虫鱼叫什么名字，以及吃了这些草木的果实、鸟兽的肉或佩戴这些鸟兽的皮毛能治什么病，对身体有什么样的好处或坏处，诸如此类的知识却不是靠一时半霎的观察就能得到的，这位旅行者必定还走访了原住民，如山间的樵夫或打猎、采药的山民，方才获得这些地方性知识。他不仅关心山林溪流中的活物，也对山中的矿藏有着浓厚的兴趣，他记下了很多山中、河流中蕴藏的矿物，比如金、银、铜、铁、玉石、丹砂、雄黄、雌黄、硫黄、矾石以及各种各样质地细腻、纹理美观的岩石。这位旅行者将他沿途观察所得和访求所得的地理信息、博物知识，以山为纲，分门别类，表其名，写其形，记其用，一一记录在案，编纂成册，成为最早的一部基于实地考察的地理博物志，经过两千多年的岁月荡涤，这部书居然几乎完好无损地保存了下来，这就是我们今天看到的《五藏山经》。

我们今天看到的《山经》，分为《南山经》《西山经》《北山经》《东山经》《中山经》五篇，每一篇又按照山的不同走向、序列分为数个山次，《南山经》《北山经》各三次，《西山经》《东山经》各四次，《中山经》十二次，每一山次的山数从数座到数十座不等，各次按照特定的走向依次记录每一座山的方位里程和自然物产。比如，开头引的这几段就见于全书第一篇，即《南次一经》的开头，据此不难看出全书的内容和体例的大概。

招摇之山位列全书之首，具有起例发凡的作用，因此记录比较完备：首先说明此山的位置，"临于西海之上"。其次说明此山物产的基本情况，"多桂，多金、玉"。再次详细描述了此山特有的几种物产：有一种草，叶似韭，开青花，名曰祝馀，吃了可以耐饥；有一种树，名曰迷榖，叶状似榖树，其实就是榖树的一种，榖树又名构树、楮术，古人用其皮造纸，至今在山间田畔仍常见，因为此树开花如绒球一般，细小的花瓣四出如光芒四射，故书中说"其华四照"；"有兽焉，其状如禺而白耳，伏行人走，其名曰狌狌"，这当然就是动物园中常见的猩猩。猩猩长臂长腿，行走如风，故古人相信"食之善走"，吃了猩猩肉，变成"飞毛腿"。这座山上还发源一条溪流，名叫"丽䴢之水"，溪流西流，注于西海，水中产一种东西叫"育沛"，大概是一种矿物，将它佩戴在身上，肚子里不长虫子（"无瘕疾"）。

《山经》全书，记录山峰四百多座，大小河流数十条，行程数万里，记录草木、鸟兽、鱼蛇数百种，金石矿产十数种，详细描述了其产地、性状、习性、效用的草、木、鸟、兽、鱼各有数十种。如此大规模的山川博物志不可能是出自一个人之手，而必定是一个有着严密组织、精心筹划的学术团队集体劳动的成果。全书记山川脉络清晰,载物产具体翔实,行文平铺直叙,状物绘声绘色,通篇体例严谨,条理分明,虽众物纷纭繁杂,但记述有条不紊,分明是一份经过周密计划、基于实地考察、以资源利用为指归的国家地理物产调查报告。

二

然而,如果说《山经》是一部实录山川物产的自然博物志,其中何以又会充斥着众多非牛非马、人面兽身、九头九尾之类怪诞离奇,显然非世间所实有的怪物呢?

比如开头引的《南山经》段落后接下来的几座山中,就出现了数种怪兽:柢山之鯥,鱼类而陵居,其状如牛,蛇尾有翼,身生羽毛,一身而兼具鱼、牛、蛇、鸟之形体;亶爰之山的类,自为牝牡,一身而兼具雌雄两体;基山之猼訑,九尾四耳;鹛鵂三首六目、六足三翼;青丘之兽,如狐而九尾而食人;英水之鱼,鱼身而人面,声如鸳鸯。虽说大千世界,无奇不有,但走兽只有一条尾巴两只耳朵,飞鸟只有两个翅膀,水中的鱼也不可能生着人的面孔,至于一身兼具雌雄双体,甚至一身兼具鱼类、兽类、鸟类、爬行类的形体,则更不可能。如此这般的奇鸟、怪兽和异鱼,似乎不可能是自然界所实有,只能是出自想象和虚构,如此说来,《山经》分明就是白日梦般的臆说怪谈,与其视之为自然博物志,不如归之于志怪、小说之列更实至名归。因此,在一般人的心目中,《山经》就成了一部妖兽录、怪物谱。

实际上,这些乍看之下荒诞离奇的记载,只有在古代博物学的语境中才能得到恰如其分的解释。

《山经》中出现的"怪物",大概可以分为两种类型:一类是非牛非马、人面兽身、一身兼具众体的复合类动物;一类是一兽多尾、一鸟多翼、肢体冗余(或欠缺)的畸形动物。前者可称为"复合兽",后者可称为"畸形兽"。

一身兼具众兽之体的"复合兽",在《山经》中最为常见,上述"其状如牛,蛇尾有翼,身生羽毛"的鯥,就是典型的复合兽,我们不妨多看几种,就不难看出这类"怪物"的来历:

> 玄龟:其状如龟而鸟首虺尾,其名曰旋龟,其音如判木,佩之不聋,可以为底。

鹠：有鸟焉，其状如鸱而人手，其音如痹，其名曰鹠，其名自号也，见则其县多放士。

猾裹：有兽焉，其状如人而彘鬣，穴居而冬蛰，其名曰猾裹，其音如斫木，见则县有大繇。

蛊：有兽焉，其状如虎而牛尾，其音如吠犬，其名曰蛊，是食人。

蛊雕：水有兽焉，名曰蛊雕，其状如雕而有角，其音如婴儿之音，是食人。

鲐鱼：黑水出焉……其中有鲐鱼，其状如鲋而彘毛，其音如豚，见则天下大旱。

（以上俱见《南山经》）

此类复合兽，可以柢山上的"鯥"为典型："有鱼焉，其状如牛，陵居，蛇尾，有翼，其羽在魼下，其音如留牛，其名曰鯥，冬死而夏生。"它明明是鱼，却身形如牛，长着蛇的尾巴、鸟的翅膀，肋（魼）下生羽，世上安有这般一身兼具飞鸟、走兽、游鱼、爬行类动物的特征，完全违背动物分类学规律的怪物？此鱼不仅长相怪，习性更怪：明明是鱼，却居于山陵，不仅如此，此鱼在冬天死去，到了夏天又会复活。它不仅跨越了动物分类的边界，而且还超越了空间（水与陆）和时间（生与死）的秩序，反常则为怪，无法纳入现成秩序的事物就是怪物，此物可谓集怪物之大全。此等与自然秩序背道而驰、格格不入的怪物，似乎不可能存在于现实中，而只能是凭空捏造的产物。

实际上，此物世人常见，它不是别的，就是穿山甲。《尔雅翼·释兽》云："鲮鲤，四足似鼍而短小，状如獭，遍身鳞甲，居土穴中。盖兽之类，非鱼之属也，特其鳞色若鲤，故谓之鲮鲤，又谓之鲮鳢。野人又谓之穿山甲，以其尾大能穿穴故也。"《本草纲目》卷四十三云："鲮鲤……其形肖鲤，穴陵而居，故曰鲮鲤，而俗称为穿山甲。郭璞赋谓之龙鲤。"《山经》谓鯥"其音如留牛"，"鯥"音六（郭璞注），盖即得名于其叫声，"鲮鲤""龙鲤""鲮鳢"诸名，皆为"鯥"一音之变。《山经》关于鯥的"怪异"记述，皆可在穿山甲身上找到印证：穿山甲体形与牛相去甚远，但其身大头小，且背部隆起，却与牛的体形有几分相似；尾巴修长，故谓之蛇尾；鳞片重叠、周身披甲，有似鸟翼；鳞片间生有硬毛，身体两侧硬毛尤多，故谓之魼下生羽；周身生鳞似鱼，且可入水，故谓之鱼；穿山甲冬眠，故谓之"冬死而夏生"。因穿山甲善打洞、食虫蚁，古人顺势按医学思维，相信食其肉可以"通经脉，下乳汁，消痈肿，排脓血，通窍杀虫"（《本草纲目》），穿山甲至今仍是一味常见中药，以至于导致穿山甲濒临灭绝，《山经》为"食之无肿疾",正是出于同一思路,可见后世本草医学与《山经》一脉相承。

在上古时期博物学尚不发达、尚未建立一套共度性的博物学术语,更没有博物绘画术和照相术的条件下,要记录一种动物的形态,最方便可行的办法就是借世所常见的动物对之进行比方形容,告诉人们它的脑袋像啥,面孔像啥,四肢尾巴像啥,等等。于是就"捏造"出形形色色的由不同动物的形体组合而成的异形"怪物",实际上,至今人们仍是如此这般地描述陌生动物。如果明白了这个道理,也就不难看穿《山经》中种种"怪物"原本平凡的真面目。

图一:鲮

但若不明白这个道理,再加上望文生义,少见多怪,就难免把这些记载中的生物看成怪物,而《山海经》也就变成了怪物之书。在坊间流行的各种《山海经》图谱,上述动物都被画成了怪物。比如鲮,亦即穿山甲,在画手们的笔下,就变成牛首鱼身、身生双翼的怪物。(如图一)

三

另一类怪物,即躯体增生或残缺的"畸形兽",诸如一身九尾之狐、一身六翼之鸟,或者只有三条腿、一只眼的兽之类,其来历则另当别论。此类怪物在《山经》中也较为多见,如《东山经》所载:

> 从从:有兽焉,其状如犬,六足,其名曰从从,其鸣自詨。
> 珠蟞鱼:澧水出焉,东流注于余泽。其中多珠蟞鱼,其状如肺而有目六足,有珠,其味酸甘,食之无疠。
> 蠪姪:有兽焉,其状如狐而九尾、九首、虎爪,名曰蠪姪,其音如婴儿,是食人。

㐌㐌:有兽焉,其状如马而羊目、四角、牛尾,其音如獠狗,其名曰㐌㐌,见则其国多狡客。

鲢鲢鱼:深泽,其中……有鱼焉,其状如鲤,而六足鸟尾,名曰鲢鲢之鱼,其名自叫。

蜚:有兽焉,其状如牛而白首,一目而蛇尾,其名曰蜚,行水则竭,行草则死,见则天下大疫。

走兽四足,飞鸟双翼,鱼蛇无足,牛羊双角,不管什么动物,都只有一个脑袋、一条尾巴,而《山经》中却记载了大量的多足、多翼、多尾、多目、多角或少足、少目的动物,委实令人费解,无怪乎世人把它们当成怪物。

《山经》既为纪实的博物志,其所记载之物,不管如何怪异,亦当为实有之物。诸如此类的记载究竟为何种动物,诚难以考见,但其原为普通的动物当可断定。古代没有动物园,更没有自然博物馆、标本陈列室,能让动物学家或公众就近仔细观察动物的长相。野兽飞鸟隐于密林茂草、深山幽谷,出没无常,行踪诡秘,人们往往唯闻其声,不见其形,即使偶尔目睹其形,也无法细致观察,因此难以准确描述其形态、长相。加之野兽出没,往往给人带来恐惧,因此人们在描述其形象时难免不夹杂想象和夸张的成分。《大戴礼记》云:"平原大薮,瞻其草之高丰茂者,必有怪鸟兽居之;……高山多林,必有怪虎豹蕃孕焉;深渊大川,必有蛟龙焉。"茂草大薮、高山深林、深渊大川,原本就神秘莫测,因神秘而对出没于其中的鸟兽生出种种不切实际的幻想。《山经》成书时代的博物学家,对于草木植物不难通过细致观察以记录其形态,而对于行踪不定的飞禽走兽,则大概只能依据当地人的口述和传闻,因此其关于野生动物的记录就必然羼杂种种偏差和错误,失真在所难免。

正因为鸟兽出没无常,难以详观细察,往往只闻其声不见其形,因此,古人对鸟兽的认识和观察,往往是从声音开始的。《山经》关于动物的记述,常说明其音如何,就体现出古人对于动物声音的关注,如鹿蜀"其音如谣"、旋龟"其音如判木"(劈木头)、鲑"其音如留牛"、九尾狐"其音如婴儿"、灌灌"其音若呵"、赤鱬"其音如鸳鸯"、狸力"其音如狗吠"、长右"其音如吟"、猾裹"其音如斫木"、蛊雕"其音如婴儿",等等。因为熟知动物的声音,故古人顺理成章地就会根据叫声辨识动物并为之命名,《山经》中记录鸟兽的名称,常附以"其鸣自号""其名自号""其鸣自呼""其鸣自叫""其名自该"之句,所谓自呼其名,即表示此动物的名称即得自其鸣叫之声,如鸰"其名自号也"、瞿如"其鸣自号也"、毕方"其鸣自叫也"、孟极"其鸣自呼"、幽鴳"其鸣自呼"、精卫"其鸣自詨"、从从"其鸣自詨"、䍿䍿"其鸣自叫"、朱獳"其鸣自訆"、鮯鮯鱼"其名自叫"、精精"其鸣自叫"、鸰鹍"其鸣自呼"、狪狪"其名自訆",皆属此类。实际上,我们今天使用的动物名称,很多都是源于对其声音的拟声词。《山经》中诸如此类的记载,既是不可多得的语言发生学史料,也有助于我们了解古人博物知识的发生学。这些记载说明,与我们今天的认识主要依靠形象和视觉认识和命名自然事物不同,古人对世间万物的认识,更倚重于声音和听觉。对于他们而言,自然不仅是可以观看的,更是可以聆听的,风声、雨声、草木之声、生灵之声,洋洋乎充盈于天地和山川之间,此起彼伏,各具腔调,一片天籁。古人在对飞禽走兽的形态缺乏有效观察的情况下,正是依靠声音,对其进行辨识和命名,将自然生灵纳入人类的语言秩序和意义世界。

不过,我们也不可低估古人对事物形象的观察能力和了解程度,而轻易地将《山经》中不合乎自身常识的记载皆归之于古人的无知妄诞,因为这其中也许蕴含着古人真切的博物学观察呢。例如上引澧水之中的珠𪓟鱼,"其状如肺而有目六足,有珠,其味酸甘,食之无疠"。乍看之下,无疑胡说,世界上哪有长四只眼、六只脚的鱼?在前人画的珠𪓟鱼图中,就把它画成了一条头长四只眼、身体两侧各生三足的怪鱼(如图二)。然而,《山经》既然称"其味酸甘,食之无疠",可见古人确实吃过这种东西。"珠𪓟",《吕氏春秋·本味》引作"朱鳖",郭璞《江赋》引作"赪鳖",《南越志》云:"海中多朱鳖,状如肺,有四眼六脚而吐珠。"(《初学记》卷八引)亦作"朱鳖",可见"珠𪓟"当作"朱𪓟","朱"盖言其色,误"朱"为"珠",当涉下文"有珠"而讹。《山经》关于珠𪓟鱼的记载,很容易让人联想到一种至今犹见于闽浙沿海及南海而被称为"古生物化石"的甲壳类水生物,即鲎。《本草纲目》云:"鲎,状如熨斗之形,广尺余,其甲莹滑,青黑色,鳌背骨眼,眼在背上,口在腹下,头如蜣螂,十二足,似蟹,在腹两旁,长五六尺,尾长一二尺,有三棱如棕茎,背上有骨如角,高七八寸,如

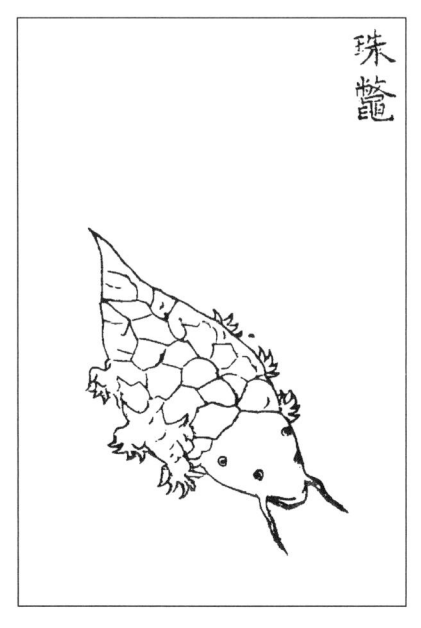

图二:珠𪓟鱼

石珊瑚状,每过海,相负示背,乘风而游,俗呼鲎帆。"鲎之为物,有壳似鳖,故《山经》以"鳖"名之;鲎壳赪赤,故称"朱鳖";其身体由两节组成,无论从造型还是颜色,都很像肺叶,故《山经》谓之"如肺";鲎有十足,《山经》谓之"六足",虽不中亦不远。《山经》谓朱鳖"有(四)目",鲎确实是"四眼",其头胸甲两侧有一对大复眼,每只眼睛是由若干个小眼睛组成,在其头胸甲前端还有两只小眼睛,只用来感知亮度。可见,《山经》的记载虽然简单,却很能抓住鲎的特点,可见古人察物之精细,《山经》之非妄作。鲎可食,具药用,《本草纲目》引孟诜称"治痔,杀虫",《山经》谓"食之无疠","疠"即"癞",谓恶疮之类的皮肤病,可见后世本草犹保存了《山经》的古老知识。

　　古人靠山吃山,靠水吃水,他们在采集、料理鸟兽虫鱼的同时,必然获得了丰富的博物知识,最初的博物知识与其说是源于眼睛和博物馆,不如说是源于"舌尖"和厨房。古人对于自然万物的知识,都是在长期的生产生活实践中日积月累而成的,这些知识原本只在民间靠言传身教而世代相传,时过境迁则风吹云散,只有极少的一部分能被记录下来并流传后世,历史上,像《山经》这样一部系统记载民众自然知识的博物志,可谓绝无仅有、难能可贵,现今的人类学、民俗学靠所谓"田野研究"所获得的"地方性知识"或"传统知识",与《山经》之洋洋大观比起来,实为小巫见大巫。

四

　　《山经》的荒山野水之中,除了时时闪现怪异鸟兽的魅影之外,还有山灵水怪偶尔出没,这些形象怪异、出没无常的神怪,也让《山经》其书笼罩了一种神秘的氛围,让人怀疑其真实性,并进而否认其地理博物志的价值。尤其是每篇之末的结语,除总计该篇所记总山数和总里程外,还记载了该篇所记群山的山神,如《南次一经》的结语云:

　　　　凡䧿山之首,自招摇之山,以至箕尾之山,凡十山,二千九百五十里。其神状皆鸟身而龙首,其祠之礼:毛用一璋玉瘗,糈用稌米,一璧,稻米,白菅为席。

　　综观《山经》全书,尽管各篇山神形象各异,或鸟身龙首,或人面蛇身,或马身人面,或彘身蛇尾,祭品、祭器和仪式的品类和数量不同,但其记述体例却如出一辙。

《山经》每一篇所记,少则数山,多则数十山,少则绵延数百里,多则绵延数千里甚至上万里,却均由一神统领。如此地域辽阔、纲纪严明的山神祭祀制度,显然不可能是自发性的地方性崇拜,而只能是出自制度性的安排,或者正是主持《山经》的知识团体所筹划的国家性山神祭典,在《山经》时代,这一祭典要真正落到实处并不容易,大概只是停留在纸面上的规划。至于这一山神祭典的用意,与其说在于拜神,而毋宁说更在于通过设立山神祭祀,达到对山川资源的经略和占有的目的,其经济和地理方面的战略意义更重于宗教和民俗的意义。《礼记·祭法》云:"山林川谷丘陵,民所取材用也。"山川物产资源为百姓生活之所仰、国家财用之所出,所以需要对之进行管理和看守。《周礼·地官》记载山虞"掌山林之政令,物为之厉而为之守禁。……若祭山林,则为主而修除,且跸"。山虞就是守护山林资源并负责山神祭祀的山长。山虞之外,《周礼》中还记载有负责管理森林资源的林衡(林务官)、管理川泽资源的川衡(河长)和泽虞(湖长),以及专门负责管理某类山川物产的官司,如负责看守"金玉锡石之地"的卝人(矿长)、向山泽之农征收"齿角骨物"的角人、征收鸟类羽毛的羽人,等等。《左传·昭公二十年》载晏子批评齐景公不顾百姓疾苦,垄断山川资源,"山林之木,衡鹿守之,泽之萑蒲,舟鲛守之,薮之薪蒸,虞候守之,海之盐蜃,祈望守之",可见《周礼》中所定制度虽属儒者的制度安排,但绝非空穴来风,而是有春秋、战国时期的现实制度为依托的。齐国尤其重视山川自然资源的开发,《管子》书中屡屡论及山林薮泽的开发利用,并主张国家借山神祭祀对山林资源进行垄断。《地数》篇云:"苟山之见其荣(矿脉)者,君谨封而祭之。距封十里而为一坛,是则使乘者下行,行者趋,若犯令者罪死不赦。"《国准》篇云:"立祈祥以固山泽。"设祭于山,借以宣示国家对山川资源的占有权,同时,封山为神,将山林宣布为神圣之地、禁忌之域,增加其神秘感,令百姓敬而远之。可见,上古时代,山神祭祀制度与山林资源开发相伴而生。明乎此,不仅可知《山经》诸山次之神祀的渊源,于《山经》其书的性质和来历亦知过半矣。

鲁迅《中国小说史略》因见《山海经》"记海内外、山川神祇异物及祭祀所宜",且"所载祠神之物多用糈(精米),与巫术合",遂断定其为"古之巫书"。以鲁迅先生之崇高地位,此说极大地影响了现代学者对《山海经》其书的认知,它在使《山海经》被神话学、宗教学和民俗学倍加推崇之同时,却大大贬低了其地理学价值。实则,祭祀虽为巫师者流之能事,但如《山经》所记载般大规模、系统化的山神祭祀制度,却非巫师方士所能为,而只能出自国家权力的宏观筹划和统一经略,其目的不在祀神祷鬼,而在封殖山川、经营国土,山神祭祀制度的背后所反映的是国家的权力。可见,《山经》的山神祭祀制度,与其说证明其为"古之巫书",不如说恰恰证明了其为先秦国家经略山川的地理博物之书。

总之,《山经》中虽充斥着大量的恢诡、神异的记载,怪鸟异兽游荡,山神水灵出没,但这一切都不妨碍它成其为一部山川地理博物志,这些怪异记载,非但不足以贬低其作为地理博物志的价值,反而证明了其这一价值。世人眼里的《山经》怪物,并非怪物,它们既不是已经灭绝的洪荒怪兽,也不是作者无中生有的恣意捏造,它们是曾经存在于这个世界上、或许今天仍然生活在这个世界上的平凡之物。它们之所以变成怪物,只是因为在我们和古人之间横亘着漫长的岁月,让我们已经无法理解古人原本朴素的博物学话语,无法再用像他们一样的眼光看待世间万物。山川依旧,山川中的草木鸟兽依旧,记录这些草木鸟兽的古书依旧,但是人类的精神世界却已经发生了巨变,因此在我们的眼里,《山经》这本书才会呈现出来一个面目全非的世界。归根到底,怪物既非产生于造物主的"恶作剧",也非产生于古人的精神世界或"原始思维",而是产生于文化、语言和知识传统的断裂。在漫长的文明史中,在不断堆积的简册书卷中,在茂密深邃的符号丛林中,这种文化的裂缝无处不在,正是这些无所不在、纵横交错的文化裂缝,才是各种"文化误解"的滋生之地,也是形形色色"怪物"的隐身之处。

目录

山海经

003　山海经第一　南山经	111　山海经第十　海内南经
013　山海经第二　西山经	114　山海经第十一　海内西经
035　山海经第三　北山经	118　山海经第十二　海内北经
053　山海经第四　东山经	122　山海经第十三　海内东经
062　山海经第五　中山经	126　山海经第十四　大荒东经
095　山海经第六　海外南经	132　山海经第十五　大荒南经
099　山海经第七　海外西经	137　山海经第十六　大荒西经
103　山海经第八　海外北经	144　山海经第十七　大荒北经
108　山海经第九　海外东经	149　山海经第十八　海内经

目录

怪奇鸟兽图卷

157　《怪奇鸟兽图卷》解说

162　精卫

164　鸳鸯

166　螢鼠

168　数斯

170　凫徯

172　驼鸡

174　鹈

176　鹝鹝

178　鸤鸨（鴂鵌）

180　长尾鸡

182　马鸡

184　白雉

186　瞿如

188　鸦

190　絜钩

192　神陆（陆吾）

194　鹊神（鸟身龙首神）

196　卑方鸟（毕方）

198　玄鹤

200　鸾

202　比翼鸟

204　疎斯（竦斯）

206　强良（彊良）

208　神魃（神魍）

210　奢尸（奢比之尸）

212　烛阴

214　相抑氏（相柳氏）

目录

怪奇鸟兽图卷

216 帝江	233 长虵（虵）
218 蟹擖（肥蠾）	246 天马
220 鼓	248 羚羊
222 白泽	250 豹犬
224 驺虞（驺吾）	252 耳鼠
226 穷奇	254 福禄
228 类	256 灵羊
230 朱獳	258 吼
230 虵（闻獜）	260 猴
234 猛槐（孟槐）	262 羯
236 駮	264 白鹿
238 飞鼠	266 厌火兽（厌火国）
240 嚚	268 乘黄
242 赤狸	270 猬襄

目录

怪奇鸟兽图卷

272 酋耳	300 天犬
274 蛮蛭（蛮蛭）	302 兕
276 九尾狐	304 㻌（㻌㻌）
278 臊疏	306 狡犬（狡）
280 猛豹	308 狒狒（枭阳国）
282 葱聋	310 貘
284 旄牛	312 龙马
286 狰	
288 青熊	
290 天狗	

附 录

292 当庚（当康）	317 《山海经存》图谱
294 旄马	360 山海经图赞　郭　璞
296 貔（谨）	392 读《山海经》十三首　陶渊明
298 玄貊	396 《山海经》影视化趣味指南

山海经第一　南山经①

《南山经》之首曰䧿山②。其首曰招摇之山，临于西海之上，多桂，多金、玉。有草焉，其状如韭而青华③，其名曰祝馀，食之不饥。有木焉，其状如榖而黑理④，其华四照⑤，其名曰迷榖，佩之不迷⑥。有兽焉，其状如禺而白耳⑦，伏行人走⑧，其名曰狌狌⑨，食之善走。丽𪊨之水出焉⑩，而西流注于海。其中多育沛⑪，佩之无瘕疾⑫。

狌狌

又东三百里，曰堂庭之山⑬。多棪木⑭，多白猿，

---

① 《南山经》为《山海经》的首经，这一经又分三部分，分记南方三列山系诸山的名称、物产和发源于诸山的河流，并对三列山系的山神形状及祭祀时的礼仪做了介绍。
② 䧿(què)山：《文选》、《太平广记》引作"鹊山"。䧿，古鹊字。
③ 华：同"花"。
④ 榖(gǔ)，当作"榖"，为一种树木，又名构树，即今日俗称的楮(chǔ)树。黑理，黑色纹理。
⑤ 华：光辉。
⑥ 佩，指佩戴迷榖之枝叶；迷，指迷路。
⑦ 禺(yù)：传说中之兽名，形如大型猕猴，头似鬼，赤目长尾。
⑧ 伏行人走：既能匍匐行进，亦能两足奔走。
⑨ 狌狌(xīng xīng)：即猩猩。
⑩ 𪊨：音jǐ。
⑪ 育沛：水生生物，具体不详。
⑫ 瘕(jiǎ)疾：腹中结块的病症，多发于妇女。
⑬ 堂庭之山：《文选》引作"常庭之山"。
⑭ 棪(yǎn)：树木名。果实呈赤色，似柰(nài)，柰即中国古代土生苹果之一种。

多水玉①,多黄金。

又东三百八十里,曰猨翼之山②。其中多怪兽,水多怪鱼,多白玉,多蝮虫③,多怪蛇,多怪木,不可以上。

又东三百七十里,曰杻阳之山④。其阳多赤金⑤,其阴多白金⑥。有兽焉,其状如马而白首,其文如虎而赤尾⑦,其音如谣⑧,其名曰鹿蜀,佩之宜子孙⑨。怪水出焉,而东流注于宪翼之水。其中多玄龟,其状如龟而鸟首虺尾⑩,其名曰旋龟,其音如判木⑪,佩之不聋,可以为底⑫。

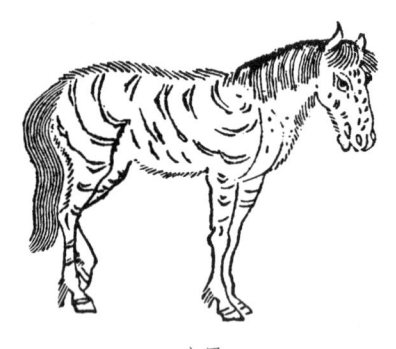
鹿蜀

旋龟

又东三百里柢山⑬。多水,无草木。有鱼焉,其状如牛,陵居⑭,蛇尾,有翼,

---

① 水玉:水晶,古亦作"水精"。
② 猨(yuán)翼之山:《初学记》引作"稷翼之山",《一切经音义》引作"即翼之山"。猨,同"猿"。
③ 蝮(fù)虫:一名反鼻虫,大者百余斤,有带状纹理,鼻上有针。
④ 杻:音niǔ。
⑤ 阳:指山之南面。
⑥ 阴:指山之北面。
⑦ 文:花纹。
⑧ 谣:歌声。
⑨ 宜子孙:谓佩戴其皮毛有利于子孙繁衍。
⑩ 虺(huǐ):毒蛇。
⑪ 判木:破木,将木头劈碎。
⑫ 可以为(wéi)底:可用来治足茧。为,医治。底,通"胝",足茧。
⑬ 多本"柢"上有一"曰"字。柢,音dǐ。
⑭ 陵居:住在山上。

其羽在鲑下①,其音如留牛②,其名曰鯥③,冬死而夏生④,食之无肿疾⑤。

鯥鱼

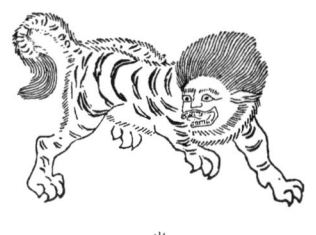

类

又东四百里,曰亶爰之山⑥。多水,无草木,不可以上。有兽焉,其状如貍而有髦⑦,其名曰类,自为牝牡⑧,食者不妒。

又东三百里,曰基山。其阳多玉,其阴多怪木⑨。有兽焉,其状如羊,九尾四耳,其目在背,其名曰猼訑⑩,佩之不畏⑪。有鸟焉,其状如鸡而三首、六目、六足、三翼,其名曰𪄻𪃑⑫,食之无卧⑬。

猼訑

𪄻𪃑

---

① 鲑(xié):鱼的肋部。
② 留牛:神话兽名,具体不详。
③ 鯥:音lù。
④ 冬死而夏生:谓冬眠夏苏。
⑤ 肿疾:疮。
⑥ 亶:音chán。
⑦ 貍:同"狸",山猫。髦:哺乳动物颈部之毛;一作"发"。
⑧ 自为牝(pìn)牡:雌雄同体。
⑨ 《太平御览》引此文在"怪木"之上有"多金"二字。
⑩ 猼訑:音bó yí。
⑪ 不畏:不知畏惧。
⑫ 𪄻𪃑(chǎng fū):当作"鷩(biē)𪃑"。
⑬ 无卧:谓少眠。

又东三百里,曰青丘之山。其阳多玉,其阴多青䨼①。有兽焉,其状如狐而九尾,其音如婴儿,能食人,食之不蛊②。有鸟焉,其状如鸠,其音若呵③,名曰灌灌④,佩之不惑⑤。英水出焉,南流注于即翼之泽⑥。其中多赤鱬⑦,其状如鱼而人面,其音如鸳鸯,食之不疥⑧。

九尾狐

又东三百五十里,曰箕尾之山⑨。其尾踆于东海⑩,多沙石。汸水出焉⑪,而南流注于淯⑫,其中多白玉。

赤鱬

凡䧿山之首,自招摇之山,以至箕尾之山,凡十山,二千九百五十里。其神状皆鸟身而龙首⑬。其祠之礼⑭:毛用一璋玉瘗⑮,糈用稌米⑯,一璧,稻米⑰,白菅为席⑱。

---

① 青䨼(hù):"䨼"当作"䕉(huò)"。一种青色矿物颜料。
② 不蛊(gǔ):一说谓不逢妖邪之气,一说谓不受蛊毒侵袭。
③ 呵:呵斥声。
④ 灌灌:一作"濩濩",形状不详,肉以美味著称。
⑤ 不惑:不受迷惑。
⑥ 上文"猨翼之山"又作"即翼之山",与此正对应。
⑦ 鱬:音rú。
⑧ 不疥:不生疥疮。
⑨ 箕尾之山:《玉篇》作"箕山",无"尾"字。
⑩ 踆(cūn):通"蹲",谓临于东海。
⑪ 汸:音fāng。
⑫ 淯:音yù。
⑬ 鸟身:《北堂书钞》引作"人身"。
⑭ 祠:祭祀。
⑮ 毛,谓祭神使用的有毛动物,如猪、羊、鸡等;璋,一种玉器;瘗,谓埋。此句意即:祭神所用有毛动物,要与璋玉同埋。
⑯ 糈(xǔ):祭神用的精米。稌(tú):稻。
⑰ "一璧稻米"在文中突兀难通,清代学者汪绂怀疑此四字乃衍文。
⑱ 菅(jiān):一种茅草。

《南次二经》之首,曰柜山①。西临流黄②,北望诸毗③,东望长右④。英水出焉,西南流注于赤水,其中多白玉,多丹粟⑤。有兽焉,其状如豚,有距⑥,其音如狗吠,其名曰狸力,见则其县多土功⑦。有鸟焉,其状如鸱而人手⑧,其音如痺⑨,其名曰鴸⑩,其名自号也⑪,见则其县多放士⑫。

鴸

东南四百五十里,曰长右之山。无草木,多水。有兽焉,其状如禺而四耳,其名长右,其音如吟⑬,见则郡县大水。

又东三百四十里,曰尧光之山⑭。其阳多玉,其阴多金⑮。有兽焉,其状如人而彘鬣⑯,穴居而冬蛰⑰,其名曰猾褢⑱,其音如斫木,见则县

长右

① 柜:音jǔ。
② 流黄:国名。《海内西经》记有流黄酆氏国,《海内经》记有流黄辛氏国。
③ 诸毗(pí):山名,亦水名。
④ 长右:山名。
⑤ 丹粟:如小米般细碎的丹砂。
⑥ 距:禽类爪子后面突出似脚趾的部分。
⑦ 见(xiàn):通"现",出现。土功:指治水、筑城等工程。
⑧ 鸱(chī):鹞鹰。人手:谓其足像人的手。
⑨ 痺(pí):鸟名。一般认为指雌性鹌鹑。
⑩ 鴸:音zhū。
⑪ 其名自号:谓其叫声似在自呼其名。
⑫ 放士:被放逐之士。
⑬ 吟:呻吟。
⑭ 尧光之山:《太平御览》引作"克光之山"。
⑮ 金:《太平御览》引作"铁"。
⑯ 彘鬣(zhì liè):谓长着类似猪鬃的毛。彘,猪。鬣,指某些动物颈上的长毛。
⑰ 冬蛰:冬眠。
⑱ 褢:音huái。

猾裹

有大繇①。

又东三百五十里,曰羽山②。其下多水,其上多雨,无草木,多蝮虫。

又东三百七十里,曰瞿父之山。无草木,多金、玉。

彘

又东四百里,曰句馀之山③。无草木,多金、玉。

又东五百里,曰浮玉之山。北望具区④,东望诸毗⑤。有兽焉,其状如虎而牛尾,其音如吠犬,其名曰彘,是食人。苕水出于其阴,北流注于具区,其中多鮆鱼⑥。

又东五百里,曰成山。四方而三坛⑦,其上多金、玉,其下多青䨼。闬水出焉⑧,而南流注于虖勺⑨,其中多黄金。

又东五百里,曰会稽之山⑩。四方,其上多金、玉,其下多砆石⑪。勺水出焉,

---

① 繇(yáo):通"徭",徭役。
② 羽山:可参看《海内经》"鲧窃息壤"条。至于舜杀鲧之羽山所在,历来所传非一,或曰在今江苏东海县西北,或曰在今山东郯城县东北。
③ 句(gōu)馀之山:在余姚县南、句章县北,故此得名。
④ 具区:太湖的古称。
⑤ 诸毗:上文是山名,此处是水名。
⑥ 鮆(jì)鱼:一种外形似刀的鱼。
⑦ 三坛:谓山形似土坛多层重叠。
⑧ 闬:音 dū,一作阆(音 shǐ)水。
⑨ "虖(hū)勺"之上或有"西"字,"勺"或作"多"。
⑩ 会(kuài)稽之山:指今浙江绍兴东南之禹陵。
⑪ 砆(fū)石:一种白色纹理的红色美石,似玉。

而南流注于淯①。

又东五百里,曰夷山。无草木,多沙石。淯水出焉②,而南流注于列涂。

又东五百里,曰仆勾之山③。其上多金、玉,其下多草木,无鸟兽,无水。

又东五百里,曰咸阴之山。无草木,无水。

又东四百里,曰洵山④。其阳多金,其阴多玉。有兽焉,其状如羊而无口,不可杀也⑤,其名曰𤟤⑥。洵水出焉,而南流注于阏之泽⑦,其中多茈蠃⑧。

𤟤

又东四百里,曰虖勺之山。其上多梓、楠⑨,其下多荆、杞⑩。滂水出焉⑪,而东流注于海。

又东五百里,曰区吴之山。无草木,多沙石。鹿水出焉,而南流注于滂水。

又东五百里,曰鹿吴之山。上无草木,多金石。泽更之水出焉,而南流注于

---

① 淯:音jú。
② 淯:一作"泂"。
③ 仆勾之山:一作"仆夕之山"。
④ 洵山:一作"旬山"。
⑤ 不可杀:谓无口不能进食,却不死。
⑥ 𤟤:huàn,《玉篇》称其秉受自然之气,故"不可杀"。
⑦ 阏:音è。
⑧ 茈(pí或bì)蠃:当作"茈(zǐ)蠃",意为紫色螺。茈,通"紫"。蠃,通"螺"。
⑨ 梓(zǐ)、楠:两种乔木。
⑩ 荆、杞(qǐ):两种野生灌木。
⑪ 滂:音pāng。

蛊雕

滂水。水有兽焉①,名曰蛊雕②,其状如雕而有角,其音如婴儿之音,是食人。

东五百里,曰漆吴之山。无草木,多博石③,无玉。处于东海④,望五山,其光载出载入⑤,是惟日次⑥。

凡《南次二经》之首,自柜山至于漆吴之山,凡十七山,七千二百里。其神状皆龙身而鸟首。其祠:毛用一璧瘗,糈用稌。

《南次三经》之首,曰天虞之山。其下多水,不可以上。

东五百里,曰祷过之山。其上多金、玉,其下多犀、兕⑦,多象。有鸟焉,其状如䴔而白首、三足、人面⑧,其名曰瞿如,其鸣自号也。泿水出焉⑨,而南流注于海。其中有虎蛟⑩,其状鱼身而蛇尾,其音如鸳鸯⑪,食者不肿,可以已痔⑫。

瞿如

---

① "水"为衍字。
② 蛊雕:一作"纂雕"。
③ 博石:可作棋具的石头。
④ "处于"之上疑有脱文。东海:一作"海东",则"东"字当属下句。
⑤ "其光"句:谓神光忽明忽暗。
⑥ 日次:太阳停息之处。次,止息之所。
⑦ 兕(sì):一种近似犀牛的野兽。
⑧ 䴔(xiāo):似野鸭而小的一种水鸟,足部靠近尾部。
⑨ 泿:音yín。
⑩ 蛟:传说中似龙而无角的动物。
⑪ 音:当作"首"。
⑫ 已:治疗。

又东五百里,曰丹穴之山。其上多金、玉。丹水出焉,而南流注于渤海。有鸟焉,其状如鸡①,五采而文②,名曰凤皇,首文曰德,翼文曰义,背文曰礼,膺文曰仁③,腹文曰信。是鸟也,饮食自然,见则天下安宁。

又东五百里,曰发爽之山。无草木,多白猿。汎水出焉④,而南流注于渤海。

又东四百里,至于旄山之尾,其南有谷,曰育遗⑤。多怪鸟,凯风自是出⑥。

又东四百里,至于非山之首。其上多金、玉,无水,其下多蝮虫。

又东五百里,曰阳夹之山。无草木,多水。

又东五百里,曰灌湘之山⑦。上多木,无草,多怪鸟,无兽。

又东五百里,曰鸡山。其上多金,其下多丹雘。黑水出焉,而南流注于海。其中有𩽏鱼⑧,其状如鲋而彘毛⑨,其音如豚,见则天下大旱。

又东四百里,曰令丘之山。无草木,多火。其南有谷焉,曰中谷,条风自是

---

① 鸡:一作"鹤",一作"鹄"。

② 文:指有花纹。

③ 膺:胸部。

④ 汎:音 fàn。

⑤ 育遗:一作"育隧"。

⑥ 凯风:南风。

⑦ 灌湘之山:一作"灌湖射之山"。

⑧ 𩽏:音 tuán。

⑨ 鲋(fù):鱼名,即鲫鱼。毛:《太平御览》作"尾"。

出①。有鸟焉,其状如枭②,人面四目而有耳,其名曰颙③,其鸣自号也,见则天下大旱。

又东三百七十里,曰仑者之山④。其上多金、玉,其下多青雘。有木焉,其状如榖而赤理⑤,其汗如漆,其味如饴⑥,食者不饥,可以释劳⑦,其名曰白䓘⑧,可以血玉⑨。

颙

又东五百八十里,曰禹櫜之山⑩。多怪兽,多大蛇。

又东五百八十里,曰南禺之山。其上多金、玉,其下多水。有穴焉,水出辄入⑪,夏乃出,冬则闭。佐水出焉,而东南流注于海,有凤皇、鹓雏⑫。

凡《南次三经》之首,自天虞之山以至南禺之山,凡一十四山,六千五百三十里。其神皆龙身而人面。其祠:皆一白狗祈,糈用稌。

右南经之山志,大小凡四十山,万六千二百八十里。

---

① 条风:东北风。
② 枭(xiāo):鸟纲鸱鸮科各种类鸟的通称。
③ 颙(yú):一作"鹃(yú)"。
④ 仑者之山:一作"仑山"。
⑤ 榖:当作"穀"。
⑥ 饴:用麦芽制成的糖浆。
⑦ 释劳:解忧。
⑧ 䓘:音gāo。
⑨ 血玉:染玉使之发出光彩。
⑩ 禹櫜(gǎo)之山:一作"禹櫜之山"。
⑪ 出:当为"春"之误。
⑫ 鹓(yuān)雏:传说中鸾凤一类的鸟。

山海经第二　西山经^①

《西山经》华山之首,曰钱来之山。其上多松,其下多洗石^②。有兽焉,其状如羊而马尾,名曰羬羊^③,其脂可以已腊^④。

羬羊

西四十五里,曰松果之山。濩水出焉^⑤,北流注于渭,其中多铜。有鸟焉,其名曰螐渠^⑥,其状如山鸡,黑身赤足,可以已㿋^⑦。

又西六十里,曰太华之山^⑧。削成而四方^⑨,其高五千仞,其广十里,鸟兽莫居。有蛇焉,名曰肥𧔧^⑩,六足四翼,见则天下大旱。

---

① 这一经分四个部分,分记西方四列山系诸山的名称、物产和发源于诸山的河流,并介绍了四列山系的山神形状及祭祀时的礼仪。
② 洗石:含碱之石,洗澡时可用。
③ 羬:音 qián,疑即尾部多脂可食的"大尾羊"。
④ 腊(xī):皮肤皱裂。
⑤ 濩水:当作"灌水"。
⑥ 螐:音 tóng。
⑦ 㿋(báo):皮肤皱起。
⑧ 太华之山:华山主峰,在今陕西华阴南。
⑨ 削成:谓山似刀斧砍削而成。
⑩ 肥𧔧(wèi):一作"肥遗"。

又西八十里,曰小华之山①。其木多荆、杞,其兽多㸲牛②,其阴多磬石③,其阳多㻬琈之玉④。鸟多赤鷩⑤,可以御火⑥。其草有萆荔⑦,状如乌韭⑧,而生于石上,亦缘木而生,食之已心痛。

肥遗

又西八十里,曰符禺之山。其阳多铜,其阴多铁。其上有木焉,名曰文茎,其实如枣,可以已聋。其草多条,其状如葵而赤华黄实⑨,如婴儿舌,食之使人不惑。符禺之水出焉,而北流注于渭。其兽多葱聋,其状如羊而赤鬣。其鸟多䲩⑩,其状如翠而赤喙⑪,可以御火。

又西六十里,曰石脆之山⑫。其木多棕、楠,其草多条,其状如韭而白华黑实⑬,食之已疥。其阳多㻬琈之玉,其阴多铜。灌水出焉,而北流注于禺水,其中有流赭⑭,以涂牛马无

葱聋

---

① 小华之山:即少华山,在今陕西华县东南。
② 㸲(zuó)牛:一种野牛,重可达千斤。
③ 磬(qìng)石:一种可以制磬的美石。磬,一种打击乐器。
④ 㻬琈(tū fú)之玉:一种玉石。
⑤ 赤鷩(biē):山鸡的一种。
⑥ 御火:防避火灾。
⑦ 萆(bì)荔:即薜荔,也称木莲。
⑧ 乌韭:一种苔藓类植物。
⑨ 葵:冬葵。
⑩ 䲩(mín):一作"鹛(mín)"。
⑪ 翠:翠鸟。
⑫ 石脆之山:当作"石脃(cuì)之山"。"脃"为"脆"的异体字。
⑬ 上文亦有条草,两者同名异状。
⑭ 赭(zhě):红土。

病①。

又西七十里,曰英山。其上多杻、橿②,其阴多铁,其阳多赤金。禺水出焉,北流注于招水③,其中多鲜鱼④,其状如鳖,其音如羊。其阳多箭、䉋⑤,其兽多㸲牛、羬羊。有鸟焉,其状如鹑⑥,黄身而赤喙,其名曰肥遗,食之已疠⑦,可以杀虫。

鲜鱼

又西五十二里,曰竹山。其上多乔木,其阴多铁。有草焉,其名曰黄雚⑧,其状如樗⑨,其叶如麻,白华而赤实,其状如赭⑩,浴之已疥,又可以已胕⑪。竹水出焉,北流注于渭,其阳多竹箭,多苍玉。丹水出焉,东南流注于洛水,其中多水玉,多人鱼⑫。有兽焉,其状如豚而白毛⑬,大如笄而黑端⑭,名曰豪彘⑮。

豪彘

---

① 马:一作"角"。
② 杻、橿(jiāng):两种质地坚硬之树,杻木可作弓弩,橿木可作车轮。
③ 招:音sháo。
④ 鲜:音bàng。
⑤ 箭、䉋(měi):箭竹和䉋竹。
⑥ 鹑:鹌鹑。
⑦ 疠(lì):麻风病。
⑧ 雚:音huán。
⑨ 樗(chū):即臭椿树,一种落叶乔木,木材粗硬,叶可养樗蚕,根皮可供药用。
⑩ 赭:紫赤色。
⑪ 胕(fú):浮肿病。
⑫ 人鱼:又名陵鱼、龙鱼,人面鱼身,有手足。《山海经》中多见记载。
⑬ "白毛"之下疑脱一"毛"字,属下读。
⑭ 笄(jī):簪子。
⑮ 豪彘:豪猪。

又西百二十里,曰浮山。多盼木①,枳叶而无伤②,木虫居之③。有草焉,名曰薰草,麻叶而方茎,赤华而黑实,臭如蘼芜④,佩之可以已疠。

橐𨿳

又西七十里,曰羭次之山⑤。漆水出焉,北流注于渭。其上多棫、橿⑥,其下多竹箭,其阴多赤铜,其阳多婴垣之玉⑦。有兽焉,其状如禺而长臂,善投,其名曰嚣⑧。有鸟焉,其状如枭,人面而一足,曰橐𨿳⑨,冬见夏蛰,服之不畏雷⑩。

又西百五十里,曰时山。无草木。逐水出焉⑪,北流注于渭,其中多水玉。

又西百七十里,曰南山。上多丹粟。丹水出焉,北流注于渭。兽多猛豹⑫,鸟多尸鸠⑬。

又西百八十里,曰大时之山。上多榖、柞⑭,下多杻、橿,阴多银,阳多白玉。涔水出焉⑮,北流注于渭。清水出焉,南流注于汉水。

---

① 由于郭璞注称盼字"音美目盼兮之盼",可知原文"盼"必误,现无法得知当为何字。
② "枳叶"句:谓树叶像枳叶但不长刺。枳叶有刺,可伤人。
③ "木虫"句:谓树中长有寄生之虫。
④ 臭(xiù):气味。蘼芜:一种香草。
⑤ 羭:音yú。
⑥ 棫(yù):一种多刺小树。
⑦ 婴垣之玉:即下文"泑山"条所载之"婴脰之玉"。
⑧ 嚣(xiāo):同"嚣"。
⑨ 橐𨿳:音tuó féi。
⑩ "服之"句:谓穿着其毛羽所制之衣,可不怕雷声。
⑪ 逐水:一作"遂水"。
⑫ 猛豹:似熊而小,能食蛇,食铜铁。
⑬ 尸鸠:即布谷鸟。
⑭ 榖:当作"榖"。
⑮ 涔:音cén。

又西三百二十里,曰嶓冢之山①。汉水出焉,而东南流注于沔②。嚻水出焉,北流注于汤水③。其上多桃枝、钩端④,兽多犀、兕、熊、罴⑤,鸟多白翰、赤鷩⑥。有草焉,其叶如蕙⑦,其本如桔梗⑧,黑华而不实⑨,名曰蓇蓉⑩,食之使人无子。

又西三百五十里,曰天帝之山。上多棕、楠,下多菅、蕙。有兽焉,其状如狗,名曰谿边⑪,席其皮者不蛊⑫。有鸟焉,其状如鹑,黑文而赤翁⑬,名曰栎,食之已痔。有草焉,其状如葵,其臭如蘼芜,名曰杜衡,可以走马⑭,食之已瘿⑮。

西南三百八十里,曰皋涂之山⑯。蔷水出焉⑰,西流注于诸资之水;涂水出焉,南流注于集获之水。其阳多丹粟,其阴多银、黄金,其上多桂木。有白石焉,其名曰礜⑱,可以毒鼠。有草焉,其状如稾茇⑲,其叶如葵而赤背,名曰无条,可以毒鼠。有兽焉,其状如鹿而白尾⑳,马脚人手而四角㉑,名曰玃如㉒。有鸟焉,其状

---

① 嶓:音bō。
② 沔:音miǎn。
③ 汤水:一作"阳水"。
④ 桃枝、钩端:皆竹名。
⑤ 罴(pí):熊的一种。
⑥ 白翰:一种白色的山鸡。
⑦ 蕙(huì):一种香草。
⑧ 本:根部。
⑨ 不实:不结果实。
⑩ 蓇:音gū。
⑪ 谿边:一作"谷遗"。
⑫ 席其皮:拿它的皮做垫子。
⑬ 翁:颈毛。
⑭ 可以走马:一说有利于人驾驭马匹,一说可使马匹脚力更快。
⑮ 瘿(yǐng):颈上长的瘤。
⑯ 皋涂之山:一作"鼻涂之山"。
⑰ 蔷:音sè。
⑱ 礜:音yù。
⑲ 稾茇(gǎo bá):香草名。
⑳ 一本无"白尾"二字。
㉑ 马脚人手:谓前两足似人手,后两足似马蹄。
㉒ 玃(yīng)如:当作"玃(jué)如"。

獂如

如鸥而人足,名曰数斯,食之已瘿①。

又西百八十里,曰黄山。无草木,多竹箭。盼水出焉②,西流注于赤水,其中多玉。有兽焉,其状如牛而苍黑大目,其名曰䍽③。有鸟焉,其状如鸮④,青羽赤喙,人舌能言,名曰鹦䳇⑤。

又西二百里,曰翠山。其上多棕、楠,其下多竹箭,其阳多黄金、玉,其阴多旄牛、𪊨、麝⑥。其鸟多鸓⑦,其状如鹊,赤黑而两首四足,可以御火。

𪊨

鸓

又西二百五十里,曰𩴑山⑧。是錞于西海⑨,无草木,多玉。凄水出焉⑩,西流

---

① 瘿:一作"痈"。
② 盼:与上文"盼木"同属讹字。
③ 䍽:音mǐn,小牛。
④ 鸮(xiāo):猫头鹰。
⑤ 鹦䳇(wǔ):即鹦鹉。
⑥ 旄(máo)牛:即牦牛。𪊨(líng):即羚羊。麝(shè):香獐。似獐而小,分泌的麝香可作药。
⑦ 鸓(lěi):当作"鶨(dié)"。
⑧ 𩴑:音guī。
⑨ 錞(chún):通"蹲",蹲踞。
⑩ 凄水:一作"浽(suī)水"。

注于海,其中多采石、黄金①,多丹粟。

凡《西经》之首,自钱来之山至于騩山,凡十九山,二千九百五十七里。华山,冢也②,其祠之礼:太牢③。羭山,神也,祠之用烛④,斋百日用百牺⑤,瘗用百瑜⑥,汤其酒百樽⑦,婴以百珪百璧⑧。其余十七山之属,皆毛牷用一羊祠之⑨。烛者百草之未灰⑩,白席采等纯之⑪。

《西次二经》之首,曰钤山⑫。其上多铜,其下多玉,其木多杻、橿。

西二百里,曰泰冒之山⑬。其阳多金,其阴多铁。浴水出焉⑭,东流注于河,其中多藻玉⑮,多白蛇。

又西一百七十里,曰数历之山。其上多黄金,其下多银,其木多杻、橿,其鸟多鹦䳇。楚水出焉,而南流注于渭,其中多白珠。

---

① 采,同"彩"。
② 冢:神之所居。
③ 太牢:古代祭祀时,牛、羊、猪三牲全备称为太牢。
④ 烛:指火炬。
⑤ 斋:斋戒。牺:古代祭祀用的纯色牲畜。
⑥ 瑜(yú):美玉。
⑦ 汤(tàng):同"烫"。樽:酒器。
⑧ 婴:缠绕。珪(guī):同"圭",上尖下方的一种长条形玉器。整句意为将大量玉器摆成圆圈。
⑨ 牷(quán):色纯而完整的祭牲。
⑩ "烛者"句:谓烛用百草扎成。
⑪ "白席"句:白席,白茅织成的席。采等,指各种颜色的花纹。纯(zhǔn),镶边。整句意为:席用白茅织成,并用不同颜色的花纹镶边。
⑫ 钤:音qián。
⑬ 泰冒之山:一作"秦冒之山"。
⑭ 浴水:当作"洛水"。
⑮ 藻玉:有彩色纹理的玉。

又西北五十里高山①。其上多银,其下多青碧、雄黄②,其木多棕,其草多竹。泾水出焉,而东流注于渭,其中多磬石、青碧。

西南三百里,曰女床之山。其阳多赤铜,其阴多石涅③,其兽多虎、豹、犀、兕。有鸟焉,其状如翟而五采文④,名曰鸾鸟,见则天下安宁。

又西二百里,曰龙首之山。其阳多黄金,其阴多铁。苕水出焉,东南流注于泾水,其中多美玉。

又西二百里,曰鹿台之山。其上多白玉,其下多银,其兽多㭰牛、羬羊、白豪⑤。有鸟焉,其状如雄鸡而人面,名曰凫徯⑥,其鸣自叫也,见则有兵⑦。

西南二百里,曰鸟危之山。其阳多磬石,其阴多檀、楮⑧,其中多女床⑨。鸟危之水出焉,西流注于赤水,其中多丹粟。

凫徯

又西四百里,曰小次之山。其上多白玉,其下多赤铜。有兽焉,其状如猿而白首赤足,名曰朱厌,见则大兵⑩。

---

① "高山"之上脱一"曰"字。
② 青碧:一种青色玉石。
③ 石涅:即黑石脂,可作黑色染料。
④ 翟(dí):一种长尾野鸡。
⑤ 白豪:指白色的豪猪。
⑥ 凫徯:音 fú xī。
⑦ 有兵:谓起战事。
⑧ 楮:即《山海经》中多次提到的榖木。
⑨ 女床:疑似草名。郝懿行认为即女肠草。
⑩ 见则大兵:又作"见则有兵""见则为兵""见则有兵起焉"。

又西三百里,曰大次之山。其阳多垩①,其阴多碧②,其兽多㸿牛、麢羊。

又西四百里,曰薰吴之山。无草木,多金、玉。

又西四百里,曰庶阳之山③。其木多㭨、楠、豫、章④,其兽多犀、兕、虎、豹、㸿牛⑤。

又西二百五十里,曰众兽之山。其上多㻬琈之玉,其下多檀、楮,多黄金,其兽多犀、兕。

又西五百里,曰皇人之山。其上多金、玉,其下多青雄黄⑥。皇水出焉,西流注于赤水,其中多丹粟。

又西三百里,曰中皇之山。其上多黄金,其下多蕙、棠⑦。

又西三百五十里,曰西皇之山。其阳多金,其阴多铁,其兽多麋、鹿、㸿牛⑧。

又西三百五十里,曰莱山。其木多檀、楮,其鸟多罗罗⑨,是食人。

凡《西次二经》之首,自钤山至于莱山,凡十七山,四千一百四十里。其十神者,皆人面而马身。其七神皆人面牛身,四足而一臂,操杖以行⑩,是为飞兽之

---

① 垩(è):一种白色的土。
② 碧:一种玉。
③ 庶(zhǐ)阳之山:当作"厎(zhǐ)阳之山"。
④ 㭨(jì):即水松,一种落叶乔木。豫:即枕(chén)木,似樟。章:即樟木。
⑤ 豹(zhuó):一种花纹似豹之兽。
⑥ 青雄黄:青黑色而坚硬的雄黄。
⑦ 棠:一种落叶乔木。
⑧ 麋(mí):一种珍稀哺乳动物,俗称"四不像"。
⑨ 罗罗:未详,与《海外北经》之青兽罗罗似乎并非一物。
⑩ 操:持。

神；其祠之：毛用少牢①，白菅为席。其十辈神者②，其祠之：毛一雄鸡，钤而不糈③，毛采④。

《西次三经》之首，曰崇吾之山⑤。在河之南，北望冢遂⑥，南望㴟之泽⑦，西望帝之搏兽之丘⑧，东望螞渊⑨。有木焉，员叶而白柎⑩，赤华而黑理，其实如枳⑪，食之宜子孙。有兽焉，其状如禺而文臂⑫，豹虎而善投⑬，名曰举父⑭。有鸟焉，其状如凫而一翼一目，相得乃飞，名曰蛮蛮⑮，见则天下大水。

举父　　　　　　蛮蛮

---

① 少牢：祭祀只用羊、猪，则此规格比用牛、羊、猪之"太牢"次一等，故称"少牢"。
② 辈：类。
③ 钤(qián)而不糈：郝懿行认为"钤"字当作"祈"，意即祭祀不用米。
④ 采：杂色，指上文之雄鸡为杂色。
⑤ 崇吾之山：一作"崇丘之山"。
⑥ 冢遂：山名。
⑦ 㴟：音yáo。
⑧ 丘：一作"山"。
⑨ 螞：音yān。
⑩ 柎(fū)：花萼。
⑪ 枳(zhǐ)：一种似橘之木，亦指其果实。
⑫ 文臂：指臂上有斑纹。
⑬ 虎：疑当作"尾"字。
⑭ 举父：一作"夸父"。
⑮ 蛮蛮：即《海外南经》所述之比翼鸟。

西北三百里,曰长沙之山。泚水出焉①,北流注于泑水②,无草木,多青雄黄。

又西北三百七十里,曰不周之山③。北望诸毗之山,临彼岳崇之山,东望泑泽,河水所潜也④,其原浑浑泡泡⑤。爰有嘉果⑥,其实如桃,其叶如枣,黄华而赤柎,食之不劳。

又西北四百二十里,曰峚山⑦。其上多丹木,员叶而赤茎,黄华而赤实,其味如饴,食之不饥。丹水出焉,西流注于稷泽⑧,其中多白玉。是有玉膏⑨,其原沸沸汤汤⑩,黄帝是食是飨。是生玄玉⑪。玉膏所出,以灌丹木。丹木五岁,五色乃清,五味乃馨⑫。黄帝乃取峚山之玉荣⑬,而投之钟山之阳。瑾瑜之玉为良,坚粟精密⑭,浊泽有而光⑮。五色发作,以和柔刚。天地鬼神,是食是飨;君子服之⑯,以御不祥。自峚山至于钟山四百六十里⑰,其间尽泽也,是多奇鸟、怪兽、奇鱼,皆异物焉。

---

① 泚:音 cǐ。
② 泑(yōu)水:同下文所说的"泑泽"。
③ 周:周整。此山因形状有缺不整而得名。
④ 潜:潜流。
⑤ 原:同"源"。浑浑泡泡:水喷涌貌。
⑥ 嘉:同"佳"。
⑦ 峚(mì)山:一作"密山"。
⑧ 稷泽:河泽名。名称来源于后稷。
⑨ 玉膏:传说中一种可服用的仙药。
⑩ 沸沸汤汤(shāng shāng):玉膏涌腾的样子。
⑪ 玄:黑。
⑫ 馨:散发香气。
⑬ 玉荣:玉花。
⑭ 坚粟精密:指玉之纹理坚密。"粟",一作"栗"。
⑮ 浊泽有而光:应作"浊泽而有光"。浊,润厚。泽,一作"黑"。
⑯ 服:佩戴。
⑰ 四百六十里:下文云"四百二十里"。

鼓

又西北四百二十里,曰钟山。其子曰鼓①,其状如人面而龙身②,是与钦䲹杀葆江于昆仑之阳③,帝乃戮之钟山之东曰崤崖④。钦䲹化为大鹗⑤,其状如雕而黑文白首,赤喙而虎爪,其音如晨鹄⑥,见则有大兵。鼓亦化为鵕鸟⑦,其状如鸱,赤足而直喙,黄文而白首,其音如鹄⑧,见则其邑大旱。

又西百八十里,曰泰器之山。观水出焉⑨,西流注于流沙。是多文鳐鱼⑩,状如鲤鱼⑪,鱼身而鸟翼,苍文而白首赤喙,常行西海⑫,游于东海⑬,以夜飞,其音如鸾鸡⑭,其味酸甘,食之已狂,见则天下大穰⑮。

文鳐鱼

又西三百二十里,曰槐江之山。丘时之水出焉,而北流注于泑水,其中多蠃

---

① 其子曰鼓:谓钟山之神的儿子名叫鼓。《海外北经》有钟山之神,名烛阴,又名烛龙,人面蛇身。
② 如:当为衍字。
③ 钦䲹(pí):又作"钦駓(pī)""堪坏""钦负"。人面兽形的神。葆江:神名。一作"祖江"。
④ 崤崖:一作"瑶岸"。
⑤ 鹗(è):鱼鹰。
⑥ 晨鹄(hú):一种类似鹗的鸟。
⑦ 鵕:音jùn。
⑧ 鹄:即天鹅。
⑨ 观水:又作"董水""濩水"。
⑩ 文鳐(yáo)鱼:一作"鳐鱼"。
⑪ 鱼:当为衍字。
⑫ 行:一作"从"。
⑬ 游于东海:《文选》注引"游"字上有"而"字。
⑭ 鸾鸡:鸟名。一本无"鸡"字。
⑮ 穰(ráng):丰收。

母①。其上多青雄黄，多藏琅玕、黄金、玉②，其阳多丹粟，其阴多采黄金、银③。实惟帝之平圃④，神英招司之⑤，其状马身而人面，虎文而鸟翼，徇于四海⑥，其音如榴⑦。南望昆仑，其光熊熊，其气魂魂⑧。西望大泽，后稷所潜也⑨，其中多玉，其阴多榣木之有若⑩。北望诸毗，槐鬼离仑居之⑪，鹰鹯之所宅也⑫。东望恒山四成⑬，有穷鬼居之，各在一搏⑭。爰有淫水⑮，其清洛洛⑯。有天神焉，其状如牛而八足、二首、马尾，其音如勃皇⑰，见则其邑有兵。

英招

西南四百里，曰昆仑之丘。是实惟帝之下都⑱，神陆吾司之⑲，其神状虎身而

---

① 蠃(luó)母：即蜗牛。蠃，通"螺"。
② 藏：一说为本义，即该山藏有琅玕、黄金；一说通"臧"，意为善，即该山有优质琅玕、黄金。琅玕(láng gān)：一种似珠玉的美石。
③ 采：谓有花纹。
④ 平圃：又称县圃、玄圃。
⑤ 司：管理。
⑥ 徇(xùn)：遍行。
⑦ 榴：未详何物。
⑧ 熊熊、魂魂：皆形容盛大貌。
⑨ 后稷所潜：指后稷葬于此。
⑩ 榣(yáo)木之有若：谓榣木之上又生若木。榣木，一种大树；若木，传说中一种灵异的大树。
⑪ 离仑，神名，具体不详。
⑫ 鹯(zhān)：一种猛禽。宅：居，住。
⑬ 四成：四重。恒山，一作"桓山"。
⑭ "有穷鬼"二句：群鬼聚集在山之四胁。有穷，此处是对群鬼之总称。搏，即胁，指人体肋骨所在处，此处借指山之部位。
⑮ 淫水：当作"瑶水"。
⑯ 洛洛：同"落落"，水下流貌。
⑰ 勃皇：不详何物，郝懿行认为或是一种昆虫。
⑱ 是：当为衍字。帝之下都：天帝在人间之城。
⑲ 陆吾：即《庄子·大宗师》中所说的山神肩吾。

土蝼

九尾，人面而虎爪①。是神也，司天之九部及帝之囿时②。有兽焉，其状如羊而四角，名曰土蝼，是食人。有鸟焉，其状如蜂，大如鸳鸯，名曰钦原，蠚鸟兽则死③，蠚木则枯。有鸟焉，其名曰鹑鸟④，是司帝之百服⑤。有木焉，其状如棠，黄华赤实，其味如李而无核，名曰沙棠，可以御水，食之使人不溺⑥。有草焉，名曰䕦草⑦，其状如葵，其味如葱，食之已劳。河水出焉，而东南流注于无达⑧。赤水出焉，而东南流注于氾天之水⑨。洋水出焉，而西南流注于丑涂之水⑩。黑水出焉，而西流于大杅⑪，是多怪鸟兽。

又西三百七十里，曰乐游之山。桃水出焉，西流注于稷泽，是多白玉。其中多䱻鱼⑫，其状如蛇而四足，是食鱼。

西水行四百里，曰流沙。二百里至于蠃母之山，神长乘司之，是天之九德也⑬，其神状如人而犳尾⑭。其上多玉，其下多青石而无水。

䱻鱼

---

① "其神状"二句：此神即《海内西经》所记的开明兽。
② "司天"句：谓掌管天的九域部界及天帝苑囿的时节。
③ 蠚（hē）：螫。
④ 鹑鸟：凤一类的神鸟；一说，赤凤谓之鹑。
⑤ 百服：各种器物服饰；一说，即百事。
⑥ 不溺：谓入水不沉。
⑦ 䕦：音 pín。
⑧ 无达：山名。
⑨ 氾：音 fán。氾天亦是山名。
⑩ 丑涂：水名，也是山名。
⑪ 大杅（yú）：山名。
⑫ 䱻（huá）鱼：当作"鳚（wèi）鱼"。
⑬ 是天之九德：谓其秉天之九德之气而生。
⑭ 犳：音 zhuó，传说中一种似豹之兽。

又西三百五十里,曰玉山①。是西王母所居也。西王母其状如人,豹尾虎齿而善啸,蓬发戴胜②,是司天之厉及五残③。有兽焉,其状如犬而豹文,其角如牛④,其名曰狡,其音如吠犬,见则其国大穰。有鸟焉,其状如翟而赤,名曰胜遇⑤,是食鱼,其音如录⑥,见则其国大水。

又西四百八十里,曰轩辕之丘⑦。无草木。洵水出焉,南流注于黑水,其中多丹粟,多青雄黄。

又西三百里,曰积石之山。其下有石门,河水冒以西流⑧。是山也,万物无不有焉。

又西二百里,曰长留之山⑨。其神白帝少昊居之⑩。其兽皆文尾,其鸟皆文首⑪。是多文玉石。实惟员神磈氏之宫⑫,是神也,主司反景⑬。

又西二百八十里,曰章莪之山⑭。无草木,多瑶碧。所为甚怪⑮。有兽焉,其状如赤豹,五尾一角,其音如击石,其名如狰⑯。有鸟焉,其状如鹤,一足,赤文青

---

① 玉山:因此山多玉石,故名。李白诗"若非群玉山头见"即指此山。
② 胜:发饰。
③ 厉:灾异。五残:一说为凶星名,一说为五刑残杀之气。
④ 牛:一作"羊"。
⑤ 胜:音xìng。
⑥ 录:未详何物,或当为"鹿"字。
⑦ 轩辕之丘:因轩辕氏黄帝居于此而得名。
⑧ 冒:覆盖。"西"与"流"之间当有一"南"字。
⑨ 长留之山:一作"长流之山"。
⑩ 白帝少昊:传说中五方天帝中之西方天帝,即金天氏。
⑪ 文尾、文首:皆或作长尾、长首。
⑫ 磈:音wěi。
⑬ 反景:指太阳西下时日影反照在东边。景,同"影"。
⑭ 莪:音é。
⑮ 所为甚怪:多有奇怪之物。
⑯ 如:当作"曰"。

质而白喙,名曰毕方①,其鸣自叫也,见则其邑有讹火②。

狰

毕方

天狗

又西三百里,曰阴山。浊浴之水出焉③,而南流注于蕃泽,其中多文贝。有兽焉,其状如狸而白首④,名曰天狗,其音如榴榴⑤,可以御凶。

又西二百里,曰符惕之山⑥。其上多棕、楠,下多金、玉。神江疑居之。是山也,多怪雨,风云之所出也。

又西二百二十里,曰三危之山。三青鸟居之⑦。是山也,广员百里⑧。其上有兽焉,其状如牛,白身四角⑨,其豪如披蓑⑩,其名曰獓狠⑪,是食人。有鸟焉,一

---

① 可参见《海外南经》"毕方鸟"条。
② 讹(é)火:怪火。讹,同"讹"。
③ 浊浴之水:一作"浊谷水"。
④ 狸:一作"豹"。
⑤ 榴榴:一作"猫猫"。
⑥ 符惕(yáng)之山:一作"符阳之山"。
⑦ 为西王母取食、通信,充当使者的鸟。《大荒西经》云:"有三青鸟,赤首黑目,一名曰大鵹(lí),一名少鵹,一名曰青鸟。"郭璞注:"皆西王母所使也。"由此观之,"三青鸟"似非一鸟之名称,而是三只各有名字的青色之鸟。
⑧ 员:同"圆"。
⑨ 身:一作"首"。
⑩ 蓑:草制雨衣。
⑪ 獓狠(ào yè):当作"獓狠(áo yè)"。

首而三身,其状如鹗①,其名曰鸱。

又西一百九十里,曰騩山。其上多玉而无石。神耆童居之②,其音常如钟磬。其下多积蛇③。

又西三百五十里,曰天山。多金、玉,有青雄黄。英水出焉,而西南流注于汤谷④。有神焉⑤,其状如黄囊⑥,赤如丹火,六足四翼,浑敦无面目⑦,是识歌舞,实为帝江也。

又西二百九十里,曰泑山。神蓐收居之⑧。其上多婴短之玉⑨,其阳多瑾瑜之玉,其阴多青雄黄。是山也,西望日之所入,其气员⑩,神红光之所司也⑪。

西水行百里,至于翼望之山⑫。无草木,多金、玉。有兽焉,其状如狸,一目而三尾,名曰讙⑬,其音如夺百声⑭,是可以御凶,服之已瘅⑮。有鸟焉,其状如乌,

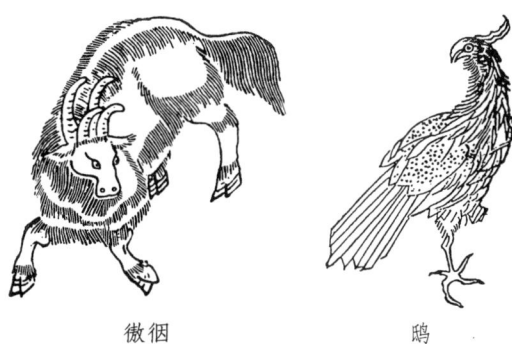

傲䄇 　　鸱

帝江

---

① 鹗(luò):似雕的一种鸟,黑文赤颈。
② 耆(qí)童:即老童,颛顼之子。
③ 积蛇:指蛇聚积在一起。
④ 汤谷:与《海外东经》《大荒东经》所记的日出之地汤谷为异地而同名。
⑤ 焉:一作"鸟"。
⑥ 囊:口袋。
⑦ 浑敦:通"混沌"。
⑧ 蓐(rù)收:神名,人面、虎爪、白毛、执钺。
⑨ 婴短之玉:即上文"瑜次之山"条所记的婴垣之玉,"短""垣"疑皆是"脰"字之讹,"婴脰"即缠绕颈部之意。
⑩ 其气员:因日形圆,故其气也圆。员,通"圆"。
⑪ 红光:神名,疑即蓐收。
⑫ 翼望之山:《中山经·中次一十一山经》有翼望之山,与此山同名。
⑬ 讙:音huān。
⑭ "其音"句:谓其能作各种各样的声音。夺(duó):当作"夺"。
⑮ 瘅(dàn):通"疸",黄疸病。

三首六尾而善笑,名曰䳅鵌①,服之使人不厌②,又可以御凶。

谨　　　　　　　　䳅鵌

凡《西次三经》之首,崇吾之山至于翼望之山③,凡二十三山,六千七百四十四里。其神状皆羊身人面。其祠之礼:用一吉玉瘗④,糈用稷米。

《西次四经》之首曰阴山⑤。上多榖⑥,无石,其草多茆、蕃⑦。阴水出焉,西流注于洛。

北五十里,曰劳山。多茈草⑧。弱水出焉,而西流注于洛。

西五十里,曰罢父之山⑨。洱水出焉,而西南流注于洛,其中多茈、碧⑩。

北百七十里,曰申山。其上多榖、柞⑪,其下多杻、檀,其阳多金、玉。区水出

---

① 䳅鵌(qí tú):《北山经》有一种雌雄同体之鸟,与此同名。
② 不厌(yǎn):不生梦魇。
③ "崇吾之山"之上脱一"自"字。
④ 吉玉:具有纹理色彩的美玉。
⑤ 阴山:上文有阴山,与此山同名。
⑥ 榖:当作"榖"。
⑦ 茆(mǎo)、蕃(fán):两种草,茆即凫葵,蕃即青蕃。
⑧ 茈(zǐ):紫。
⑨ 罢父之山:当作"罢谷之山"。
⑩ 茈:紫色石头。
⑪ 榖:当作"榖"。

焉,而东流注于河。

北二百里,曰鸟山。其上多桑,其下多楮,其阴多铁,其阳多玉。辱水出焉,而东流注于河。

又北二十里,曰上申之山。上无草木,而多硌石①,下多榛、楛②,兽多白鹿。其鸟多当扈③,其状如雉,以其髯飞④,食之不眴目⑤。汤水出焉,东流注于河。

又北八十里,曰诸次之山。诸次之水出焉,而东流注于河。是山也,多木无草,鸟兽莫居,是多众蛇。

又北百八十里,曰号山。其木多漆、棕⑥,其草多药、虈、芎䓖⑦,多泠石⑧。端水出焉,而东流注于河。

又北二百二十里,曰盂山。其阴多铁,其阳多铜,其兽多白狼、白虎,其鸟多白雉、白翟⑨。生水出焉,而东流注于河。

西二百五十里,曰白於之山。上多松、柏,下多栎、檀⑩,其兽多㸲牛、羬羊,其鸟多鸮。洛水出于其阳,而东流注于渭;夹水出于其阴,东流注于生水。

① 硌(luò)石:大石。
② 榛、楛(hù):皆树木名。
③ 当扈:一作"当户"。
④ 髯(rǎn):动物咽喉下方的须。
⑤ 眴(shùn)目:即瞬目,眨眼。
⑥ 漆:一种落叶乔木。
⑦ 药、虈(xiāo)、芎䓖:三者皆香草名。
⑧ 泠(gàn):通"淦",一种柔软如泥的石头。
⑨ 翟:一作"翠"。
⑩ 栎:柞树。

西北三百里，曰申首之山①。无草木，冬夏有雪。申水出于其上，潜于其下，是多白玉。

又西五十五里，曰泾谷之山。泾水出焉，东南流注于渭，是多白金、白玉。

又西百二十里，曰刚山。多柒木②，多㻬琈之玉。刚水出焉，北流注于渭。是多神魓③，其状人面兽身，一足一手，其音如钦④。

神魓

又西二百里，至刚山之尾。洛水出焉，而北流注于河。其中多蛮蛮⑤，其状鼠身而鳖首，其音如吠犬。

蛮蛮

又西三百五十里，曰英鞮之山。上多漆木，下多金、玉，鸟兽尽白。涴水出焉，而北流注于陵羊之泽。是多冉遗之鱼⑥，鱼身，蛇首，六足，其目如马耳，食之使人不眯⑦，可以御凶。

冉遗鱼

又西三百里，曰中曲之山。其阳多玉，其阴多雄黄、白玉及金。有兽焉，其状如马

---

① 申首之山：当作"由首之山"。
② 柒：同"漆"。
③ 魓(chì)：魑魅之类的厉鬼。
④ 钦：通"吟"。
⑤ 蛮蛮：獭一类的动物，与上文之比翼鸟同名。
⑥ 冉遗之鱼：一作"无遗之鱼"。
⑦ 不眯：即不厌，不生梦魇。

而白身、黑尾、一角、虎牙爪,音如鼓音①,其名曰駮②,是食虎豹,可以御兵③。有木焉,其状如棠而员叶赤实,实大如木瓜,名曰櫰木④,食之多力。

又西二百六十里,曰邽山⑤。其上有兽焉,其状如牛,蝟毛⑥,名曰穷奇,音如獆狗⑦,是食人。濛水出焉,南流注于洋水,其中多黄贝、蠃鱼⑧,鱼身而鸟翼,音如鸳鸯,见则其邑大水。

驳

蠃鱼

又西二百二十里,曰鸟鼠同穴之山⑨。其上多白虎、白玉。渭水出焉,而东流注于河。其中多鳋鱼⑩,其状如鳝鱼⑪,动则其邑有大兵。滥水出于其西,西流注于汉水。多䱲魮之鱼⑫,其状如覆铫⑬,鸟首而鱼翼鱼尾,音如磬石之声,是生珠玉。

---

① 音:此字当为衍字。
② 駮(bó):参见《海外北经》"北海内有兽"条。
③ 可以御兵:谓养着它可以避免为兵刃所伤。
④ 櫰:音 huái。
⑤ 邽:音 guī。
⑥ 蝟毛:谓长着刺猬毛一样的毛。
⑦ 獆(háo):同"嗥"。
⑧ 黄贝:一种甲虫。
⑨ 鸟鼠同穴之山:据郭璞注,此山有鸟似燕而黄色,叫作鵌;有鼠如家鼠而短尾,叫作鼵(tū)。鸟在外,鼠在内,共处一洞穴之中。
⑩ 鳋:音 sāo。
⑪ 鳝(zhān)鱼:即鲟鳇鱼。
⑫ 䱲魮:音 rú pí。
⑬ 铫(diào):类似于小锅的炖煮用具。

鸟鼠同穴

䱻魮鱼

人面鸮

西南三百六十里,曰崦嵫之山①。其上多丹木,其叶如榖②,其实大如瓜,赤符而黑理③,食之已瘅,可以御火。其阳多龟,其阴多玉。苕水出焉,而西流注于海,其中多砥砺④。有兽焉,其状马身而鸟翼,人面蛇尾,是好举人⑤,名曰孰湖。有鸟焉,其状如鸮而人面,蜼身犬尾⑥,其名自号也,见则其邑大旱。

凡《西次四经》,自阴山以下至于崦嵫之山,凡十九山,三千六百八十里。其神祠礼:皆用一白鸡祈,糈以稻米,白菅为席。

右西经之山,凡七十七山,一万七千五百一十七里。

---

① 崦嵫(yān zī):山名,相传为日落之处。
② 榖:当作"榖"。
③ 符:通"柎",花萼。
④ 砥砺:磨刀石,精者为砥,粗者为砺。
⑤ 好举人:喜欢将人抱住举起来。
⑥ 蜼(wèi):猕猴的一种。参见《中山经·中次九经》"嵩山"条。

山海经第三　北山经

《北山经》之首,曰单狐之山。多机木①,其上多华草②。漨水出焉③,而西流注于泑水,其中多芘石、文石④。

又北二百五十里,曰求如之山。其上多铜,其下多玉,无草木。滑水出焉,而西流注于诸毗之水。其中多滑鱼,其状如鱓⑤,赤背,其音如梧⑥,食之已疣⑦。其中多水马,其状如马,文臂牛尾⑧,其音如呼⑨。

又北三百里,曰带山。其上多玉,其下多青碧。有兽焉,其状如马,一角有错⑩,其名曰䏿疏⑪,可以辟火。有鸟焉,其状如乌,五采而赤文,名曰鹠䳓⑫,是自

---

① 机木:类似榆树的一种树木,烧成灰可作稻田肥料。
② 华草:不详。
③ 漨:音 fēng。
④ 芘石:当为"此石"之误。
⑤ 鱓(shàn):同"鳝",黄鳝。
⑥ 其音如梧:一说,梧即支吾,形容其叫声似人讲话含混声;一说,梧即琴。
⑦ 疣(yóu):瘤子。
⑧ 臂:指前腿。
⑨ 如呼:像人的呼叫声。
⑩ 错:即甲错,指外壳粗糙不平。
⑪ 䏿:音 huān。
⑫ 鹠䳓:《西山经·西次三经》"翼望之山"条记有鹠䳓,与此为同名异物。

䑏疏

儵鱼

为牝牡,食之不疕①。彭水出焉,而西流注于芘湖之水②。其中多儵鱼③,其状如鸡而赤毛、三尾、六足、四首④,其音如鹊,食之可以已忧。

何罗鱼

又北四百里,曰谯明之山⑤。谯水出焉,西流注于河。其中多何罗之鱼,一首而十身,其音如吠犬⑥,食之已痈。有兽焉,其状如貆而赤豪⑦,其音如榴榴,名曰孟槐,可以御凶⑧。是山也,无草木,多青雄黄⑨。

又北三百五十里,曰涿光之山。嚣水出焉,而西流注于河。其中多鳛鳛之鱼⑩,其状如鹊而十翼,鳞皆在羽端,其音如鹊,可以御火,食之不瘅。其上多松、柏,其下多棕、橿,其兽多麢羊,其鸟多蕃⑪。

---

① 不疕(jū):不长痈疽。
② 芘湖之水:一作"茈湖之水"。
③ 儵(tiáo):通"鯈"。
④ 首:一作"目"。
⑤ 谯:音qiáo。
⑥ 如吠犬:当作"如犬吠"。
⑦ 貆(huán):即豪猪,其毛(豪)为白色。
⑧ 可以御凶:谓能防避凶邪之气。
⑨ 青雄黄:一作"青碧"。
⑩ 鳛:音xí。鳛字原指泥鳅,然据此处之描述,显然非现实世界所认知之泥鳅。
⑪ 蕃:不详何鸟。

鳛鳛鱼

寓鸟

又北三百八十里，曰虢山①。其上多漆，其下多桐、椐②，其阳多玉，其阴多铁。伊水出焉，西流注于河。其兽多橐驼③，其鸟多寓④，状如鼠而鸟翼，其音如羊，可以御兵。

又北四百里，至于虢山之尾。其上多玉而无石。鱼水出焉，西流注于河，其中多文贝。

又北二百里，曰丹熏之山。其上多樗、柏，其草多韭、䪥⑤，多丹雘。熏水出焉，而西流注于棠水。有兽焉，其状如鼠而菟首麋身⑥，其音如獆犬，名曰耳鼠⑦，食之不睬⑧，又可以御百毒。

又北二百八十里，曰石者之山。其上无草木，多瑶碧。泚水出焉，西流注于河。有兽焉，其状如豹而文题白身⑨，名曰孟极，是善伏⑩，其鸣自呼。

---

① 虢(guó)山：一作"号山"。
② 椐(jū)：即榉树，又名灵寿木，多肿节，可做手杖。
③ 橐驼：即骆驼。
④ 寓：类似蝙蝠的动物。
⑤ 韭、䪥(xiè)：皆山菜名。
⑥ 菟(tù)首麋身：一作"兔首麋耳"。菟，同"兔"。"身"当为"耳"之误。
⑦ 耳鼠：即鼯鼠。
⑧ 睬(cǎi)：中医指肚子膨胀的病。
⑨ 文题：额上有花纹。题，额。
⑩ 伏：隐藏。

又北百一十里,曰边春之山①。多葱、葵、韭、桃、李②。杠水出焉,而西流注于泑泽。有兽焉,其状如禺而文身③,善笑,见人则卧④,名曰幽鴳⑤,其鸣自呼。

又北二百里,曰蔓联之山。其上无草木。有兽焉,其状如禺而有鬣,牛尾,文臂,马蹄,见人则呼⑥,名曰足訾⑦,其鸣自呼。有鸟焉,群居而朋飞⑧,其毛如雌雉,名曰鵁⑨,其鸣自呼,食之已风。

诸犍

又北百八十里,曰单张之山。其上无草木。有兽焉,其状如豹而长尾,人首而牛耳,一目,名曰诸犍⑩,善吒⑪,行则衔其尾,居则蟠其尾⑫。有鸟焉,其状如雉而文首、白翼、黄足,名曰白鵺⑬,食之已嗌痛⑭,可以已痸⑮。栎水出焉,而南流注于杠水。

又北三百二十里,曰灌题之山。其上多樗、柘⑯,其下多流沙,多砥。有兽焉,其状如牛而白尾,其音如訆⑰,名曰那父。有鸟焉,其状如雌雉而人面,见人

---

① 边春之山:一作"春山"。
② 葱:此指茖(gé),一种野葱。
③ 身:一作"背"。
④ 见人则卧:谓见到人就装睡。
⑤ 幽鴳(è):一作"幽頞(è)"。
⑥ 呼:一作"笑"。
⑦ 訾:音zǐ。
⑧ 朋飞:结伴而飞。
⑨ 鵁(jiāo):一作"渴"。
⑩ 犍:音jiān,由于郭璞音注亦用该字,疑误。
⑪ 吒(zhà):同"咤",怒叫。
⑫ 蟠:盘曲。
⑬ 鵺:音yè。
⑭ 嗌(yì):咽喉。
⑮ 痸(chì):一说,即癞病,属皮肤病;一说,即小儿癫痫症。
⑯ 柘(zhè):一种落叶灌木或乔木,叶可喂蚕,树皮可染色。
⑰ 訆(jiào):同"叫"。

则跃,名曰辣斯,其鸣自呼也。匠韩之水出焉,而西流注于泑泽,其中多磁石。

又北二百里,曰潘侯之山。其上多松、柏,其下多榛、楛,其阳多玉,其阴多铁。有兽焉,其状如牛而四节生毛,名曰旄牛。边水出焉,而南流注于栎泽。

辣斯

又北二百三十里,曰小咸之山。无草木,冬夏有雪。

北二百八十里,曰大咸之山。无草木,其下多玉。是山也,四方,不可以上。有蛇名曰长蛇,其毛如彘豪①,其音如鼓柝②。

长蛇

又北三百二十里,曰敦薨之山。其上多棕、楠,其下多茈草。敦薨之水出焉,而西流注于泑泽。出于昆仑之东北隅,实惟河原,其中多赤鲑。其兽多兕、旄牛③,其鸟多鸤鸠④。

又北二百里,曰少咸之山。无草木,多青碧。有兽焉,其状如牛而赤身、人面、马足,名曰窫窳⑤,其音如婴儿,是食人。敦水出焉,东流注于雁门之水,其中多䰽䰽之鱼⑥,食之杀人⑦。

---

① 彘豪:猪鬃。
② 鼓柝(tuò):鼓,敲击。柝,打更使用的梆子。
③ 旄牛:一作"朴牛"。
④ 鸤(shī)鸠:当作"尸鸠",即布谷鸟。
⑤ 窫窳(yà yǔ):此兽与《海内南经》和《海内西经》中所记的窫窳为异物而同名。
⑥ 䰽䰽(bèi bèi)之鱼:即江豚,鲸属哺乳动物。
⑦ 食之杀人:谓有毒,人食之则死。

又北二百里,曰狱法之山。瀤泽之水出焉①,而东北流注于泰泽。其中多鳙鱼②,其状如鲤而鸡足,食之已疣。有兽焉,其状如犬而人面,善投,见人则笑,其名山䍻③,其行如风,见则天下大风。

鳙鱼

山䍻

又北二百里④,曰北岳之山。多枳、棘、刚木⑤。有兽焉,其状如牛而四角、人目、彘耳,其名曰诸怀,其音如鸣雁,是食人。诸怀之水出焉,而西流注于嚻水。其中多鮨鱼⑥,鱼身而犬首,其音如婴儿,食之已狂。

诸怀

鮨鱼

又北百八十里,曰浑夕之山。无草木,多铜、玉。嚻水出焉,而西北流注于海。有蛇一首两身,名曰肥遗,见则其国大旱。

---

① 瀤:音huái。
② 鳙:音zǎo。
③ 䍻:音huī。
④ 二百里:一作"一百里"。
⑤ 刚木:木质坚硬的树木。
⑥ 鮨:音yì,郝懿行怀疑即海狗。

又北五十里,曰北单之山。无草木,多葱、韭。

又北百里,曰罴差之山。无草木,多马①。

又北百八十里,曰北鲜之山。是多马。鲜水出焉,而西北流注于涂吾之水。

肥遗

又北百七十里,曰隄山。多马。有兽焉,其状如豹而文首,名曰㹜②。隄水出焉,而东流注于泰泽,其中多龙龟③。

凡《北山经》之首,自单狐之山至于隄山,凡二十五山,五千四百九十里。其神皆人面蛇身。其祠之:毛用一雄鸡、彘瘗,吉玉用一珪,瘗而不糈。其山北人,皆生食不火之物④。

《北次二经》之首,在河之东,其首枕汾⑤,其名曰管涔之山⑥。其上无木而多草,其下多玉。汾水出焉,而西流注于河。

又西二百五十里⑦,曰少阳之山⑧。其上多玉,其下多赤银⑨。酸水出焉,而东流注于汾水,其中多美赭。

---

① 马:指野马。
② 㹜:音 yǎo。
③ 龙龟:一说,龙、龟为二物;一说,为一物,龙种而龟身。
④ 生食不火之物:一作"生食而不火"。
⑤ 其首枕汾:指山之起始部分临汾水。
⑥ 涔:音 cén。
⑦ 西:当作"北"。
⑧ 少阳之山:在今山西交城西南。
⑨ 赤银:一说,为银之精华;一说,为赤色之银。

又北五十里,曰县雍之山。其上多玉,其下多铜,其兽多闾、麋①,其鸟多白翟、白䳀②。晋水出焉,而东南流注于汾水。其中多鮆鱼,其状如儵而赤麟③,其音如叱④,食之不骄⑤。

又北二百里,曰狐岐之山。无草木,多青碧。胜水出焉,而东北流注于汾水,其中多苍玉。

又北三百五十里,曰白沙山。广员三百里,尽沙也,无草木鸟兽。鲔水出于其上⑥,潜于其下,是多白玉。

又北四百里,曰尔是之山。无草木,无水。

又北三百八十里,曰狂山。无草木。是山也,冬夏有雪。狂水出焉,而西流注于浮水,其中多美玉。

又北三百八十里,曰诸馀之山。其上多铜、玉,其下多松、柏。诸馀之水出焉,而东流注于旄水。

又北三百五十里,曰敦头之山。其上多金、玉,无草木。旄水出焉,而东流注于印泽⑦。其中多䮝马⑧,牛尾而白身,一角,其音如呼。

䮝马

---

① 闾:即羭(yú),似驴而跂蹄,角如羚羊,又名山驴。
② 白䳀(yǒu):即白翰,见上文《西山经》。
③ 麟:当作"鳞"。
④ 叱:一作"吒"。
⑤ 骄:疑当作"骚",即狐臭。
⑥ 鲔:音 wěi。谓鲔水发源于该山之上,停于该山之下。
⑦ 印泽:当作"邛泽"。
⑧ 䮝:音 bó。

又北三百五十里,曰钩吾之山。其上多玉,其下多铜。有兽焉,其状如羊身人面①,其目在腋下,虎齿人爪,其音如婴儿,名曰狍鸮②,是食人。

狍鸮

蟹䳿

又北三百里,曰北嚻之山。无石,其阳多碧,其阴多玉。有兽焉,其状如虎而白身、犬首、马尾、彘鬣,名曰独㺉③。有鸟焉,其状如乌,人面,名曰䳐䳿④,宵飞而昼伏,食之已暍⑤。涔水出焉,而东流注于邛泽。

又北三百五十里,曰梁渠之山。无草木,多金、玉。脩水出焉,而东流注于雁门⑥。其兽多居暨,其状如彚而赤毛⑦,其音如豚。有鸟焉,其状如夸父⑧,四翼一目,犬尾,名曰嚻,其音如鹊,食之已腹痛,可以止衕⑨。

嚻

又北四百里,曰姑灌之山。无草木。是山也,冬夏有雪。

---

① 如:此字疑为衍字。
② 狍(páo)鸮:也叫饕餮(tāo tiè),传说为一种贪食的恶兽。
③ 㺉:音 yù。
④ 䳐䳿:音 pán mào。
⑤ 暍(yē):中暑。
⑥ 雁门:此处为河流名。
⑦ 彚(wèi):通"猬",刺猬。
⑧ 夸父:即《西山经·西次三经》"崇吾之山"条中所说的举父。
⑨ 衕(dòng):腹泻。

又北三百八十里,曰湖灌之山。其阳多玉,其阴多碧,多马。湖灌之水出焉,而东流注于海,其中多鱓①。有木焉,其叶如柳而赤理。

又北水行五百里,流沙三百里,至于洹山②。其上多金、玉。三桑生之,其树皆无枝,其高百仞,百果树生之。其下多怪蛇。

又北三百里,曰敦题之山。无草木,多金、玉。是錞于北海③。

凡《北次二经》之首,自管涔之山至于敦题之山,凡十七山,五千六百九十里。其神皆蛇身人面。其祠:毛用一雄鸡、彘瘗,用一璧一珪,投而不糈④。

《北次三经》之首,曰太行之山。其首曰归山。其上有金石,其下有碧。有兽焉,其状如麢羊而四角,马尾而有距,其名曰䭽⑤,善还⑥,其名自訆。有鸟焉,其状如鹊,白身赤尾,六足,其名曰𪃑⑦,是善惊,其鸣自詨⑧。

䭽　　　　　　𪃑

---

① 鱓(shàn):同"鳝"。
② 洹:音huán。
③ 錞(chún):通"蹲"。
④ 投而不糈:谓将玉器投入山中,不埋,亦不用精米。
⑤ 䭽:音hún。
⑥ 还(xuán):盘旋而舞。
⑦ 𪃑:音bēn。
⑧ 詨(jiào):同"叫"。

又东北二百里,曰龙侯之山。无草木,多金、玉。决决之水出焉①,而东流注于河。其中多人鱼,其状如䱱鱼②,四足,其音如婴儿,食之无痴疾③。

人鱼

又东北二百里,曰马成之山。其上多文石,其阴多金、玉。有兽焉,其状如白犬而黑头,见人则飞,其名曰天马,其鸣自訆。有鸟焉,其状如乌,首白而身青足黄,是名曰鶌鶋④,其鸣自詨,食之不饥,可以已寓⑤。

天马

又东北七十里,曰咸山。其上有玉,其下多铜,是多松、柏,草多茈草。条菅之水出焉,而西南流注于长泽,其中多器酸⑥,三岁一成,食之已疠。

又东北二百里,曰天池之山。其上无草木,多文石。有兽焉,其状如兔而鼠首,以其背飞,其名曰飞鼠。渑水出焉,潜于其下,其中多黄垩。

飞鼠

又东三百里,曰阳山。其上多玉,其下多金、铜。有兽焉,其状如牛而赤尾,

---

① 决决(jué jué)之水:一作"决水"。
② 䱱(tí)鱼:即鲵鱼,俗称娃娃鱼,因其叫声如小孩啼哭而得名。
③ 痴疾:痴呆症。
④ 鶌鶋:音qū jū。
⑤ 寓:一说,当作"误",指健忘症;一说,通"瘑(yù)",疣病。
⑥ 器酸:具体不详。或曰泽水滞留,积久为酸。

其颈䐉①,其状如句瞿②,其名曰领胡③,其鸣自詨,食之已狂。有鸟焉,其状如雌雉而五采以文,是自为牝牡,名曰象蛇,其鸣自詨。留水出焉,而南流注于河。其中有鮙父之鱼④,其状如鲋鱼,鱼首而彘身,食之已呕。

又东三百五十里,曰贲闻之山。其上多苍玉,其下多黄垩,多涅石⑤。

又北百里,曰王屋之山。是多石。㶌水出焉⑥,而西北流于泰泽。

又东北三百里,曰教山。其上多玉而无石。教水出焉,西流注于河,是水冬干而夏流,实惟干河。其中有两山。是山也,广员三百步,其名曰发丸之山,其上有金、玉。

酸与

又南三百里,曰景山。南望盐贩之泽⑦,北望少泽。其上多草、藷藇⑧,其草多秦椒⑨,其阴多赭,其阳多玉。有鸟焉,其状如蛇而四翼、六目、三足,名曰酸与,其鸣自詨,见则其邑有恐⑩。

又东南三百二十里,曰孟门之山。其上多苍玉,多金,其下多黄垩,多涅石。

---

① 䐉(shèn):肉隆起状。
② 句瞿:斗,古代称量粮食的器具。
③ 领胡:领,颈部;胡,垂肉。该兽当自起颈部垂肉特征得名。
④ 鮙:音xiàn。
⑤ 涅石:矾石。
⑥ 㶌:音lián。
⑦ 盐贩之泽:一本无"贩"字。
⑧ 藷藇(shǔ yù):即山药,亦称薯蓣(yù)。
⑨ 秦椒:即花椒。
⑩ 有恐:谓发生恐慌。

又东南三百二十里,曰平山。平水出于其上,潜于其下,是多美玉。

又东二百里①,曰京山。有美玉,多漆木,多竹,其阳有赤铜,其阴有玄䃌②。高水出焉,南流注于河。

又东二百里③,曰虫尾之山。其上多金、玉,其下多竹,多青碧。丹水出焉,南流注于河。薄水出焉,而东南流注于黄泽。

又东三百里,曰彭𣲘之山④。其上无草木,多金、玉,其下多水。蚤林之水出焉,东南流注于河。肥水出焉,而南流注于床水,其中多肥遗之蛇。

又东百八十里,曰小侯之山。明漳之水出焉,南流注于黄泽。有鸟焉,其状如乌而白文,名曰鸪鹨⑤,食之不灂⑥。

又东三百七十里,曰泰头之山。共水出焉⑦,南注于虖池⑧。其上多金、玉,其下多竹箭。

又东北二百里,曰轩辕之山。其上多铜,其下多竹。有鸟焉,其状如枭而白首,其名曰黄鸟,其鸣自讠,食之不妒。

又北二百里,曰谒戾之山。其上多松、柏,有金、玉。沁水出焉,南流注于河。其东有林焉,名曰丹林。丹林之水出焉,南流注于河。婴侯之水出焉,北流

---

① 二百里:一作"三百里"。
② 玄䃌(sù):黑色砥石。
③ 二百里:一作"三百里"。
④ 彭𣲘之山:一作"鼓𣲘之山"。
⑤ 鹨:音xí。
⑥ 灂(jiào):眼睛昏花。
⑦ 共:音gōng。
⑧ 虖池(tuó):即下文所说的"虖沱"。

注于氾水。

东三百里,曰沮洳之山①。无草木,有金、玉。濝水出焉②,南流注于河。

又北三百里,曰神囷之山③。其上有文石,其下有白蛇,有飞虫。黄水出焉,而东流注于洹④。滏水出焉⑤,而东流注于欧水。

又北二百里,曰发鸠之山⑥。其上多柘木。有鸟焉,其状如乌,文首,白喙,赤足,名曰精卫,其鸣自詨。是炎帝之少女⑦,名曰女娃。女娃游于东海⑧,溺而不返,故为精卫,常衔西山之木石⑨,以堙于东海⑩。漳水出焉,东流注于河。

又东北百二十里,曰少山。其上有金、玉,其下有铜。清漳之水出焉,东流于浊漳之水⑪。

又东北二百里,曰锡山。其上多玉,其下有砥。牛首之水出焉,而东流注于滏水。

又北二百里,曰景山。有美玉。景水出焉,东南流注于海泽。

---

① 沮洳:音jù rù。
② 濝:音qí。
③ 神囷(qūn)之山:郭璞音注用"囷"字,知该字疑误。
④ 洹(huán):河流名。
⑤ 滏:音fǔ。
⑥ 发鸠之山:据郭璞注,为太行山分支,在今山西省长子县西。
⑦ 少女:最小的女儿。
⑧ 东海:泛指东边的海。
⑨ 西山:泛指西边的山。
⑩ 堙(yīn):填。
⑪ "东流"二字下面当脱一"注"字。

又北百里,曰题首之山。有玉焉,多石,无水。

又北百里,曰绣山。其上有玉、青碧,其木多栒①,其草多芍药、芎䓖。洧水出焉②,而东流注于河,其中有鳠、黾③。

又北百二十里,曰松山。阳水出焉,东北流注于河。

又北百二十里,曰敦与之山。其上无草木,有金石。溹水出于其阳④,而东流注于泰陆之水;泜水出于其阴⑤,而东流注于彭水。槐水出焉,而东流注于泜泽。

又北百七十里,曰柘山。其阳有金、玉,其阴有铁。历聚之水出焉,而北流注于洧水。

又北三百里,曰维龙之山。其上有碧玉,其阳有金,其阴有铁。肥水出焉,而东流注于皋泽,其中多礨石⑥。敞铁之水出焉,而北流注于大泽。

又北百八十里,曰白马之山。其阳多石玉,其阴多铁,多赤铜。木马之水出焉,而东北流注于虖沱⑦。

又北二百里,曰空桑之山。无草木,冬夏有雪。空桑之水出焉,东流注于虖沱。

---

① 栒(xún):一种可制为手杖的树木。
② 洧:音wěi。
③ 鳠(hù):鱼名,似鲇鱼而大。黾(mǐn):蛙的一种,似青蛙,腹大。
④ 溹:音suò。
⑤ 泜:音zhī。
⑥ 礨(lěi)石:大石。一作"垒石"。
⑦ 虖沱:参见第47页"虖池"条注。

辣辣

又北三百里，曰泰戏之山。无草木，多金、玉。有兽焉，其状如羊，一角一目，目在耳后，其名曰辣辣①，其鸣自训。虖沱之水出焉，而东流注于溇水②。液女之水出于其阳，南流注于沁水。

又北三百里，曰石山。多藏金玉。濩濩之水出焉，而东流注于虖沱。鲜于之水出焉，而南流注于虖沱。

又北二百里，曰童戎之山。皋涂之水出焉，而东流注于溇液水。

又北三百里，曰高是之山。滋水出焉，而南流注于虖沱。其木多棕，其草多条。滱水出焉③，东流注于河。

又北三百里，曰陆山。多美玉。郪水出焉④，而东流注于河。

又北二百里，曰沂山。般水出焉⑤，而东流注于河。

北百二十里，曰燕山。多婴石⑥。燕水出焉，东流注于河。

又北山行五百里，水行五百里，至于饶山。是无草木，多瑶碧，其兽多橐

---

① 辣辣：音 dōng dōng。
② 溇：音 lóu。
③ 滱：音 kòu。
④ 郪(jiāng)水：一作"郯水"。
⑤ 般：音 pán。
⑥ 婴石：一种似玉的石头，有带状彩纹，又叫燕石。

驼①,其鸟多鹠②。历虢之水出焉,而东流注于河,其中有师鱼③,食之杀人。

又北四百里,曰乾山。无草木,其阳有金、玉,其阴有铁而无水。有兽焉,其状如牛而三足,其名曰獂④,其鸣自诙。

獂

䍃

又北五百里,曰伦山。伦水出焉,而东流注于河。有兽焉,其状如麋,其川在尾上⑤,其名曰䍃⑥。

又北五百里,曰碣石之山。绳水出焉,而东流注于河,其中多蒲夷之鱼⑦。其上有玉,其下多青碧。

又北水行五百里,至于雁门之山。无草木。

又北水行四百里,至于泰泽。其中有山焉,曰帝都之山,广员百里,无草木,

---

① 橐驼(tuó):即骆驼。
② 鹠(liú):即鸺(xiū)鹠,一种以鼠、兔为食的猛禽。
③ 师鱼:即鲵,娃娃鱼。
④ 獂(huán):一作"獂(huán)"。
⑤ 川:当为"州"字之误。州,窍。
⑥ 䍃:当作"䍃九",脱"九"字。
⑦ 蒲夷之鱼:疑即冉遗鱼。参见《西山经·西次四经》"英鞮之山"条。

有金、玉。

又北五百里,曰錞于毋逢之山。北望鸡号之山①,其风如飙②。西望幽都之山,浴水出焉。是有大蛇,赤首白身,其音如牛,见则其邑大旱。

凡《北次三经》之首,自太行之山以至于无逢之山③,凡四十六山,万二千三百五十里。其神状皆马身而人面者廿神④。其祠之:皆用一藻、茝瘗之⑤。其十四神状皆彘身而载玉⑥。其祠之:皆玉,不瘗。其十神状皆彘身而八足蛇尾。其祠之:皆用一璧瘗之。大凡四十四神,皆用稌糈米祠之,此皆不火食⑦。

右北经之山志,凡八十七山,二万三千二百三十里。

---

① 鸡号之山:一作"惟号之山"。
② 飙(lì):风疾貌。
③ 无逢之山:即上文所说的錞于毋逢之山。
④ 廿(niàn):二十。
⑤ 藻:聚藻,一种水草。茝(chǎi):一种香草。祭神用草,与惯例不合,一说"茝"字是"珪"字之讹。
⑥ 载:通"戴"。
⑦ 不火食:生食。

山海经第四　东山经①

《东山经》之首,曰樕𧕦之山②。北临乾昧③。食水出焉,而东北流注于海。其中多鱅鱅之鱼④,其状如犁牛⑤,其音如彘鸣⑥。

又南三百里,曰藟山⑦。其上有玉,其下有金。湖水出焉,东流注于食水,其中多活师⑧。

又南三百里,曰栒状之山。其上多金、玉,其下多青碧石。有兽焉,其状如犬,六足,其名曰从从,其鸣自詨。有鸟焉,其状如鸡而鼠毛⑨,其名曰蚩鼠⑩,见则其邑大旱。泾水出焉⑪,而北流注于湖水。其中多箴鱼,其状如儵,其喙如箴⑫,食之无疫疾。

---

① 这一经分四个部分,分记东方四列山系诸山的名称、物产和发源于诸山的河流,并对四列山系的山神形状及祭祀时的礼仪做了介绍。
② 樕𧕦:音 sù zhū。
③ 乾昧:山名。
④ 鱅鱅:音 yōng yōng。
⑤ 犁牛:一种毛色似老虎的牛。
⑥ 鸣:此字当为衍字。
⑦ 藟:音 lěi。
⑧ 活师:蝌蚪。
⑨ 毛:一作"尾"。
⑩ 蚩:音 zī。
⑪ 泾:音 zhǐ。
⑫ 箴:针。

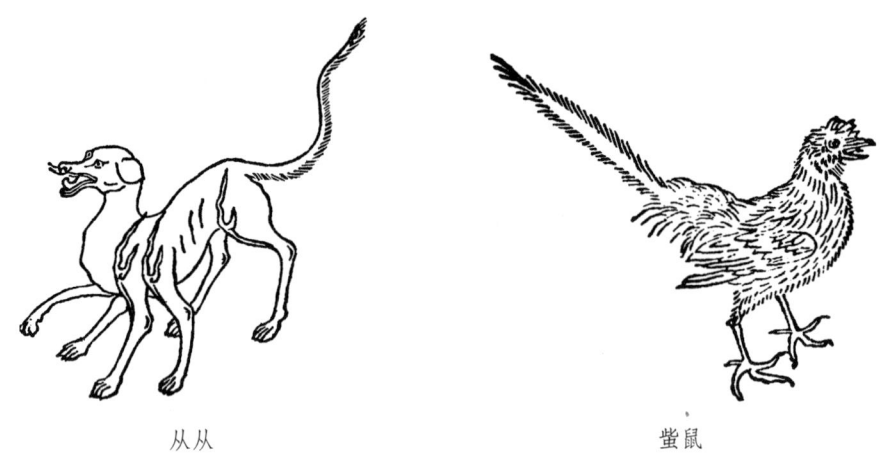

从从　　　　　　　　　　　蛰鼠

又南三百里,曰勃垒之山①。无草木,无水。

又南三百里,曰番条之山。无草木,多沙。减水出焉②,北流注于海,其中多鱤鱼③。

又南四百里,曰姑儿之山。其上多漆,其下多桑、柘。姑儿之水出焉,北流注于海,其中多鱤鱼。

又南四百里,曰高氏之山。其上多玉,其下多箴石④。诸绳之水出焉,东流注于泽,其中多金、玉。

又南三百里,曰岳山。其上多桑,其下多樗。泺水出焉⑤,东流注于泽,其中多金、玉。

① 垒(qí):同"齐"。
② 减:同"减"。
③ 鱤(gǎn)鱼:一种凶猛的大型鱼类,又名黄鲇。
④ 箴石:一种可用于制作砭针的石头。
⑤ 泺:音luò。

又南三百里,曰犲山①。其上无草木,其下多水,其中多堪㺅之鱼②。其兽焉③,其状如夸父而彘毛,其音如呼,见则天下大水。

又南三百里,曰独山。其上多金、玉,其下多美石。末涂之水出焉,而东南流注于沔。其中多𩶤䗤④,其状如黄蛇,鱼翼,出入有光,见则其邑大旱。

又南三百里,曰泰山。其上多玉⑤,其下多金。有兽焉,其状如豚而有珠,名曰狪狪⑥,其鸣自训。环水出焉,东流注于江⑦,其中多水玉。

𩶤䗤

又南三百里,曰竹山。錞于江⑧,无草木,多瑶碧。激水出焉,而东南流注于娶檀之水,其中多茈蠃⑨。

凡《东山经》之首,自樕䗞之山以至于竹山,凡十二山,三千六百里。其神状皆人身龙首。祠:毛用一犬祈,聊用鱼⑩。

《东次二经》之首,曰空桑之山。北临食水,东望沮吴⑪,南望沙陵,西望湣泽。有兽焉,其状如牛而虎文,其音如钦⑫,其名曰𬴊𬴊⑬,其鸣自叫,见则天下

---

① 犲(chái):同"豺"。
② 㺅:音xù。
③ 其:当作"有"。
④ 𩶤䗤:音tiáo yóng。
⑤ 玉:一作"石"。
⑥ 狪狪:音tóng tóng。
⑦ 江:一作"汶"。
⑧ 江:一作"汶"。
⑨ 茈蠃:当作"茈蠃",即紫色的螺。
⑩ 聊(èr):以牲血涂器祭神。一作"衈(èr)"。
⑪ 沮:音jū。
⑫ 钦:一作"吟"。
⑬ 𬴊𬴊:音líng líng。

大水。

又南六百里,曰曹夕之山。其下多榖而无水①,多鸟兽。

又西南四百里,曰峄皋之山②。其上多金、玉,其下多白垩。峄皋之水出焉,东流注于激女之水③,其中多蜃、珧④。

又南水行五百里,流沙三百里,至于葛山之尾。无草木,多砥砺。

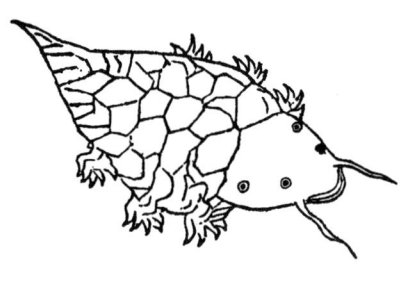

珠蟞鱼

又南三百八十里,曰葛山之首。无草木。澧水出焉⑤,东流注于余泽。其中多珠蟞鱼⑥,其状如肺而有目六足⑦,有珠,其味酸甘,食之无疠⑧。

又南三百八十里,曰余峨之山。其上多梓、楠,其下多荆、芑⑨。杂余之水出焉,东流注于黄水。有兽焉,其状如菟而鸟喙、鸱目、蛇尾,见人则眠⑩,名曰犰狳⑪,其鸣自讯,见则螽蝗为败⑫。

---

① 榖:当作"榖"。
② 峄:音yì。
③ 激女之水:一作"激汝之水"。
④ 蜃(shèn)、珧(yáo):两种蚌类软体动物。
⑤ 澧:音lǐ。
⑥ 蟞:音biē。
⑦ 肺(fèi):同"胏"。有:当作"四"。
⑧ 疠:指恶疮之类的皮肤病。
⑨ 芑:同"杞"。
⑩ 见人则眠:谓见到人就装死。
⑪ 犰狳(qiú yú):一作"犰(jǐ)狳"。
⑫ 螽(zhōng)蝗为败:谓蝗虫危害禾苗。螽即是蝗,蝗即是螽。"螽"字一作"虫"。

又南三百里,曰杜父之山。无草木,多水。

又南三百里,曰耿山。无草木,多水碧①,多大蛇。有兽焉,其状如狐而鱼翼,其名曰朱獳②,其鸣自讧,见则其国有恐。

朱獳

又南三百里,曰卢其之山③。无草木,多沙石。沙水出焉,南流注于涔水。其中多鹕鹕④,其状如鸳鸯而人足,其鸣自讧,见则其国多土功。

又南三百八十里,曰姑射之山。无草木,多水。

又南水行三百里,流沙百里,曰北姑射之山。无草木,多石。

又南三百里,曰南姑射之山。无草木,多水。

又南三百里,曰碧山。无草木,多大蛇,多碧、水玉。

又南五百里,曰缑氏之山。无草木,多金、玉。原水出焉,东流注于沙泽。

又南三百里,曰姑逢之山。无草木,多金、玉。有兽焉,其状如狐而有翼,其音如鸿雁,其名曰獙獙⑤,见则天下大旱。

獙獙

---

① 水碧:水晶一类的矿物。
② 獳:音 rú。
③ 卢其之山:一作"宪期之山"。
④ 鹕:音 hú。
⑤ 獙獙:音 bì bì。

蠪姪

又南五百里，曰凫丽之山。其上多金、玉，其下多箴石。有兽焉，其状如狐而九尾、九首、虎爪，名曰蠪姪①，其音如婴儿，是食人。

又南五百里，曰䃌山②。南临䃌水，东望湖泽。有兽焉，其状如马而羊目、四角、牛尾③，其音如獆狗，其名曰峳峳④，见则其国多狡客⑤。有鸟焉，其状如凫而鼠尾，善登木，其名曰絜钩⑥，见则其国多疫。

峳峳

凡《东次二经》之首，自空桑之山至于䃌山，凡十七山，六千六百四十里。其神状皆兽身人面载觡⑦。其祠：毛用一鸡祈，婴用一璧瘗。

又《东次三经》之首⑧，曰尸胡之山。北望𣂁山⑨，其上多金、玉，其下多棘。有兽焉，其状如麋而鱼目，名曰妴胡⑩，其鸣自训。

又南水行八百里，曰岐山⑪。其木多桃、李，其兽多虎。

---

① 蠪(lóng)姪：当作"蠪蛭"。
② 䃌：音yīn。
③ 目：一作"首"。
④ 峳峳(yóu yóu)：当作"𡵁𡵁"。
⑤ 狡客：狡猾之徒。
⑥ 絜：音xié。
⑦ 载觡(gé)：谓长有麋鹿那样的角。载，通"戴"。觡，麋鹿类动物的角。
⑧ "又"字为衍字。
⑨ 𣂁：音xiáng。
⑩ 妴：音wǎn。
⑪ 岐山：与位于今陕西省的岐山同名，但不是同一座山。

又南水行五百里,曰诸钩之山。无草木,多沙石。是山也,广员百里,多寐鱼。

又南水行七百里,曰中父之山。无草木,多沙。

又东水行千里,曰胡射之山①。无草木,多沙石。

又南水行七百里,曰孟子之山②。其木多梓、桐,多桃、李,其草多菌蒲③,其兽多麋、鹿。是山也,广员百里,其上有水出焉,名曰碧阳,其中多鳣、鲔④。

又南水行五百里,曰流沙。行五百里⑤,有山焉,曰跂踵之山。广员二百里,无草木,有大蛇,其上多玉。有水焉,广员四十里皆涌⑥,其名曰深泽,其中多蠵龟⑦。有鱼焉,其状如鲤而六足鸟尾,名曰鲐鲐之鱼⑧,其名自叫⑨。

鲐鲐鱼

又南水行九百里,曰踇隅之山⑩。其上多草木,多金、玉,多赭。有兽焉,其状如牛而马尾,名曰精精,其鸣自叫。

① 射:音yè。
② 孟子之山:一作"孟于之山"。
③ 菌蒲:未详何草;一说,即紫菜、海带、海苔一类植物。
④ 鲔(wěi):白鲟的古称。
⑤ 以上数句疑作"又南水行五百里,流沙五百里","曰"、"行"为衍字。
⑥ "有水焉"二句:谓水在地底,从方圆四十里内之地下喷涌而出。
⑦ 蠵(xī)龟:一种壳上有彩纹的大龟。
⑧ 鲐鲐:音gé gé。
⑨ 名:当作"鸣"。
⑩ 踇:音mǔ。

又南水行五百里,流沙三百里,至于无皋之山。南望幼海①,东望榑木②,无草木,多风。是山也,广员百里。

凡《东次三经》之首,自尸胡之山至于无皋之山,凡九山,六千九百里。其神状皆人身而羊角。其祠:用一牡羊,米用黍。是神也,见则风雨水为败③。

又《东次四经》之首④,曰北号之山。临于北海。有木焉,其状如杨,赤华,其实如枣而无核,其味酸甘,食之不疟⑤。食水出焉,而东北流注于海。有兽焉,其状如狼,赤首鼠目,其音如豚,名曰猲狙⑥,是食人。有鸟焉,其状如鸡而白首,鼠足而虎爪,其名曰𩿧雀⑦,亦食人。

又南三百里,曰旄山。无草木。苍体之水出焉,而西流注于展水。其中多鱃鱼⑧,其状如鲤而大首,食者不疣。

又南三百二十里,曰东始之山。上多苍玉。有木焉,其状如杨而赤理,其汁如血,不实,其名曰芑,可以服马⑨。泚水出焉,而东北流注于海。其中多美贝,多茈鱼,其状如鲋,一首而十身,其臭如蘪芜⑩,食之不糦⑪。

又东南三百里,曰女烝之山⑫。其上无草木。石膏水出焉,而西注于鬲

---

① 幼海:即《淮南子》中所说的少海。
② 榑(fú)木:即扶桑,东方神木之名。
③ 风雨水为败:狂风暴雨洪水败坏庄稼。
④ "又"字当为衍字。
⑤ 不疟:不会得疟疾。
⑥ 猲(gé)狙:当作"獦狚(gé dàn)"。
⑦ 𩿧:音 qí。
⑧ 鱃:音 qiū,疑即泥鳅。
⑨ 服马:指将芑汁涂在马身上,可使马性驯良。
⑩ 蘪(mí)芜:即蘼芜,一种香草。
⑪ 糦(pì):同"屁",放屁。
⑫ 烝:音 zhēng。

水①。其中多薄鱼,其状如鳣鱼而一目,其音如欧②,见则天下大旱。

又东南二百里,曰钦山。多金、玉而无石。师水出焉,而北流注于皋泽,其中多鳡鱼,多文贝。有兽焉,其状如豚而有牙,其名曰当康,其鸣自叫,见则天下大穰。

薄鱼

又东南二百里,曰子桐之山。子桐之水出焉,而西流注于馀如之泽。其中多䱻鱼③,其状如鱼而鸟翼,出入有光,其音如鸳鸯,见则天下大旱。

䱻鱼

又东北二百里,曰剡山。多金、玉。有兽焉,其状如彘而人面,黄身而赤尾,其名曰合窳,其音如婴儿。是兽也,食人,亦食虫蛇,见则天下大水。

又东二百里,曰太山。上多金、玉、桢木④。有兽焉,其状如牛而白首,一目而蛇尾,其名曰蜚⑤,行水则竭,行草则死,见则天下大疫。钩水出焉,而北流注于劳水,其中多鳡鱼。

蜚

凡《东次四经》之首,自北号之山至于太山,凡八山,一千七百二十里⑥。

右东经之山志,凡四十六山,万八千八百六十里。

---

① 鬲:音lì。
② 其音如欧:谓其声音如人呕吐时发出的声音。欧,通"呕"。
③ 䱻:音huá。
④ 桢木:一种常绿灌木或乔木,又名女贞。
⑤ 蜚:音fěi。
⑥ 此节不记载山神的形状和祭祀时的礼仪,疑文字有缺漏。

山海经第五　中山经

《中山经》薄山之首,曰甘枣之山。共水出焉,而西流注于河。其上多杻木,其下有草焉,葵本而杏叶①,黄华而荚实,名曰箨②,可以已瞢③。有兽焉,其状如𪕈鼠而文题④,其名曰㔮⑤,食之已瘿。

又东二十里,曰历儿之山。其上多櫄,多枥木⑥,是木也,方茎而员叶⑦,黄华而毛,其实如拣⑧,服之不忘⑨。

又东十五里,曰渠猪之山。其上多竹。渠猪之水出焉,而南流注于河。其中是多豪鱼,状如鲔,赤喙尾赤羽⑩,可以已白癣⑪。

又东三十五里,曰葱聋之山。其中多大谷,是多白垩,黑、青、黄垩⑫。

---

① 杏:一作"梧"。
② 箨:音 tuò。
③ 瞢(méng):目不明。
④ 𪕈(dú)鼠:具体不详。文题:额上有纹理。
⑤ 㔮:音 nuó。
⑥ 枥:音 lì。
⑦ 茎:此指树干。
⑧ 拣:当作"楝",一种落叶乔木。
⑨ 服之不忘:谓服食后能使人记忆力增强。
⑩ "喙"字后当脱一"赤"字。
⑪ "可以"之上脱"食之"二字。
⑫ 黑、青、黄垩:谓垩土有黑、青、黄三色混杂在一起,即杂色垩。

又东十五里,曰渶山①。其上多赤铜,其阴多铁。

又东七十里,曰脱扈之山。有草焉,其状如葵叶而赤华荚实,实如棕荚②,名曰植楮,可以已癙③,食之不眯。

又东二十里,曰金星之山。多天婴,其状如龙骨④,可以已痤⑤。

又东七十里,曰泰威之山。其中有谷,曰枭谷,其中多铁。

又东十五里,曰橿谷之山⑥。其中多赤铜。

又东百二十里,曰吴林之山。其中多葌草⑦。

又北三十里,曰牛首之山。有草焉,名曰鬼草⑧,其叶如葵而赤茎,其秀如禾⑨,服之不忧。劳水出焉,而西流注于潏水⑩。是多飞鱼,其状如鲋鱼,食之已痔、衕。

又北四十里,曰霍山。其木多榖。有兽焉,其状如貍而白尾有鬣,名曰朏朏⑪,养之可以已忧。

---

① 渶:音wō。
② 棕荚:疑指棕树的翅果。
③ 癙(shǔ):类似抑郁症的精神疾病。
④ 龙骨:古代称龙骨者,多疑为象、犀牛等大型动物之化石。
⑤ 痤(cuó):痤疮,皮肤上生出的小疙瘩。
⑥ 橿谷之山:一作"檀谷之山"。
⑦ 葌(jiān)草:即兰草。葌,同"菅"。
⑧ 鬼草:一作"鬼目"。
⑨ 秀:指草类植物结实。
⑩ 潏:音jué。
⑪ 朏朏:音fěi fěi。

又北五十二里,曰合谷之山。是多薝棘①。

又北三十五里,曰阴山。多砺石、文石。少水出焉,其中多彫棠,其叶如榆叶而方,其实如赤菽②,食之已聋。

又东北四百里,曰鼓镫之山。多赤铜。有草焉,名曰荣草,其叶如柳,其本如鸡卵,食之已风③。

凡薄山之首,自甘枣之山至于鼓镫之山,凡十五山,六千六百七十里。历儿,冢也,其祠礼:毛,太牢之具;县以吉玉④。其余十三山者,毛用一羊,县婴用桑封⑤,瘗而不糈。桑封者,桑主也⑥,方其下而锐其上,而中穿之加金。

《中次二经》济山之首,曰辉诸之山。其上多桑,其兽多闾、麋,其鸟多鹖⑦。

又西南二百里,曰发视之山。其上多金、玉,其下多砥砺。即鱼之水出焉,而西流注于伊水。

又西三百里,曰豪山。其上多金、玉而无草木。

又西三百里,曰鲜山。多金、玉,无草木。鲜水出焉,而北流注于伊水。其中多鸣蛇,其状如蛇而四翼,其音如磬,见则其邑大旱。

鸣蛇

---

① 薝(zhān)棘:疑当作颠棘,即天门冬。
② 赤菽:赤豆。
③ 风:麻风病。
④ 县:通"悬"。
⑤ 桑封:疑为"藻珪"之误。
⑥ 桑主:疑为"藻玉"之误。
⑦ 鹖(hé):野鸡的一种,羽毛青色,有毛角。

又西三百里①,曰阳山。多石,无草木。阳水出焉,而北流注于伊水。其中多化蛇,其状如人面而豺身,鸟翼而蛇行,其音如叱呼,见则其邑大水。

又西二百里,曰昆吾之山。其上多赤铜。有兽焉,其状如彘而有角,其音如号,名曰蚩蚳②,食之不眯。

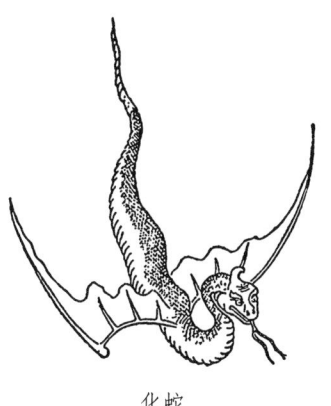
化蛇

又西百二十里,曰葌山。葌水出焉,而北流注于伊水。其上多金、玉,其下多青雄黄。有木焉,其状如棠而赤叶,名曰芒草,可以毒鱼。

又西一百五十里,曰独苏之山。无草木而多水。

又西二百里,曰蔓渠之山。其上多金、玉,其下多竹箭。伊水出焉,而东流注于洛。有兽焉,其名曰马腹,其状如人面虎身③,其音如婴儿,是食人。

马腹

凡济山之首,自辉诸之山至于蔓渠之山,凡九山,一千六百七十里。其神皆人面而鸟身。祠:用毛,用一吉玉,投而不糈。

《中次三经》萯山之首④,曰敖岸之山⑤。其阳多㻬琈之玉,其阴多赭、黄金。

---

① 三百里:当作"三十里"。
② 蚩蚳(chí):当作"蚩蛭"。参见第58页"蚩姪"条注。
③ 面:一作"而"。
④ 萯:音bèi。
⑤ "敖"一作"献"。

神熏池居之。是常出美玉①。北望河林,其状如蒨如举②。有兽焉,其状如白鹿而四角,名曰夫诸,见则其邑大水。

又东十里,曰青要之山。实惟帝之密都③。北望河曲,是多驾鸟④。南望墠渚⑤,禹父之所化⑥,是多仆累、蒲卢⑦。䰠武罗司之⑧,其状人面而豹文,小要而白齿⑨,而穿耳以鐻⑩,其鸣如鸣玉。是山也,宜女子。畛水出焉⑪,而北流注于河。其中有鸟焉,名曰鴢⑫,其状如凫,青身而朱目赤尾,食之宜子⑬。有草焉,其状如菱而方茎、黄华、赤实,其本如藁本⑭,名曰荀草,服之美人色。

飞鱼

又东十里,曰骑山。其上有美枣,其阴有琈珉之玉。正回之水出焉,而北流注于河。其中多飞鱼⑮,其状如豚而赤文,服之不畏雷,可以御兵。

又东四十里,曰宜苏之山。其上多金、玉,其下多蔓居之木。滽滽之水出焉,而北流注于河,是多黄贝。

---

① 玉:一作"石"。
② 如蒨(qiàn)如举:像蒨草又像榉木。举,通"榉"。
③ 密都:幽深隐秘之城。
④ 驾鸟:不详何物。
⑤ 墠:音shàn。渚:水中小洲。
⑥ "禹父"句:谓墠渚为大禹父亲鲧变化而成;传说多称鲧"入于羽渊",与此不同。
⑦ 仆累、蒲卢:蜗牛一类爬行动物。
⑧ 䰠(shēn):同"神"。
⑨ 要:通"腰"。
⑩ 鐻(qú):金银所制环状饰品。
⑪ 畛:音zhěn。
⑫ 鴢(yǎo):即鱼鴢,鸬鹚的一种。
⑬ 宜子:谓能使子孙繁衍。
⑭ 藁本:一种香草。
⑮ 飞鱼:上文"牛首之山"条所提到的劳水中的飞鱼与此为同名异物。

又东二十里,曰和山。其上无草木而多瑶碧。实惟河之九都①。是山也,五曲②,九水出焉,合而北流注于河,其中多苍玉。吉神泰逢司之③,其状如人而虎尾,是好居于荈山之阳,出入有光。泰逢神动天地气也④。

泰逢

凡荈山之首,自敖岸之山至于和山,凡五山,四百四十里。其祠:泰逢、熏池、武罗,皆一牡羊副⑤,婴用吉玉;其二神,用一雄鸡瘗之,糈用稌。

《中次四经》釐山之首⑥,曰鹿蹄之山。其上多玉,其下多金。甘水出焉,而北流注于洛,其中多泠石⑦。

西五十里,曰扶猪之山。其上多礝石⑧。有兽焉,其状如貉而人目⑨,其名曰䴠⑩。虢水出焉,而北流注于洛,其中多瓀石⑪。

又西一百二十里,曰釐山。其阳多玉,其阴多蒐⑫。有兽焉,其状如牛,苍身,其音如婴儿,是食人,其名曰犀渠⑬。滽滽之水出焉⑭,而南流注于伊水。有

---

① 都,通"潴(zhū)",水停聚处。
② 五曲:五重回环曲折。
③ 吉:善。
④ 动天地气:谓有灵力能呼风唤雨。
⑤ 副(pì):剖开。此处指肢解牲畜以祭神。
⑥ 釐:音lí。
⑦ 泠(líng)石:当作"泠石"。
⑧ 礝(ruǎn)石:即瓀(ruǎn)石,一种似玉的石头。
⑨ 貉(hé):一种外形似狐的哺乳动物。
⑩ 䴠:音yín。
⑪ 瓀(ruǎn)石:一种似玉的美石。
⑫ 蒐(sōu):茅蒐,又称茜草,古人认为乃人血所生,可用作染料。
⑬ 犀渠:犀牛一类的动物。
⑭ 滽滽之水:与《中次三经》"宜苏之山"条中的滽滽之水同名而异物。

獬

兽焉,名曰獬①,其状如獳犬而有鳞②,其毛如彘鬣。

又西二百里,曰箕尾之山。多榖③,多涂石④,其上多㻬琈之玉。

又西二百五十里,曰柄山。其上多玉,其下多铜。滔雕之水出焉,而北流注于洛。其中多羬羊。有木焉,其状如樗,其叶如桐而荚实,其名曰茇⑤,可以毒鱼。

又西二百里,曰白边之山。其上多金、玉,其下多青雄黄。

又西二百里,曰熊耳之山。其上多漆,其下多棕。浮濠之水出焉,而西流注于洛,其中多水玉,多人鱼。有草焉,其状如苏而赤华⑥,名曰葶苧⑦,可以毒鱼。

又西三百里,曰牡山⑧。其上多文石,其下多竹箭、竹䉛,其兽多㸲牛、羬羊,鸟多赤鷩。

又西三百五十里,曰讙举之山。雒水出焉,而东北流注于玄扈之水,其中多马肠之物⑨。此二山者,洛间也⑩。

---

① 獬:音 xié。
② 獳(nòu)犬:怒犬。獳,狗发怒的样子。
③ 榖:当作"榖"。
④ 涂石:即泠石。
⑤ 茇(bá):一作"艾"。疑当作"芫",音 yuán,一种落叶灌木,其花为紫色,有毒。
⑥ 苏:一种可入药的草本植物。
⑦ 葶苧:音 dǐng níng。
⑧ 牡山:又作"牝山""壮山"。
⑨ 马肠:一作"马腹"。
⑩ "此二山者"二句:谓洛水夹在二山之间。二山,指讙举之山和玄扈之山。

凡釐山之首，自鹿蹄之山至于玄扈之山，凡九山，千六百七十里。其神状皆人面兽身。其祠之：毛用一白鸡，祈而不糈①，以采衣之②。

《中次五经》薄山之首，曰苟床之山③。无草木，多怪石。

东三百里，曰首山。其阴多榖、柞，其草多𦬸、芫④；其阳多㻬琈之玉，木多槐。其阴有谷，曰机谷，多䮮鸟⑤，其状如枭而三目，有耳，其音如录，食之已垫⑥。

䮮鸟

又东三百里，曰县𨯔之山⑦。无草木，多文石。

又东三百里，曰葱聋之山。无草木，多𤫚石⑧。

东北五百里，曰条谷之山。其木多槐、桐，其草多芍药、虋冬⑨。

又北十里，曰超山。其阴多苍玉，其阳有井，冬有水而夏竭。

又东五百里，曰成侯之山。其上多櫄木⑩，其草多𦸢⑪。

---

① 祈：通"衈(jì)"，杀牲取血以涂祭。
② 以采衣之：谓用五彩装饰白鸡。
③ 苟床之山：当作"苟林山"。
④ 𦬸(zhú)：通"术"，一种草药。
⑤ 䮮：音dài。
⑥ 垫：湿气病。
⑦ 𨯔：音zhú。
⑧ 𤫚(bàng)石：即玤(bàng)石，一种次于玉的美石。
⑨ 虋(mén)冬：当作"䆉(mén)冬"，即门冬，分为麦门冬、天门冬两种，皆可入药。
⑩ 櫄(chūn)：通"椿"。
⑪ 𦸢(péng)：当作"茮(jiāo)"。茮即秦茮，是一种可入药的植物。

又东五百里,曰朝歌之山。谷多美垩。

又东五百里,曰槐山①。谷多金、锡。

又东十里,曰历山。其木多槐,其阳多玉。

又东十里,曰尸山。多苍玉,其兽多麖②。尸水出焉,南流注于洛水,其中多美玉。

又东十里,曰良馀之山。其上多榖、柞,无石。馀水出于其阴,而北流注于河;乳水出于其阳,而东南流注于洛。

又东南十里,曰蛊尾之山。多砺石、赤铜。龙馀之水出焉,而东南流注于洛。

又东北二十里,曰升山。其木多榖、柞、棘,其草多诸芌、蕙,多寇脱③。黄酸之水出焉,而北流注于河,其中多璇玉④。

又东十二里,曰阳虚之山。多金。临于玄扈之水。

凡薄山之首,自苟林之山至于阳虚之山,凡十六山,二千九百八十二里。升山,冢也,其祠礼:太牢,婴用吉玉。首山,魁也,其祠用稌、黑牺、太牢之具、糵酿⑤,

---

① 槐山:当作"稽(jī)山"。"稽"同"穄"。
② 麖(jīng):大鹿。
③ 寇脱:俗称通草,可作装饰品,也可入药。
④ 璇玉:一种次于玉的美石。
⑤ 糵(niè)酿:发酵的酒酿。糵,同"蘖",即酒曲,酿酒用的发酵剂。

干儛①,置鼓②,婴用一璧。尸水,合天也③,肥牲祠之,用一黑犬于上,用一雌鸡于下,刉一牝羊④,献血⑤,婴用吉玉,采之,飨之⑥。

《中次六经》缟羝山之首⑦,曰平逢之山。南望伊、洛,东望榖城之山。无草木,无水,多沙石。有神焉,其状如人而二首,名曰骄虫,是为螫虫⑧,实惟蜂蜜之庐⑨。其祠之:用一雄鸡,禳而勿杀⑩。

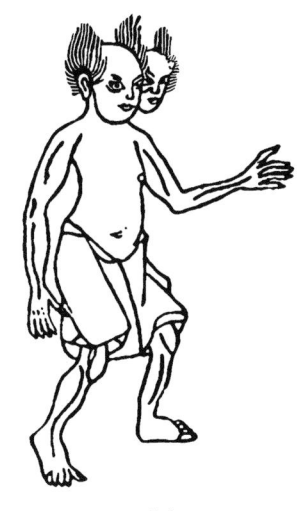

骄虫

西十里,曰缟羝之山。无草木,多金、玉。

又西十里,曰廆山⑪。多㻬琈之玉。其阴有谷焉,名曰雚谷⑫,其木多柳、楮。其中有鸟焉,状如山鸡而长尾,赤如丹火而青喙,名曰鸰䳜⑬,其鸣自呼,服之不眯。交觞之水出于其阳,而南流注于洛;俞随之水出于其阴,而北流注于榖水。

又西三十里,曰瞻诸之山。其阳多金,其阴多文石。㵎水出焉⑭,而东南流

---

① 干儛(wǔ):古代一种持盾而舞的舞蹈。干,盾牌。儛,同"舞"。
② 置鼓:谓击鼓伴舞。
③ "尸水"二句:谓尸水为天神所依凭。
④ 刉(jī):割,切。
⑤ 献血:谓用血来祭祀。
⑥ 飨(xiǎng):祭献。
⑦ 羝:音dī。
⑧ 是为螫虫:此处指为螫虫之首领。螫虫,指尾部有毒针可刺人的虫。
⑨ 蜂蜜之庐:谓为群蜂所聚集之处。
⑩ 禳而勿杀:谓用活鸡祭祀后,放生不杀。禳,祈祷以祛灾祸,此处指通过祭祀使蜂勿蜇人。依《山海经》惯常体例,"有神焉"以下数句似不当在此,应在《中次六经》之末。
⑪ 廆:音guī。
⑫ 雚:音guàn。
⑬ 鸰䳜:音líng yào。
⑭ 㵎:音xiè。

注于洛;少水出其阴,而东流注于榖水。

又西三十里,曰娄涿之山。无草木,多金、玉。瞻水出于其阳,而东流注于洛;陂水出于其阴,而北流注于榖水,其中多茈石、文石。

又西四十里,曰白石之山。惠水出于其阳,而南流注于洛,其中多水玉;涧水出于其阴,西北流注于榖水,其中多麋石、栌丹①。

又西五十里,曰榖山。其上多榖②,其下多桑。爽水出焉,而西北流注于榖水,其中多碧绿③。

又西七十二里,曰密山。其阳多玉,其阴多铁。豪水出焉,而南流注于洛。其中多旋龟,其状鸟首而鳖尾,其音如判木。无草木。

又西百里,曰长石之山。无草木,多金、玉。其西有谷焉,名曰共谷,多竹。共水出焉,西南流注于洛,其中多鸣石④。

又西一百四十里,曰傅山。无草木,多瑶碧。厌染之水出于其阳,而南流注于洛,其中多人鱼。其西有林焉,名曰墦冢。榖水出焉,而东流注于洛,其中多㻬玉⑤。

又西五十里,曰橐山。其木多樗,多㭰木⑥,其阳多金、玉,其阴多铁,多

---

① 麋石:疑即画眉石;"眉"、"麋"古音相通。栌丹:疑即黑色丹砂;栌,通"卢",黑色。
② 榖:当作"榖"。
③ 碧绿:即碧玉。
④ 鸣石:一种撞击后传声甚远的石头。
⑤ 㻬(yīn)玉:一作"㻬(jùn)玉"。一种美玉。
⑥ 㭰(bèi)木:一种落叶灌木或小乔木,有药用价值。

萧①。橐水出焉,而北流注于河。其中多脩辟之鱼,状如黾而白喙②,其音如鸥,食之已白癣。

又西九十里,曰常烝之山。无草木,多垩。潐水出焉③,而东北流注于河,其中多苍玉。菑水出焉④,而北流注于河。

又西九十里,曰夸父之山。其木多棕、楠,多竹箭,其兽多㸲牛、羬羊,其鸟多鷩,其阳多玉,其阴多铁。其北有林焉,名曰桃林⑤,是广员三百里,其中多马。湖水出焉,而北流注于河,其中多珚玉。

又西九十里,曰阳华之山。其阳多金、玉,其阴多青雄黄,其草多藷藇,多苦辛⑥,其状如楚⑦,其实如瓜,其味酸甘,食之已疟。杨水出焉,而西南流注于洛,其中多人鱼。门水出焉,而东北流注于河,其中多玄㴑⑧。缗姑之水出于其阴⑨,而东流注于门水,其上多铜。门水出于河⑩,七百九十里入雒水。

凡缟羝山之首,自平逢之山至于阳华之山,凡十四山,七百九十里。岳在其中,以六月祭之,如诸岳之祠法,则天下安宁⑪。

《中次七经》苦山之首,曰休与之山。其上有石焉,名曰帝台之棋⑫,五色而

---

① 萧:蒿。
② 黾(měng):一种蛙类动物。
③ 潐:音qiáo。
④ 菑:音zī。
⑤ 桃林:即邓林,相传为夸父弃杖而化。
⑥ 苦辛:一作"苦莘"。
⑦ 楚(qiū):即楸,种子可入药。
⑧ 玄㴑(sù):黑砥石。
⑨ 缗:音jiè。
⑩ "门水"句:水出于河,于理不符,疑为郭注窜入经文,"出"当作"至"。
⑪ "岳在其中"以下数句,与上文不属,疑是他处文字误入,诸家亦无定论。
⑫ 帝台:神人名。棋,指棋子,从下文"如鹑卵"亦可知,此"帝台之石"并非大石,而是小石子。

文,其状如鹑卵。帝台之石,所以祷百神者也①,服之不蛊。有草焉,其状如蓍②,赤叶而本丛生,名曰凫条,可以为簳③。

东三百里,曰鼓钟之山,帝台之所以觞百神也。有草焉,方茎而黄华,员叶而三成④,可以为毒。其上多砺,其下多砥。

又东二百里,曰姑媱之山⑤。帝女死焉,其名曰女尸,化为䔄草⑥,其叶胥成⑦,其华黄,其实如菟丘⑧,服之媚于人⑨。

又东二十里,曰苦山。有兽焉,名曰山膏,其状如逐⑩,赤若丹火,善詈⑪。其上有木焉,名曰黄棘,黄华而员叶,其实如兰,服之不字⑫。有草焉,员叶而无茎,赤华而不实,名曰无条⑬,服之不瘿。

又东二十七里,曰堵山。神天愚居之,是多怪风雨。其上有木焉,名曰天楄⑭,方茎而葵状,服之不哽⑮。

---

① "帝台之石"二句:指祷祀诸神用帝台之石。
② 蓍(shī):一种草本植物,古人常以之占卜。
③ 簳(gǎn):同"竿"。这里指箭杆。
④ 成:重。
⑤ 姑媱(yáo)之山:一作"姑瑶之山"。
⑥ 䔄(yáo)草:即瑶草,传说中的一种仙草。
⑦ 其叶胥成:谓草叶相互重叠。胥,相互。
⑧ 菟丘:即菟丝。
⑨ 媚于人:为人所爱。
⑩ 逐(tún):通"豚",猪。
⑪ 詈(lì):骂。
⑫ 字:孕育。
⑬ 无条:此物与《西山经》"皋涂之山"条中所记的无条为异物而同名。
⑭ 楄:音pián。
⑮ 哽(yè):噎,食物堵塞食管。

又东五十二里,曰放皋之山①。明水出焉,南流注于伊水,其中多苍玉。有木焉,其叶如槐,黄华而不实,其名曰蒙木,服之不惑。有兽焉,其状如蜂,枝尾而反舌②,善呼,其名曰文文。

又东五十七里,曰大䓩之山③。多㻬琈之玉,多麋玉④。有草焉,其状叶如榆,方茎而苍伤⑤,其名曰牛伤,其根苍文,服者不厥⑥,可以御兵。其阳狂水出焉,西南流注于伊水,其中多三足龟,食者无大疾,可以已肿。

三足龟

又东七十里,曰半石之山。其上有草焉,生而秀⑦,其高丈余,赤叶赤华,华而不实⑧,其名曰嘉荣,服之者不霆⑨。来需之水出于其阳,而西流注于伊水。其中多䱛鱼⑩,黑文,其状如鲋,食者不睡⑪。合水出于其阴,而北流注于洛。多䱤鱼⑫,状如鳜⑬,居逯⑭,苍文赤尾,食者不痈,可以为瘘⑮。

---

① 放:作"牧""效"。
② 枝尾:尾部分叉。反舌:舌头倒生。
③ 䓩:䓩作"苦"。
④ 麋玉:即㻬琈玉,一种似玉的美石。
⑤ 伤:刺。
⑥ 厥:中医病名,表现症状为昏厥或手足逆冷。
⑦ 生而秀:指初生时先开花抽穗,后长叶。
⑧ 华而不实:只开花,不结果。
⑨ 不霆:当作"不畏霆",意谓不怕霹雳。
⑩ 䱛:音 lún。
⑪ 睡:一作"肿"。
⑫ 䱤:音 téng。
⑬ 鳜(guì):一种性凶猛的淡水鱼,味美。
⑭ 逯:水中连通的穴道。
⑮ 瘘(lòu):一种颈部肿大的病。

又东五十里,曰少室之山。百草木成囷①。其上有木焉,其名曰帝休,叶状如杨,其枝五衢②,黄华黑实③,服者不怒。其上多玉,其下多铁。休水出焉,而北流注于洛。其中多䱦鱼,状如盩蜼而长距④,足白而对⑤,食者无蛊疾,可以御兵。

又东三十里,曰泰室之山。其上有木焉,叶状如梨而赤理,其名曰栯木⑥,服者不妒。有草焉,其状如苍,白华黑实,泽如蘡薁⑦,其名曰䔄草,服之不昧⑧。上多美石。

又北三十里,曰讲山。其上多玉,多柘,多柏。有木焉,名曰帝屋,叶状如椒,反伤赤实⑨,可以御凶。

又北三十里,曰婴梁之山。上多苍玉,锌于玄石⑩。

又东三十里,曰浮戏之山。有木焉,叶状如樗而赤实,名曰亢木,食之不蛊⑪。汜水出焉,而北流注于河。其东有谷,因名曰蛇谷,上多少辛⑫。

又东四十里,曰少陉之山。有草焉,名曰䓘草⑬,叶状如葵而赤茎白华,实如蘡薁,食之不愚。器难之水出焉,而北流注于役水⑭。

---

① "百草木"句:谓草木屯聚如仓囷(qūn)之形。囷,圆形谷仓。
② 其枝五衢:谓树枝交错,向五个方向伸展,有如衢路。
③ 实:一作"叶"。
④ 盩蜼(zhōu wěi):当作"盩(zhōu)蜼",一种长尾猿。距:此处指动物之足部。
⑤ 足白而对:谓足白色,而足趾相向。
⑥ 栯:音yǒu。
⑦ 蘡薁(yīng yù):即山葡萄,可酿酒并入药。
⑧ 昧:当作"眜",梦魇。
⑨ 反伤:郭璞注云:"反刺,刺下勾。"
⑩ 锌于玄石:谓苍玉依黑石而生。
⑪ 之:一作"者"。
⑫ 少辛:即细辛,可入药。
⑬ 䓘:音gāng。
⑭ 役水:又作"侵水""没水"。

又东南十里,曰太山。有草焉,名曰梨,其叶状如荻而赤华①,可以已疽②。太水出于其阳,而东南流注于役水③;承水出于其阴,而东北流注于役④。

又东二十里,曰末山⑤。上多赤金。末水出焉⑥,北流注于役⑦。

又东二十五里,曰役山⑧。上多白金,多铁。役水出焉⑨,北注于河。

又东三十五里,曰敏山。上有木焉,其状如荆,白华而赤实,名曰蓟柏⑩,服者不寒。其阳多㻬琈之玉。

又东三十里,曰大騩之山。其阴多铁、美玉、青垩。有草焉,其状如蓍而毛,青华而白实,其名曰蒗⑪,服之不夭⑫,可以为腹病。

凡苦山之首,自休与之山至于大騩之山,凡十有九山,千一百八十四里。其十六神者,皆豕身而人面;其祠:毛牷用一羊羞⑬,婴用一藻玉瘗。苦山、少室、太室,皆冢也,其祠之:太牢之具,婴以吉玉。其神状皆人面而三首,其馀属皆豕身人面也。

---

① 荻(dí):当作"萩(qiū)"。萩,蒿类植物。
② 疽:痈疽。
③ 役水:一作"没水"。
④ 役:下疑当增一"水"字。一作"没"。
⑤ 末山:一作"沫山"。当在今河南新密一带。
⑥ 末水:一作"沫水"。
⑦ 役:下疑当增一"水"字。一作"没"。
⑧ 役山:一作"没山"。
⑨ 役水:一作"没水"。
⑩ 蓟(jì)柏:即计柏,柏树的一种。
⑪ 蒗(láng):当作"蒗(hěn)",一种近似蓍草的植物。
⑫ 不夭:不夭折,即可以长寿。
⑬ 羞:进献。

《中次八经》荆山之首,曰景山。其上多金、玉,其木多杼、檀①。雎水出焉,东南流注于江,其中多丹粟,多文鱼②。

蠱围

东北百里,曰荆山。其阴多铁,其阳多赤金,其中多犛牛③,多豹、虎,其木多松、柏,其草多竹,多橘、櫾④。漳水出焉,而东南流注于雎,其中多黄金,多鲛鱼⑤。其兽多闾麋⑥。

又东北百五十里,曰骄山。其上多玉,其下多青、雘,其木多松、柏,多桃枝、钩端。神蠱围处之⑦,其状如人面⑧,羊角虎爪,恒游于雎漳之渊,出入有光。

又东北百二十里,曰女几之山。其上多玉,其下多黄金,其兽多豹、虎,多闾、麋、麖、麂,其鸟多白鷮⑨,多翟,多鸩⑩。

又东北二百里,曰宜诸之山。其上多金、玉,其下多青、雘。洈水出焉⑪,而南流注于漳,其中多白玉。

---

① 杼(shù):即柞树。
② 文鱼:有彩色斑纹的鱼。
③ 犛(máo)牛:即牦牛。
④ 櫾(yòu):即柚。
⑤ 鲛(jiāo)鱼:古谓鲨鱼为鲛鱼。按,鲨鱼无栖息于内陆河流之理,《山海经》所述生物不合常理处甚多,不宜胶柱视之。
⑥ 麋:一作"麈",音zhǔ,两者为同一动物之不同称呼。
⑦ 蠱:音tuó。
⑧ 面:疑为"而"字之误。
⑨ 鷮(jiāo):一种长尾雉。
⑩ 鸩(zhèn):传说中鸟名,其羽毛有毒,可制为毒酒。
⑪ 洈:音wéi。

又东北三百五十里,曰纶山①。其木多梓、楠,多桃枝,多柤、栗、橘、櫾②,其兽多闾、麈、麢、㚟③。

又东二百里,曰陆郳之山④。其上多㻬琈之玉,其下多垩,其木多杻、橿。

又东百三十里,曰光山。其上多碧,其下多木⑤。神计蒙处之,其状人身而龙首,恒游于漳渊,出入必有飘风暴雨⑥。

计蒙

又东百五十里,曰岐山。其阳多赤金,其阴多白珉⑦,其上多金、玉,其下多青、雘,其木多樗。神涉䴱处之⑧,其状人身而方面三足。

又东百三十里,曰铜山。其上多金、银、铁,其木多榖、柞、柤、栗、橘、櫾,其兽多犳。

又东北一百里,曰美山。其兽多兕牛,多闾、麈,多豕、鹿,其上多金,其下多青、雘。

又东北百里,曰大尧之山。其木多松、柏,多梓、桑,多机⑨,其草多竹,其兽多豹、虎、麢、㚟。

又东北三百里,曰灵山。其上多金、玉,其下多青、雘,其木多桃、李、梅、杏。

---

① 纶:音lún。
② 柤(zhā):同"楂",即山楂树。
③ 㚟(chuò):一种似兔而大之兽,青色。
④ 郳:音guǐ。
⑤ 木:当作"水"。
⑥ 飘风:旋风;暴风。
⑦ 珉(mín):一种似玉的美石。
⑧ 涉䴱:一作"涉鼍(tuó)"。
⑨ 机:即机木。

又东北七十里,曰龙山。上多寓木①,其上多碧,其下多赤锡,其草多桃枝、钩端。

又东南五十里,曰衡山。上多寓木、榖、柞,多黄垩白垩。

又东南七十里,曰石山。其上多金,其下多青、䨼,多寓木。

又南百二十里,曰若山。其上多㺨琈之玉,多赭,多邽石②,多寓木,多柘。

又东南一百二十里,曰彘山。多美石,多柘。

又东南一百五十里,曰玉山。其上多金、玉,其下多碧、铁,其木多柏。

又东南七十里,曰讙山。其木多檀,多邽石,多白锡。郁水出于其上,潜于其下,其中多砥砺。

又东北百五十里,曰仁举之山。其木多榖、柞,其阳多赤金,其阴多赭。

又东五十里,曰师每之山。其阳多砥砺,其阴多青、䨼,其木多柏,多檀,多柘,其草多竹。

又东南二百里,曰琴鼓之山。其木多榖、柞、椒、柘③,其上多白珉,其下多洗石,其兽多豕、鹿,多白犀,其鸟多鸩。

凡荆山之首,自景山至琴鼓之山,凡二十三山,二千八百九十里。其神状皆

---

① 寓木:一种寄生在树木上的植物。
② 邽(guī)石:当作"封石"。
③ 椒:花椒。

鸟身而人面。其祠:用一雄鸡祈瘗,用一藻圭①,糈用稌。骄山,冢也,其祠:用羞酒、少牢祈瘗,婴毛一璧②。

《中次九经》岷山之首,曰女几之山。其上多石涅,其木多杻、檀,其草多菊、䖀。洛水出焉,东注于江,其中多雄黄。其兽多虎、豹。

又东北三百里,曰岷山。江水出焉,东北流注于海,其中多良龟,多鼍③。其上多金、玉,其下多白珉,其木多梅、棠,其兽多犀、象,多夔牛④,其鸟多翰、鷩。

又东北一百四十里,曰崃山。江水出焉,东流注大江⑤。其阳多黄金,其阴多麋、麈,其木多檀、柘,其草多䖀、韭,多药、空夺⑥。

又东一百五十里,曰崌山。江水出焉,东流注于大江,其中多怪蛇,多𩶁鱼⑦。其木多楢、杻⑧,多梅、梓,其兽多夔牛、羬、臭、犀、兕。有鸟焉,状如鸮而赤身白首,其名曰窃脂,可以御火。

又东三百里,曰高梁之山。其上多垩,其下多砥砺,其木多桃枝、钩端。有草焉,状如葵而赤华、荚实、白柎,可以走马。

又东四百里,曰蛇山。其上多黄金,其下多垩,其木多枸,多豫、章,其草多嘉荣、少辛。有兽焉,其状如狐而白尾长耳,名㹨狼⑨,见则国内有兵。

---

① "用"字前疑脱一"婴"字。
② 毛:当作"用"。
③ 鼍(tuó):即今之扬子鳄,俗称猪婆龙。
④ 夔(kuí)牛:又称犩(kuí)牛、犪(wéi)牛,据郭璞注,是一种栖息于四川山地的大型牛类。
⑤ "注"下当脱一"于"字。
⑥ 药:指白芷。空夺:即寇脱。两者分别见上文《西次三经》及《中次五经》。
⑦ 𩶁(zhì)鱼:不详何鱼。
⑧ 楢(yóu):一种落叶乔木,木材坚韧,可作车轮。
⑨ 㹨:音shì。

又东五百里,曰鬲山。其阳多金,其阴多白珉。蒲鸛之水出焉①,而东流注于江,其中多白玉。其兽多犀、象、熊、罴,多猨、蜼②。

又东北三百里,曰隅阳之山。其上多金、玉,其下多青、雘,其木多梓、桑,其草多茈。徐之水出焉,东流注于江,其中多丹粟。

又东二百五十里,曰岐山。其上多白金,其下多铁,其木多梅、梓,多杻、楢。减水出焉,东南流注于江。

又东三百里,曰勾檷之山③。其上多玉,其下多黄金,其木多栎、柘,其草多芍药。

又东一百五十里,曰风雨之山。其上多白金,其下多石涅,其木多棷、䃺④,多杨。宣余之水出焉,东流注于江,其中多蛇。其兽多闾、麋,多麈、豹、虎⑤,其鸟多白鹢。

又东北二百里,曰玉山。其阳多铜,其阴多赤金,其木多豫、章、楢、杻,其兽多豕、鹿、麢、臭,其鸟多鸩。

又东一百五十里,曰熊山。有穴焉,熊之穴,恒出入神人,夏启而冬闭。是穴也,冬启乃必有兵。其上多白玉,其下多白金,其木多樗、柳,其草多寇脱。

又东一百四十里,曰騩山。其阳多美玉、赤金,其阴多铁,其木多桃枝、荆、芑⑥。

---

① 鸛:音 hōng。
② 猨:同"猿"。蜼:音 wèi,一种长尾猴类,相传鼻孔朝天,下雨时则用尾巴塞住鼻孔。
③ 檷:音 mí。
④ 椒(zōu)、䃺(shàn):两种树。椒,不详何树。䃺,一种木质坚硬、白色纹理之树。
⑤ "其兽"二句:当作"其兽多闾、麋、麈,多豹、虎"。
⑥ 芑:当作"芑"。"芑"通"杞"。

又东二百里,曰葛山。其上多赤金,其下多瑊石①,其木多柤、栗、橘、櫾、楢、杻,其兽多麢、臭,其草多嘉荣。

又东一百七十里,曰贾超之山。其阳多黄垩,其阴多美赭,其木多柤、栗、橘、櫾,其中多龙脩②。

凡岷山之首,自女几山至于贾超之山,凡十六山,三千五百里。其神状皆马身而龙首。其祠:毛用一雄鸡瘗,糈用稌。文山、勾㮤、风雨、骐之山③,是皆冢也,其祠之:羞酒,少牢具,婴毛一吉玉④。熊山,席也⑤,其祠:羞酒,太牢具,婴毛一璧。干儛,用兵以禳;祈,璆冕舞⑥。

《中次十经》之首,曰首阳之山。其上多金、玉,无草木。

又西五十里,曰虎尾之山。其木多椒、椐,多封石⑦,其阳多赤金,其阴多铁。

又西南五十里,曰繁缋之山⑧。其木多楢、杻,其草多枝、勾⑨。

又西南二十里,曰勇石之山。无草木,多白

跂踵

---

① 瑊(jiān)石:一种似玉的坚石。
② 龙脩:一种多年生草本植物,又名"龙须草",可用以织席;相传为黄帝乘龙升天时,忠臣握住龙须,龙须掉落而化。
③ 文山:即岷山。
④ 毛:当作"用"。下文"婴毛一璧"的"毛"同此。
⑤ 席:当作"帝"。
⑥ "干儛"以下意为:被除灾祸之祭礼,则持盾以舞;祈求福泽之祭礼,则戴冕持美玉以舞。禳,指被除灾祸。璆,音qiú,美玉。
⑦ 封石:石之一种,味甘,无毒。
⑧ 缋:音huì。
⑨ 枝、勾:即桃枝、钩端。

金,多水。

又西二十里,曰复州之山。其木多檀,其阳多黄金。有鸟焉,其状如鸮而一足彘尾①,其名曰跂踵,见则其国大疫。

又西三十里,曰楮山②。多寓木,多椒、椐,多柘,多垩。

又西二十里,曰又原之山。其阳多青、雘,其阴多铁,其鸟多鸜鹆③。

又西五十里,曰涿山。其木多榖、柞、杻,其阳多㻬琈之玉。

又西七十里,曰丙山。其木多梓、檀,多弞杻④。

凡首阳山之首,自首山至于丙山,凡九山,二百六十七里。其神状皆龙身而人面。其祠之:毛用一雄鸡瘗,糈用五种之糈。堵山,冢也,其祠之:少牢具,羞酒祠,婴毛一璧瘗⑤。騩山,帝也,其祠:羞酒,太牢其⑥,合巫祝二人儛⑦,婴一璧。

《中次一十一山经》荆山之首⑧,曰翼望之山。湍水出焉⑨,东流注于济。贶水出焉⑩,东南流注于汉,其中多蛟⑪。其上多松、柏,其下多漆、梓,其阳多赤金,其阴多珉。

---

① 鸮:一作"鸡"。
② 楮山:一作"渚州之山"。
③ 鸜鹆(qú yù):即鸲鹆,八哥。
④ 弞(shěn):颀长。
⑤ 毛:当作"用"。
⑥ 其:当作"具"。
⑦ 巫:迷信说法中指通鬼神之人。祝:指祭祀活动中主持之人。两者常连用以合称执掌占卜祭祀之人。
⑧ 《中次一十一山经》:依《山海经》体例,当作《中次十一经》,第一个"一"字、"山"字为衍字。
⑨ 湍:音zhuān。
⑩ 贶:音kuàng。
⑪ 蛟:或指无角之龙,或指鳄之类的动物。

又东北一百五十里,曰朝歌之山。潕水出焉①,东南流注于荥,其中多人鱼。其上多梓、楠,其兽多麢、麋。有草焉,名曰莽草②,可以毒鱼。

又东南二百里,曰帝囷之山。其阳多瑊琈之玉,其阴多铁。帝囷之水出于其上,潜于其下,多鸣蛇③。

又东南五十里,曰视山。其上多韭。有井焉,名曰天井,夏有水,冬竭。其上多桑,多美垩、金、玉。

又东南二百里,曰前山。其木多櫧④,多柏,其阳多金,其阴多赭。

又东南三百里,曰丰山。有兽焉,其状如猨⑤,赤目,赤喙,黄身,名曰雍和,见则国有大恐。神耕父处之,常游清泠之渊,出入有光,见则其国为败。有九钟焉,是知霜鸣⑥。其上多金,其下多榖、柞、杻、橿。

又东北八百里,曰兔床之山。其阳多铁,其木多藷藇⑦,其草多鸡榖,其本如鸡卵,其味酸甘,食者利于人。

又东六十里,曰皮山。多垩,多赭,其木多松、柏。

又东六十里,曰瑶碧之山。其木多梓、楠,其阴多青、雘,其阳多白金。有鸟

---

① 潕:音wǔ。
② 莽草:即芒草。参见《中次二经》"葌山"条。
③ 鸣蛇:见《中次二经》"鲜山"条。
④ 櫧(zhū):一种常绿乔木,木质坚硬,可制器具。
⑤ 猨:同"猿"。
⑥ 知:当作"和",谓霜降之时,九钟应和而鸣。
⑦ 藷藇:同"薯蓣",即山药。但山药是草本植物,而非木本植物,故疑"藷藇"当作"櫧芧"。芧,小栗树。

焉,其状如雉,恒食蜚①,名曰鸩②。

又东四十里,曰支离之山③。济水出焉④,南流注于汉。有鸟焉,其名曰婴勺,其状如鹊,赤目、赤喙、白身,其尾若勺⑤,其鸣自呼。多㸲牛,多羬羊。

又东北五十里,曰秩𥳞之山⑥。其上多松、柏、机柏⑦。

又西北一百里,曰堇理之山⑧。其上多松、柏,多美梓,其阴多丹雘,多金,其兽多豹、虎。有鸟焉,其状如鹊,青身白喙,白目白尾,名曰青耕,可以御疫,其鸣自叫。

又东南三十里,曰依轱之山⑨。其上多杻、橿,多苴⑩。有兽焉,其状如犬,虎爪有甲,其名曰獜⑪,善駚𡝀⑫,食者不风⑬。

又东南三十五里,曰即谷之山。多美玉,多玄豹⑭,多闾、麈,多麢、𣭐,其阳多珉,其阴多青、雘。

又东南四十里,曰鸡山。其上多美梓,多桑,其草多韭。

---

① 蜚(fěi):一种小型飞行害虫。
② 鸩:与《中次八经》"女几山"条中所载食蛇的鸩为同名异鸟。
③ 支离之山:一作"攻离之山"。
④ 济水:当作"清水"。
⑤ 勺:指酒勺。
⑥ 秩𥳞:音 zhì diāo。
⑦ 机柏:当作"机桓"。机桓即无患子,一种落叶乔木,可制肥皂。
⑧ 堇:音 jǐn。
⑨ 轱:音 gū。
⑩ 苴:疑通"柤"。
⑪ 獜:音 lìn。
⑫ 駚𡝀(yǎng fèn):跳跃。
⑬ 不风:不畏风。
⑭ 玄豹:黑豹。

又东南五十里,曰高前之山。其上有水焉,甚寒而清,帝台之浆也①,饮之者不心痛。其上有金,其下有赭。

又东南三十里,曰游戏之山。多杻、橿、榖,多玉,多封石。

又东南三十五里,曰从山。其上多松、柏,其下多竹。从水出于其上,潜于其下,其中多三足鳖,枝尾②,食之无蛊疫。

又东南三十里,曰婴硬之山③。其上多松、柏,其下多梓、檽。

又东南三十里,曰毕山。帝苑之水出焉,东北流注于视④,其中多水玉,多蛟。其上多珚琈之玉。

又东南二十里,曰乐马之山。有兽焉,其状如彙,赤如丹火,其名曰㺌⑤,见则其国大疫。

又东南二十五里,曰葳山⑥。视水出焉⑦,东南流注于汝水,其中多人鱼,多蛟,多颉⑧。

又东四十里,曰婴山。其下多青、䇲,其上多金、玉。

---

① 浆:一作"浆水"。
② 枝尾:尾部分叉。
③ 硬:音zhēn。
④ 视:河流名。或曰当作"瀙(qìn)"。
⑤ 㺌:音lì。
⑥ 葳:音zhēn。
⑦ 视水:或曰当作"瀙水"。
⑧ 颉(xié):兽名。似青狗。

又东三十里,曰虎首之山。多苴、椆、椐①。

又东二十里,曰婴侯之山。其上多封石,其下多赤锡。

又东五十里,曰大孰之山。杀水出焉,东北流注于视水②,其中多白垩。

又东四十里,曰卑山。其上多桃、李、苴、梓,多累③。

又东三十里,曰倚帝之山。其上多玉,其下多金。有兽焉,其状如𪕮鼠④,白耳白喙,名曰狙如,见则其国有大兵。

又东三十里,曰鲵山。鲵水出于其上,潜于其下,其中多美垩。其上多金,其下多青、雘。

又东三十里,曰雅山。澧水出焉,东流注于视水⑤,其中多大鱼。其上多美桑,其下多苴,多赤金。

又东五十五里,曰宣山。沦水出焉,东南流注于视水⑥,其中多蛟。其上有桑焉,大五十尺⑦,其枝四衢⑧,其叶大尺余,赤理,黄华,青柎,名曰帝女之桑⑨。

又东四十五里,曰衡山。其上多青、雘,多桑,其鸟多鸜鹆。

---

① 椆(chóu):一种耐寒之树木。
② 视水:或曰当作"瀙水"。
③ 累:通"蘽",藤。
④ 𪕮(fèi)鼠:一种鼠类动物。
⑤ 视水:或曰当作"瀙水"。
⑥ 视水:或曰当作"瀙水"。
⑦ 大五十尺:指树围有五丈。
⑧ 其枝四衢:谓其枝条交叉着向四面八方伸出。
⑨ 帝女之桑:据《太平御览》卷九二一引《广异记》:南方赤帝之女得道成仙,居住在南阳崿山之桑树上,赤帝点火焚烧桑树,其女即升天而去。

又东四十里,曰丰山。其上多封石,其木多桑,多羊桃,状如桃而方茎,可以为皮张①。

又东七十里,曰妪山。其上多美玉,其下多金,其草多鸡榖。

又东三十里,曰鲜山。其木多楢、杻、苴,其草多蘴冬,其阳多金,其阴多铁。有兽焉,其状如膜大②,赤喙,赤目,白尾,见则其邑有火,名曰狋即③。

又东三十里,曰章山④。其阳多金,其阴多美石。皋水出焉,东流注于澧水,其中多脃石⑤。

又东二十五里,曰大支之山。其阳多金,其木多榖、柞,无草木⑥。

又东五十里,曰区吴之山。其木多苴。

又东五十里,曰声匈之山。其木多榖,多玉,上多封石。

又东五十里,曰大騩之山⑦。其阳多赤金,其阴多砥石。

又东十里,曰踵臼之山⑧。无草木。

---

① 张:肿胀。
② 膜大:当作"膜犬",一种西域犬之,高大凶猛。
③ 狋:音 yí。
④ 章山:当作"皋山"。
⑤ 脃(cuì):通"脆"。
⑥ 木:此字疑为衍字。
⑦ 大騩之山:此山与《中次七经》中的大騩之山为同名异山。
⑧ 踵臼之山:一作"踵白之山"。

又东北七十里,曰历石之山①。其木多荆、芑,其阳多黄金,其阴多砥石。有兽焉,其状如狸而白首虎爪,名曰梁渠,见则其国有大兵。

又东南一百里,曰求山。求水出于其上,潜于其下,中有美赭。其木多苴,多䉋②,其阳多金,其阴多铁。

又东二百里,曰丑阳之山。其上多椆、椐。有鸟焉,其状如乌而赤足,名曰䖪鵌③,可以御火。

又东三百里,曰奥山。其上多柏、杻、橿,其阳多㻬琈之玉。奥水出焉,东流注于视水④。

又东三十五里,曰服山。其木多苴,其上多封石,其下多赤锡。

又东百十里⑤,曰杳山。其上多嘉荣草,多金、玉。

又东三百五十里,曰凡山⑥。其木多楢、檀、杻,其草多香⑦。有兽焉,其状如彘,黄身,白头,白尾,名曰闻獜⑧,见则天下大风。

凡荆山之首,自翼望之山至于凡山⑨,凡四十八山,三千七百三十二里。其

---

① 历石之山:一作"磨石之山"。
② 䉋(mèi):一种可制箭的竹子。
③ 䖪鵌:音 zhǐ tú。
④ 视水:或曰当作"溮水"。
⑤ 百十里:一作"三百里"。
⑥ 凡山:一作"几山"。
⑦ 香:指草之种类以香草为多。
⑧ 闻獜(lín):一作"闻獜"。
⑨ 凡山:一作"几山"。

神状皆彘身人首。其祠：毛用一雄鸡祈①，瘗用一珪，糈用五种之精②。禾山③，帝也，其祠：太牢之具，羞瘗，倒毛④，用一璧，牛无常⑤。堵山、玉山⑥，冢也，皆倒祠⑦，羞毛少牢⑧，婴毛吉玉⑨。

《中次十二经》洞庭山之首，曰篇遇之山⑩。无草木，多黄金。

又东南五十里，曰云山。无草木，有桂竹，甚毒，伤人必死⑪。其上多黄金，其下多琈㻬之玉。

又东南一百三十里，曰龟山。其木多穀、柞、椆、椐，其上多黄金，其下多青雄黄，多扶竹⑫。

又东七十里，曰丙山。多筀竹⑬，多黄金、铜、铁，无木。

又东南五十里，曰风伯之山⑭。其上多金、玉，其下多痠石、文石⑮，多铁，其木多柳、杻、檀、楮。其东有林焉，名曰莽浮之林，多美木鸟兽。

---

① 祈：通"蘄"。
② 糈用五种之精：谓用五种精米祭神。
③ 禾山：上文无禾山，可能是"帝囷山"之脱文，也可能是"求山"之误文。
④ "羞瘗"二句：谓将祭献后的牺牲掩埋。
⑤ 牛无常：谓有时用牛，有时不用牛。
⑥ 堵山、玉山：堵山见《中次十经》，玉山见《中次八经》和《中次九经》，《中次一十一山经》中并无此二山，不知为何山之误。
⑦ 倒祠：倒毛而祭祀。
⑧ 毛：当作"用"。
⑨ 毛：当作"用"。
⑩ 篇遇之山：一作"肩遇之山"。
⑪ 桂竹：因生于桂阳而得名。
⑫ 扶竹：又叫扶老竹、邛竹，可做杖。
⑬ 筀竹：即上文所说的桂竹。
⑭ 风伯之山：一作"凤伯之山"。
⑮ 痠(suān)石：不详何石。

又东一百五十里,曰夫夫之山①。其上多黄金,其下多青雄黄,其木多桑、楮,其草多竹、鸡鼓②。神于儿居之③,其状人身而身操两蛇④,常游于江渊,出入有光。

又东南一百二十里,曰洞庭之山。其上多黄金,其下多银、铁,其木多柤、梨、橘、櫾,其草多葌、蘪芜、芍药、芎䓖。帝之二女居之⑤,是常游于江渊。澧沅之风,交潇湘之渊,是在九江之间,出入必以飘风暴雨。是多怪神,状如人而载蛇⑥,左右手操蛇。多怪鸟。

又东南一百八十里,曰暴山。其木多棕、楠、荆、芑、竹、箭、镞、箘⑦,其上多黄金、玉,其下多文石、铁,其兽多麋、鹿、麢、就⑧。

又东南二百里,曰即公之山⑨。其上多黄金,其下多㻬琈之玉,其木多柳、杻、檀、桑。有兽焉,其状如龟而白身赤首,名曰蛫⑩,是可以御火。

又东南一百五十九里,曰尧山。其阴多黄垩,其阳多黄金,其木多荆、芑、柳、檀,其草多藷藇、茱。

又东南一百里,曰江浮之山。其上多银、砥砺,无草木,其兽多豕、鹿。

---

① 夫夫之山:一作"大夫之山"。
② 鸡鼓:即上文所说的鸡谷草。
③ 儿:音 ní。
④ 身:疑当作"手"。
⑤ 帝之二女:指传说中尧之二女娥皇、女英,两人皆嫁与舜。
⑥ 载蛇:戴蛇,头上顶着蛇。"载"与"戴"相通。
⑦ 箘(jùn):一种可制箭的竹子。
⑧ 麢(jǐ):即麂,一种小型鹿类动物。就:通"鹫",雕一类的猛禽。"就"字之上,王念孙校增"其鸟多"三字。
⑨ 即公之山:一作"即山"。
⑩ 蛫:音 guǐ。

又东二百里①，曰真陵之山②。其上多黄金，其下多玉，其木多榖、柞、柳、杻③，其草多荣草。

又东南一百二十里，曰阳帝之山。多美铜，其木多橿、杻、檿、楮④，其兽多麂、麝。

又南九十里，曰柴桑之山。其上多银，其下多碧，多泠石、赭⑤，其木多柳、芑、楮、桑，其兽多麋、鹿，多白蛇、飞蛇⑥。

又东二百三十里⑦，曰荣余之山。其上多铜，其下多银，其木多柳、芑，其虫多怪蛇怪虫。

凡洞庭山之首，自篇遇之山至于荣余之山，凡十五山，二千八百里。其神状皆鸟身而龙首。其祠：毛用一雄鸡、一牝豚刉⑧，糈用稌。凡夫夫之山、即公之山、尧山、阳帝之山，皆冢也，其祠：皆肆瘗⑨，祈用酒，毛用少牢，婴毛⑩吉玉。洞庭、荣余山，神也，其祠：皆肆瘗，祈酒太牢祠，婴用圭璧十五，五采惠之⑪。

右中经之山志，大凡百九十七山，二万一千三百七十一里。大凡天下名山五千三百七十，居地，大凡六万四千五十六里。

---

① 东：一作"东南"。
② 真陵之山：一作"直陵之山"。
③ 榖：当作"榖"。
④ 檿(yǎn)：即山桑。
⑤ 泠石：当作"泠石"。参见《中次四经》"釐山"条注。
⑥ 飞蛇：即螣(téng)蛇，传说中一种乘雾而飞的蛇。
⑦ 东：一作"东南"。
⑧ 刉(jī)：也作"刏"，切割。
⑨ 肆瘗：谓陈列牲、玉后埋掉。肆，陈列。
⑩ 毛：当作"用"。
⑪ 惠：通"缋"，装饰。

禹曰①：天下名山，经五千三百七十山②，六万四千五十六里，居地也。言其五藏③，盖其余小山甚众，不足记云。天地之东西二万八千里，南北二万六千里，出水之山者八千里，受水者八千里，出铜之山四百六十七，出铁之山三千六百九十④，此天地之所分壤树榖也，戈矛之所发也，刀铩之所起也⑤。能者有余，拙者不足⑥。封于太山，禅于梁父，七十二家⑦，得失之数，皆在此内，是谓国用。

右《五藏山经》五篇，大凡一万五千五百三字。

---

① 禹曰：《山海经》系古人假托大禹所作，"禹曰"也为古人假托大禹之言。
② 经：经过。
③ 五藏：《汉书·食货志》云："山海，天地之藏。"故《山海经》这五篇山经称为《五藏山经》。藏，古又作"臧"。
④ 三千六百九十：一作"三千六百九"，无"十"字。
⑤ 铩(shā)：古代一种矛类兵器。
⑥ "能者"二句：一作"俭则有余，奢则不足"。
⑦ "封于"三句：《管子·封禅》《管子·地数》皆有此言，谓是管仲对齐桓公语。

山海经第六　海外南经

地之所载①,六合之间②,四海之内,照之以日月,经之以星辰,纪之以四时,要之以太岁③,神灵所生,其物异形④,或夭或寿,唯圣人能通其道⑤。

海外自西南陬至东南陬者⑥。

结匈国在其西南⑦,其为人结匈。

南山在其东南。自此山来,虫为蛇,蛇号为鱼⑧。一曰南山在结匈东南⑨。

比翼鸟在其东⑩,其为鸟青、赤,两鸟比翼。一曰在南山东。

羽民国在其东南⑪,其为人长头,身生羽。一曰在比翼鸟东南,其为人

---

① 载:承载,承受。
② 六合:东西南北上下,泛指天地。
③ 要之以太岁:谓以太岁所在的位置来矫正天时。要,矫正。太岁,古代天文学所假定的岁星。
④ 其物异形:《列子·汤问》引作"其物其形",与下文的"或夭或寿"相对,当从之。
⑤ "神灵所生"以下数句:神灵所生万物,其形状、寿命各不相同,唯有圣人能理解其中道理。
⑥ 陬(zōu):隅,角落。
⑦ 结匈国:《海经》多以某国之民众特征为名,指称其国。结匈,谓胸部向前突出,即鸡胸。其:指海外。
⑧ "虫为蛇"二句:谓称虫为蛇,而称蛇为鱼。
⑨ "一曰"句:《海经》内"一曰"云云文字,当是刘歆校书之注,至郭璞注书时已窜入正文。
⑩ 比翼鸟:即《西山经·西次三经》"崇吾之山"条中所载的蛮蛮。
⑪ 羽民:据郭注,乃卵生之人,能飞但飞行距离不远。

长颊①。

有神人二八②,连臂,为帝司夜于此野③。在羽民东,其为人小颊赤肩。尽十六人④。

毕方鸟在其东⑤,青水西⑥,其为鸟人面一脚。一曰在二八神东。

羽民国

讙头国在其南⑦,其为人人面有翼,鸟喙,方捕鱼。一曰在毕方东。或曰讙朱国。

讙头国

厌火国

厌火国在其国南⑧,兽身黑色,生火出其口中⑨。一曰在讙朱东。

---

① 颊:面颊。
② 二八:十六个。
③ 司夜:守夜。
④ 尽十六人:疑为窜入经文之注语。
⑤ 毕方鸟:参见《西山经·西次三经》"章莪之山"条。
⑥ 青水:可参见《海内西经》。
⑦ 讙头:相传为尧时大臣,有罪自投南海而死;尧出于怜悯,使其子于南海奉祭之。
⑧ 厌:通"餍",饱食。
⑨ 生:此字当为衍字。

三株树在厌火北①,生赤水上,其为树如柏,叶皆为珠。一曰其为树若彗②。

三苗国在赤水东③,其为人相随。一曰三毛国。

载国在其东,其为人黄,能操弓射蛇。一曰载国④,在三毛东。

贯匈国

贯匈国在其东⑤,其为人匈有窍⑥。一曰在载国东。

交胫国在其东,其为人交胫⑦。一曰在穿匈东⑧。

不死民在其东⑨,其为人黑色,寿,不死。一曰在穿匈国东。

岐舌国在其东⑩。一曰在不死民东。

昆仑虚在其东⑪,虚四方⑫。一曰在岐舌东,为虚四方。

交胫国

---

① 三株树:当作"三珠树"。
② 彗:扫帚。
③ 三苗国:据郭璞注,三苗之君因反对尧禅位于舜而被杀,三苗国乃其遗民所立。
④ 载国:当作"盛国"。
⑤ 匈:通"胸"。
⑥ 窍:孔。
⑦ 交胫:指小腿弯曲交叉。
⑧ 穿匈:即贯匈国。
⑨ 不死民:据郭璞注,此不死民乃是食不死树(之果)、饮赤泉之水,而得不死不老。
⑩ 岐舌:即枝舌,指舌头分成几股。
⑪ 昆仑:古凡高山皆可称"昆仑",此处之昆仑乃是海上仙山。
⑫ 虚:山的底部。

三首国

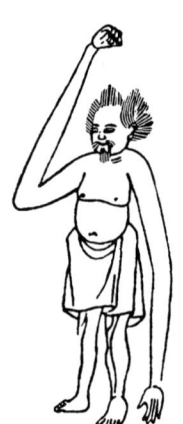
长臂国

羿与凿齿战于寿华之野①,羿射杀之。在昆仑虚东。羿持弓矢,凿齿持盾②,一曰戈③。

三首国在其东,其为人一身三首。一曰在凿齿东。

周饶国在其东④,其为人短小,冠带。一曰焦侥国,在三首东。

长臂国在其东⑤,捕鱼水中,两手各操一鱼。一曰在焦侥东,捕鱼海中。

狄山,帝尧葬于阳⑥,帝喾葬于阴⑦。爰有熊、罴、文虎、蜼、豹、离朱、视肉⑧,吁咽、文王皆葬其所⑨。一曰汤山,一曰爰有熊、罴、文虎、蜼、豹、离朱、鸱久、视肉、虖交⑩。其范林方三百里⑪。

南方祝融⑫,兽身人面,乘两龙。

---

① 羿(yì):神名,与同样善射的夏朝君主羿非一人。凿齿,一说为人名,一说为兽名;羿杀凿齿正是其铲凶除恶诸伟业中之一件。
② 持盾:一作"持戟盾"。
③ 一曰戈:谓"盾"一作"戈"。
④ 周饶,又作"焦侥""僬侥"皆"侏儒"之声转。周饶国,即小人国。
⑤ 长臂国:据郭璞注,其人手臂长两三丈,下垂及地。
⑥ 狄山:《墨子》云:"尧北教八狄,道死,葬蛩(qióng)山之阴。"狄山当即此蛩山。至于尧所葬究竟是否在北狄之山,山阴或是山阳,皆古神话流传不一之处,不必细究。
⑦ 帝喾(kù):传说中"五帝"之一。
⑧ 文虎:一种斑纹鲜明之虎。离朱:一种赤色神鸟。视肉:传说中一种割肉可复生之生物,形如牛肝而有两目。
⑨ 吁咽:人名,不详。
⑩ 鸱(chī)久:即鸲(gōu)鹠,猫头鹰的一种。虖交:郝懿行认为即上文之"吁咽",若如此,则此"一曰"异文中,吁咽便非人名,而是与离朱、视肉等同属怪兽。
⑪ 其:当为"有"字之讹。范林:当作"泛林"。
⑫ 祝融:传说中之火神。

山海经第七　海外西经

海外自西南陬至西北陬者。

灭蒙鸟在结匈国北①，为鸟青，赤尾。

大运山高三百仞，在灭蒙鸟北。

大乐之野，夏后启于此儛《九代》②，乘两龙，云盖三层③。左手操翳④，右手操环⑤，佩玉璜⑥。在大运山北。一曰大遗之野。

三身国

三身国在夏后启北，一首而三身。

一臂国在其北，一臂一目一鼻孔。有黄马虎文，一目而一手⑦。

---

① 灭蒙鸟：郝懿行引《博物志》，认为灭蒙鸟为结匈国所有。
② 后：君主。启：大禹之子，夏朝建立者。《九代》：乐曲名。
③ 层：重。
④ 翳(yì)：羽毛做的华盖。
⑤ 环：玉璧。
⑥ 璜(huáng)：半璧。
⑦ 手：此处指马之前腿。

奇肱之国在其北①，其人一臂三目，有阴有阳，乘文马。有鸟焉，两头，赤黄色，在其旁。

奇肱国

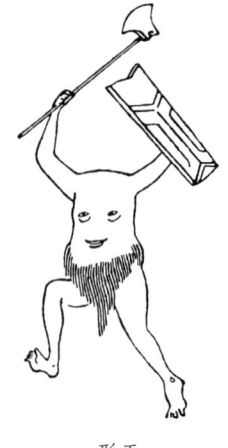
形天

形天与帝至此争神②，帝断其首，葬之常羊之山，乃以乳为目，以脐为口，操干戚以舞③。

女祭、女戚在其北，居两水间，戚操鱼鲤④，祭操俎⑤。

鹙鸟、鹧鸟⑥，其色青黄，所经国亡。在女祭北。鹙鸟人面，居山上。一曰维鸟，青鸟、黄鸟所集。

丈夫国在维鸟北⑦，其为人衣冠带剑。

---

① 奇肱(jī gōng)之国：其人善于制作机械。奇，单；肱，上臂。
② 形天：神名。又作"形夭""刑夭""刑天"等。袁珂认为，"形天"为形体不全，"刑天"受刑之天神，二名皆通。至此：此二字当为衍字。
③ 干戚：盾与斧。
④ 鱼鲤(shàn)：当作"角鲤"。角鲤是鳝鱼的一种。
⑤ 俎：肉案。
⑥ 鹙(cì)鸟、鹧(dǎn)鸟：郭璞认为属于猫头鹰一类不祥之鸟。
⑦ 丈夫国：据郭璞注，丈夫国之民乃男性单性繁殖，子从父身体中降生，子诞则父死。

女丑之尸,生而十日炙杀之。在丈夫北。以右手鄣其面①。十日居上,女丑居山之上。

巫咸国在女丑北,右手操青蛇,左手操赤蛇,在登葆山,群巫所从上下也②。

并封在巫咸东③,其状如彘,前后皆有首,黑。

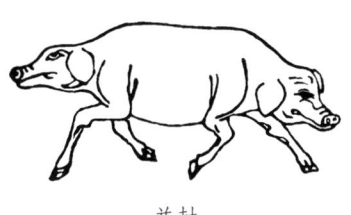
并封

女子国在巫咸北,两女子居,水周之④。一曰居一门中。

轩辕之国在此穷山之际⑤,其不寿者八百岁。在女子国北。人面蛇身,尾交首上。

穷山在其北,不敢西射,畏轩辕之丘⑥。在轩辕国北。其丘方,四蛇相绕⑦。

此诸夭之野⑧,鸾鸟自歌,凤鸟自舞。凤皇卵,民食之;甘露,民饮之,所欲自从也⑨。百兽相与群居。在四蛇北。其人两手操卵食之,两鸟居前导之。

---

① 鄣(zhàng):同"障",遮蔽。
② 上下:一说,谓上下于山间以采药;一说,为上通天意,下达民情。
③ 并封:即《大荒西经》所云"屏蓬"。
④ 周:环绕。
⑤ 此:《太平御览》卷七九〇所引无"此"字,当为衍字。
⑥ 轩辕之丘:参见《西山经·西次三经》。
⑦ 四蛇相绕:谓四蛇环卫此丘。
⑧ 此诸夭之野:"此"为衍字。诸夭之野,当作"诸沃之野"。
⑨ "所欲"句:谓愿望皆能自然满足。

乘黄

龙鱼陵居在其北①,状如狸②。一曰鰕③。即有神圣乘此以行九野④。一曰鳖鱼,在夭野北,其为鱼也如鲤。

白民之国在龙鱼北,白身被发⑤。有乘黄⑥,其状如狐,其背上有角,乘之寿二千岁⑦。

肃慎之国在白民北,有树名曰雄常⑧,先入伐帝,于此取之⑨。

长股之国在雄常北⑩,被发。一曰长脚。

西方蓐收,左耳有蛇,乘两龙。

长股国

蓐收

---

① 陵居:居住于高地。
② 狸:当为"鲤"字之讹。
③ 鰕(xiā):大鲵。
④ 九野:九州疆域。
⑤ 被:通"披"。
⑥ 乘黄:又名飞黄,传说黄帝乘而升仙。
⑦ 二千岁:一作"三千岁"。
⑧ 雄常:一作"雒棠"。
⑨ "先入"二句:当作"圣人代立,于此取衣",谓取此树皮以制衣。
⑩ 股:大腿。据郭璞注,长脚人常背负长臂人入海捕鱼。

山海经第八　海外北经

海外自东北陬至西北陬者。

无𦙍之国在长股东①,为人无𦙍。

钟山之神名曰烛阴②,视为昼,瞑为夜,吹为冬,呼为夏,不饮,不食,不息,息为风③,身长千里④。在无𦙍之东。其为物人面蛇身,赤色,居钟山下。

无𦙍国

烛阴

一目国在其东,一目中其面而居。一曰有手足⑤。

---

① 无𦙍(qǐ)之国:据郭璞注,其国民不分男女,以土为食,死后其心不朽,埋入土中120年后自然复生。𦙍,一说为小腿肚;一说通"启",无启为无嗣。
② 钟山:神话传说中北方不见日的寒山。烛阴:即《大荒北经》中所说的烛龙。
③ 息:气息。
④ 千里:一作"三千里"。
⑤ 一曰有手足:疑涉下文一手一足而衍。

一目国

柔利国

柔利国在一目东①,为人一手一足,反𨂡②,曲足居上③。一云留利之国,人足反折④。

共工之臣曰相柳氏⑤,九首,以食于九山⑥。相柳之所抵⑦,厥为泽溪⑧。禹杀相柳,其血腥,不可以树五谷种⑨。禹厥之,三仞三沮⑩,乃以为众帝之台⑪。在昆仑之北,柔利之东。相柳者,九首,人面蛇身而青。不敢北射,畏共工之台⑫。台在其东,台四方,隅有一蛇,虎

相柳

---

① 柔利国:《大荒北经》作"牛黎之国"。
② 𨂡(xī):同"膝"。
③ 曲足居上:谓脚反卷向上。
④ 人足反折:谓其人脚向上弯折。
⑤ 共工:传说中炎帝一脉之人,曾与颛顼争地位而失败。
⑥ "以食于"句:谓相柳的每个头各食一山之物,形容其贪欲极强。
⑦ 抵:达,触及。
⑧ 厥:通"掘"。
⑨ "不可以"句:谓不能种五谷。
⑩ 厥:通"掘"。仞:填满。沮:毁坏。谓禹掘土以填被相柳之血污染之土地,多次污染,又多次填满。
⑪ 众帝之台:指《海内北经》中所说的帝尧台、帝喾台、帝丹朱台和帝舜台。
⑫ 不敢北射,畏共工之台:郝懿行认为主语乃相柳,因畏惧其主君共工之威;袁珂认为主语乃一般射箭之人,因畏惧共工台之灵不敢北射。

色①,首冲南方②。

深目国在其东,为人举一手。一目在共工台东③。

无肠之国在深目东,其为人长而无肠。

聂耳之国在无肠国东④,使两文虎,为人两手聂其耳⑤。县居海水中⑥,及水所出入奇物⑦。两虎在其东。

聂耳国

夸父与日逐走,入日⑧,渴欲得饮,饮于河渭;河渭不足,北饮大泽⑨。未至,道渴而死。弃其杖,化为邓林。

博父国在聂耳东⑩,其为人大,右手操青蛇,左手操黄蛇。邓林在其东,二树木⑪。一曰博父⑫。

禹所积石之山在其东,河水所入。

---

① 虎色:虎纹。
② 冲:向,面对。
③ 目:当作"曰"。
④ 聂耳之国:《大荒北经》云:"有儋耳之国,任姓,禺号子,食谷。"此"儋耳之国"即聂耳国。
⑤ 聂,同"摄",持。谓耳朵过长,须以手持之方得行走。
⑥ 县:同"悬",孤立。
⑦ 及水:谓入水。
⑧ 入日:谓追上太阳并将要进去时。一作"日入"。
⑨ 大泽:传说中的北方大湖泊。《海内西经》云:"大泽方百里,群鸟所生及所解。在雁门北。"
⑩ 博父国:即夸父国。
⑪ 二树木:谓邓林由二树而成林。
⑫ 博父:此"博父"疑当作"夸父",或前文"博父国"当作"夸父国"。

拘缨之国在其东①,一手把缨②。一曰利缨之国③。

寻木长千里,在拘缨南,生河上西北。

跂踵国在拘缨东④,其为人大,两足亦大⑤。一曰大踵⑥。

欧丝之野在大踵东⑦,一女子跪据树欧丝。

三桑无枝,在欧丝东,其木长百仞,无枝。

范林方三百里⑧,在三桑东,洲环其下⑨。

务隅之山⑩,帝颛顼葬于阳⑪,九嫔葬于阴。一曰爰有熊、罴、文虎、离朱、鸱久、视肉。

平丘在三桑东,爰有遗玉、青鸟、视肉、杨柳、甘柤、甘华⑫,百果所生。有两山夹上谷⑬,二大丘居中,名曰平丘。

----

① 拘缨之国:当作"拘瘿之国"。瘿是囊状肿瘤,多生于颈而大,有碍行动,须用手拘捧,故名。
② 把:持,捧。
③ 利:此字疑为误字,或当为"捋"字。
④ 跂踵国:因脚跟不着地,以五个脚趾走路而得名。跂,踮起。踵,脚后跟。
⑤ 大:疑作"支"。
⑥ 大踵:疑作"反踵"。
⑦ 欧,通"呕",吐。
⑧ 范林:一作泛林。
⑨ 洲:水中小块陆地。
⑩ 务隅之山:《海内东经》作"鲋鱼之山",《大荒北经》作"附禺之山"。
⑪ 颛顼:传说中"五帝"之一。
⑫ 遗玉:一种玉石。青鸟:当作"青马"。甘柤(zhā)、甘华:皆树名,亦见《大荒南经》。
⑬ 有:当作"在"。

北海内有兽,其状如马,名曰騊駼①。有兽焉,其名曰駮②,状如白马,锯牙,食虎豹。有素兽焉③,状如马,名曰蛩蛩④。有青兽焉,状如虎,名曰罗罗。

北方禺彊⑤,人面鸟身,珥两青蛇⑥,践两青蛇⑦。

---

① 騊駼:音 táo tú。
② 駮:参见《西山经·西次四经》"中曲之山"条。
③ 素:白色。
④ 蛩蛩:音 qióng qióng。
⑤ 彊:音 qiáng。
⑥ 珥两青蛇:指将两青蛇当作耳环穿在耳上。
⑦ 践:踏。青蛇:后文《大荒北经》作"赤蛇"。

山海经第九　海外东经

海外自东南陬至东北陬者。

嗟丘①,爰有遗玉、青马、视肉、杨柳、甘柤、甘华②,百果所生。在东海,两山夹丘,上有树木。一曰嗟丘。一曰百果所在,在尧葬东。

奢比

大人国在其北,为人大,坐而削船③。一曰在嗟丘北。

奢比之尸在其北,兽身人面,大耳④,珥两青蛇。

君子国在其北,衣冠带剑,食兽,使二大虎在旁⑤,其人好让不争⑥。有薰华草⑦,朝生夕死。一曰在肝榆之尸北。

---

① 嗟(jiē)丘:一作"发丘"。
② 杨柳:《淮南子·地形》引作"杨桃"。
③ 削:通"艄",艄船即操船。
④ 大耳:后文《大荒东经》作"犬耳"。
⑤ 大虎:当作"文虎"。
⑥ 好让不争:谓喜礼让而不喜争执。
⑦ 薰华草:一作"堇华草"。

蚳蚳在其北①,各有两首②。一曰在君子国北。

朝阳之谷,神曰天吴,是为水伯。在蚳蚳北两水间。其为兽也,八首人面,八足八尾,皆青黄③。

青丘国在其北④,其狐四足九尾。一曰在朝阳北。

天吴

帝命竖亥步⑤,自东极至于西极,五亿十选九千八百步⑥。竖亥右手把算⑦,左手指青丘北。一曰禹令竖亥。一曰五亿十万九千八百步。

黑齿国在其北,为人黑⑧,食稻啖蛇,一赤一青⑨,在其旁。一曰在竖亥北,为人黑首,食稻使蛇,其一蛇赤。

下有汤谷⑩。汤谷上有扶桑⑪,十日所浴⑫。在黑齿北。居水中,有大木,九日居下枝,一日居上枝⑬。

雨师妾在其北⑭,其为人黑,两手各操一蛇,左耳有青蛇,右耳有赤蛇。一曰

---

① 蚳蚳(hóng hóng):位于东方天空的暮虹。蚳,同"虹"。
② 各有两首:指虹和霓而言。霓即副虹,位于虹的外侧。
③ 皆:当作"背"。
④ "青丘国"句下郭璞注云:"其人食五谷,衣丝帛。"此注文当为《山海经》正文。
⑤ 竖亥:传说中善走的人物。
⑥ 选:万。八百步:一作"八百八步"。
⑦ 算:当作"筭(suàn)",古代一种计数工具。
⑧ "黑"字下当有"齿"字。
⑨ 一青:一作"一青蛇"。
⑩ 汤谷:古代传说为日出之处。
⑪ 扶桑:传说中之神木。
⑫ 十日:相传为帝俊与羲和所生之十子。
⑬ 九日居下枝,一日居上枝:谓十日不并出,依次迭出运作。
⑭ 雨师妾:国名。

在十日北,为人黑身人面,各操一龟。

玄股之国在其北①,其为人衣鱼食鸥②,使两鸟夹之。一曰在雨师妾北。

雨师妾

毛民国

毛民之国在其北,为人身生毛。一曰在玄股北。

劳民国在其北③,其为人黑④。或曰教民。一曰在毛民北,为人面目手足尽黑。

东方句芒⑤,鸟身人面,乘两龙。

---

① 玄股之国:因其国人大腿以下皆黑色而得名。
② 衣鱼:谓用鱼皮做衣服。鸥(ōu):同"鸥",一种水鸟。
③ 劳民国:国以其民烦躁而得名。劳,烦躁。
④ "其为人黑"句下郭璞注云:"食果草实也。有一鸟两头。"此注文当为经文。
⑤ 句(gōu)芒:传说为东方木神。

山海经第十　海内南经

海内东南陬以西者。

瓯居海中。闽在海中,其西北有山。一曰闽中山在海中。

三天子鄣山在闽西海北①。一曰在海中。

桂林八树在番隅东②。

伯虑国、离耳国、雕题国、北朐国③,皆在郁水南。郁水出湘陵南海④。一曰相虑⑤。

枭阳国在北朐之西⑥,其为人人面长唇⑦,黑身有毛,反踵,见人笑亦笑⑧,左手操管。

枭阳国

---

① 闽西海北:当作"闽西北"。"海"当为衍字。
② 桂林八树:谓桂树八棵而成林。
③ 雕题国:因在额头刺纹而得名。朐:音qú。
④ 海:一作"山"。
⑤ 相虑:当作"柏虑"。
⑥ 枭阳:亦作"枭杨""枭羊"。
⑦ 其为人:一作"其状如人"。唇:同"唇"。
⑧ 见人笑亦笑:当作"见人则笑"。

兕在舜葬东①,湘水南,其状如牛,苍黑,一角。

苍梧之山,帝舜葬于阳,帝丹朱葬于阴②。

氾林方三百里,在狌狌东③。

狌狌知人名④,其为兽如豕而人面,在舜葬西。

狌狌西北有犀牛,其状如牛而黑。

夏后启之臣曰孟涂,是司神于巴⑤。人请讼于孟涂之所,其衣有血者乃执之⑥,是请生⑦。居山上,在丹山西。丹山在丹阳南,丹阳居属也⑧。

窫窳龙首⑨,居弱水中,在狌狌知人名之西⑩,其状如龙首,食人。

有木,其状如牛,引之有皮,若缨、黄蛇⑪,其叶如罗⑫,其实如栾⑬,其木若芑⑭,其名曰建木。在窫窳西弱水上。

---

① 舜葬:谓舜所葬之处,即下文所说的苍梧之山。
② 帝丹朱:舜的长子,传说因不肖而被舜放逐于南海。
③ 狌狌:即猩猩。
④ 知人名:据《后汉书》注引《南中志》,猩猩见人摆酒,则知为诱饵,且能知设饵者先祖名字,并指名道姓骂之。此盖强调猩猩智力异于凡兽之传说。
⑤ 司神于巴:谓在巴地为主管诉讼之神。
⑥ 其衣有血者:谓理屈的一方则有血迹现于衣上,类似一种神示证据制度。
⑦ 请生:谓有好生之德。
⑧ "丹山"二句:当为郭璞注文,后人误入经文。
⑨ 窫窳:即貐㺄,传说中的一种怪兽。又《北山经》"少咸之山"条记有窫窳,形状与此不同。
⑩ 知人名:此三字当为衍字。
⑪ "引之"二句:谓剥下来的树皮像缨和黄蛇的形状。引,拉,牵。缨,帽带。
⑫ 罗:网。
⑬ 栾(luán):树木名。
⑭ 芑(ōu):即刺榆树,一种落叶小乔木,可制器具。

氐人国在建木西①，其为人人面而鱼身，无足。

氐人国

巴蛇

巴蛇食象②，三岁而出其骨，君子服之，无心腹之疾。其为蛇青、黄、赤、黑。一曰黑蛇青首，在犀牛西。

旄马，其状如马，四节有毛。在巴蛇西北，高山南。

匈奴、开题之国、列人之国并在西北。

旄马

---

① 氐人国：国名。传说其国人为炎帝后裔，能上下于天。
② 巴蛇：古代传说中的一种大蛇。

山海经第十一　海内西经

海内西南陬以北者。

贰负之臣

贰负之臣曰危①。危与贰负杀窫窳,帝乃梏之疏属之山②,桎其右足③,反缚两手与发④,系之山上木。在开题西北。

大泽方百里,群鸟所生及所解⑤。在雁门北。

雁门山,雁出其间。在高柳北。

高柳在代北。

后稷之葬⑥,山水环之。在氐国西⑦。

---

① 贰负:古天神名。《海内北经》云:"贰负神在其东,为物人面蛇身。"
② 梏(gù):拘禁。
③ 桎(zhì):谓戴上脚镣。
④ 与发:二字当为衍字。
⑤ 解:指毛羽脱落。
⑥ 后稷之葬:谓后稷所葬之处。《海内经》云:"西南黑水之间,有都广之野,后稷葬焉。"
⑦ 氐国:即氐人国。《海内南经》云:"氐人国在建木西。"

流黄酆氏之国,中方三百里,有涂四方①,中有山。在后稷葬西。

流沙出钟山,西行又南行昆仑之虚,西南入海黑水之山。

东胡在大泽东。

夷人在东胡东。

貊国在汉水东北②,地近于燕,灭之③。

孟鸟在貊国东北④,其鸟文赤、黄、青,东乡⑤。

海内昆仑之虚⑥,在西北,帝之下都。昆仑之虚,方八百里,高万仞。上有木禾⑦,长五寻,大五围。面有九井⑧,以玉为槛。面有九门⑨,门有开明兽守之⑩,百神之所在。在八隅之岩⑪,赤水之际,非仁羿莫能上冈之岩⑫。

赤水出东南隅,以行其东北。

河水出东北隅,以行其北,西南又入渤海,又出海外,即西而北,入禹所导积

---

① 涂:通"途",道路。
② 貊:音 mò。
③ 灭之:指貊国后来被燕国消灭。
④ 孟鸟:即《海外西经》所说的"灭蒙鸟"。
⑤ 乡:通"向"。
⑥ 昆仑之虚:即《西山经·西次三经》所说的"昆仑之丘"。
⑦ 木禾:传说中一种高大的谷类植物。
⑧ 面:前。一作"上"。
⑨ 九:一作"五"。
⑩ 开明兽:即《西山经·西次三经》之神陆吾,虎身而九尾(下文作九首),人面而虎爪。
⑪ 在八隅之岩:谓群神居于山隅岩穴之间。
⑫ 仁羿:即夷羿。相传他曾登昆仑山向西王母求药。

石山①。

洋水、黑水出西北隅，以东，东行，又东北，南入海，羽民南。

弱水、青水出西南隅，以东，又北，又西南，过毕方鸟东。

昆仑南渊深三百仞。开明兽身大类虎而九首，皆人面。

开明西有凤皇、鸾鸟，皆戴蛇践蛇，膺有赤蛇②。

开明北有视肉、珠树、文玉树、玗琪树、不死树③。凤皇、鸾鸟皆戴瞂④。又有离朱、木禾、柏树、甘水、圣木、曼兑⑤。一曰挺木牙交⑥。

开明兽

开明东有巫彭、巫抵、巫阳、巫履、巫凡、巫相⑦，夹窫窳之尸，皆操不死之药以距之⑧。窫窳者，蛇身人面，贰负臣所杀也。

服常树⑨，其上有三头人，伺琅玕树。

---

① 积石山：即《西山经·西次三经》所说的积石之山。
② 膺：胸。
③ 珠树：疑即《海外南经》之三株树。文玉树：五彩玉树。玗(yú)琪树：赤玉树。不死树：见《海外南经》。
④ 瞂(fá)：盾。
⑤ 甘水：即醴泉。圣木：传说中树木，食其果实可使人增长智慧。曼兑：不详何物，一说即圣木之名称。
⑥ 挺木牙交：疑即璇树。
⑦ "巫彭"等人：皆巫医，亦见《大荒西经》。
⑧ "皆操"句：谓持令人长生不死的仙药来拒却死气，以使窫窳复活。距，通"拒"。
⑨ 服常树：疑即沙棠树。

开明南有树鸟①,六首,蛟、蝮、蛇、蜼、豹、鸟秩树②,于表池树木③,诵鸟、鶽、视肉④。

① 树鸟:疑即《大荒西经》所说的"鸀(chù)鸟"。
② 鸟秩树:不详。
③ "于表池"句:谓池之周围多有树木。
④ 诵鸟:不详何鸟。鶽(sǔn):即雕。

山海经第十二　海内北经

海内西北陬以东者。

蛇巫之山,上有人操柸而东向立①。一曰龟山。

西王母梯几而戴胜杖②。其南有三青鸟,为西王母取食。在昆仑虚北。

有人曰大行伯,把戈。其东有犬封国③。贰负之尸在大行伯东。

犬封国曰犬戎国,状如犬。有一女子,方跪进柸食④。有文马,缟身朱鬣⑤,目若黄金,名曰吉量⑥,乘之寿千岁。

鬼国在贰负之尸北⑦,为物人面而一目。一曰贰负神在其东,为物人面蛇身。

---

① 柸(bàng):同"棓",大棒。
② 梯:凭,靠。几:古人坐时凭靠身体或搁置物件的矮桌子。杖:此字当为衍字。
③ 犬封国:据郭璞注,此国之人生男为狗,生女为美人。
④ 柸:同"杯"。
⑤ 缟身:谓马身洁白如缟。
⑥ 吉量:一作"吉良"。
⑦ 鬼国:即一目国,参见《海外北经》。

蜪犬如犬①,青,食人从首始。

穷奇状如虎,有翼,食人从首始,所食被发,在蜪犬北。一曰从足。

帝尧台、帝喾台、帝丹朱台、帝舜台,各二台,台四方,在昆仑东北。

大蜂,其状如螽②。朱蛾,其状如蛾③。

蟜④,其为人虎文,胫有䏿。在穷奇东。一曰状如人,昆仑虚北所有。

阘非⑤,人面而兽身,青色。

据比之尸⑥,其为人折颈被发,无一手。

环狗,其为人兽首人身。一曰蝟状如狗,黄色。

袜⑦,其为物人身,黑首从目⑧。

戎,其为人人首三角。

林氏国有珍兽,大若虎,五采毕具,尾长于身,名曰驺吾⑨,乘之日行千里。

驺吾

---

① 蜪(táo)犬:传说中北方一种吃人的犬。
② 螽(zhōng):蝗类总名。
③ 蛾(yǐ):通"蚁"。
④ 蟜(qiáo):传说中的一种野人。
⑤ 阘:音tà。
⑥ 据比:风神,又称掾比、诸比。
⑦ 袜(mèi):通"魅"。
⑧ 从目:即纵目,谓眼睛上下竖起。
⑨ 驺(zōu)吾:传说中之义兽,不食生物。

昆仑虚南所,有氾林方三百里。

从极之渊①,深三百仞,维冰夷恒都焉②。冰夷人面,乘两龙。一曰忠极之渊。

阳汙之山,河出其中;凌门之山,河出其中。

王子夜之尸③,两手、两股、胸、首、齿皆断异处④。

舜妻登比氏生宵明、烛光⑤,处河大泽,二女之灵能照此所方百里。一曰登北氏。

盖国在巨燕南,倭北。倭属燕。

朝鲜在列阳东,海北山南。列阳属燕。

列姑射在海河州中⑥。

射姑国在海中⑦,属列姑射,西南山环之。

大蟹在海中⑧。

---

① 渊:一作"川"。
② 冰夷:又称冯夷、无夷,即河伯。恒:一作"潜"。
③ 王子夜:即王子亥,殷商时王子,相传于有易部落行淫,遭到杀戮。
④ 齿:疑是衍字。
⑤ 登比氏:相传为娥皇、女英之外舜的第三个妻子。
⑥ 列姑射(yè):山名。即《庄子》所说的藐姑射之山。
⑦ 射姑国:当作"姑射国"。
⑧ 大蟹:传说中身长千里之巨蟹。

陵鱼人面①,手足,鱼身,在海中。

大鯾居海中②。

明组邑居海中③。

蓬莱山在海中④。

大人之市在海中⑤。

陵鱼

---

① 陵鱼:即人鱼。
② 鯾(biān):即鳊鱼。
③ 明组邑:当为海上聚落之名,不详。
④ 蓬莱山:传说中海上仙山之一。
⑤ 大人之市:即《大荒东经》之大人之国。

山海经第十三　海内东经

海内东北陬以南者。

巨燕在东北陬。

国在流沙中者埻端、玺㬇①,在昆仑虚东南。一曰海内之郡,不为郡县,在流沙中②。

国在流沙外者,大夏、竖沙、居繇、月支之国③。

雷神

西胡白玉山在大夏东,苍梧在白玉山西南④,皆在流沙西,昆仑虚东南。昆仑山在西胡西,皆在西北。

雷泽中有雷神,龙身而人头,鼓其腹。在吴西。

都州在海中。一曰郁州。

琅邪台在渤海间,琅邪之东。其北有山。一曰在

---

① 埻(guó)端:国名。玺㬇(huàn):国名。
② 此条和以下二条疑当移于《海内西经》"流沙出钟山"条后。
③ 居繇:又作"属繇"。月支:又作"月氏"。
④ 苍梧:此苍梧与南海苍梧为同名异地。

海间。

　　韩雁在海中①,都州南。

　　始鸠在海中②,辕厉南③。

　　会稽山在大楚南④。

　　岷三江:首大江出汶山,北江出曼山,南江出高山。高山在城都西,入海在长州南⑤。

　　浙江出三天子都,在其东,在闽西北,入海馀暨南。

　　庐江出三天子都,入江彭泽西。一曰天子鄣。

　　淮水出馀山,馀山在朝阳东,义乡西,入海淮浦北。

　　湘水出舜葬东南陬,西环之,入洞庭下。一曰东南西泽。

　　汉水出鲋鱼之山,帝颛顼葬于阳,九嫔葬于阴,四蛇卫之。

　　濛水出汉阳西,入江聂阳西。

　　温水出崆峒山,在临汾南,入河华阳北。

---

① 韩雁:或为古国名,或为鸟名。
② 始鸠:或为古国名,或为鸟名。
③ 辕厉:当为"韩雁"之误。
④ 大楚:当为"大越"之误。
⑤ "岷三江"以下各条,据毕沅考证,皆当是《水经》文字,与《山海经》无涉,疑为后世传抄者衍入经文,在此不注。

颍水出少室。少室山在雍氏南。入淮西鄢北。一曰缑氏。

汝水出天息山，在梁勉乡西南，入淮极西北。一曰淮在期思北。

泾水出长城北山，山在郁郅、长垣北，北入渭戏北。

渭水出鸟鼠同穴山，东注河，入华阴北。

白水出蜀，而东南注江，入江州城下。

沅水山出象郡镡城西，入东注江，入下隽西，合洞庭中。

赣水出聂都东山，东北注江，入彭泽西。

泗水出鲁东北而南，西南过湖陵西，而东南注东海，入淮阴北。

郁水出象郡，而西南注南海，入须陵东南。

肄水出临晋西南，而东南注海，入番禺西。

潢水出桂阳西北山，东南注肄水，入敦浦西。

洛水出洛西山，东北注河，入成皋之西。

汾水出上窳北，而西南注河，入皮氏南。

沁水出井陉山东，东南注河，入怀东南。

济水出共山南东丘，绝巨鹿泽，注渤海，入齐琅槐东北。

潦水出卫皋东,东南注渤海,入潦阳。

虖沱水出晋阳城南而西,至阳曲北,而东注渤海,入越章武北。

漳水出山阳东,东注渤海,入章武南。

山海经第十四　大荒东经

东海之外大壑①,少昊之国②。少昊孺帝颛顼于此③,弃其琴瑟④。有甘山者,甘水出焉,生甘渊。

大荒东南隅,有山名皮母地丘。

东海之外,大荒之中,有山名曰大言⑤,日月所出⑥。

有波谷山者,有大人之国。有大人之市,名曰大人之堂⑦。有一大人踆其上⑧,张其两耳⑨。

有小人国,名靖人⑩。

---

① 大壑:相传为无底之谷,世上所有江河所注之处。又称"归墟"。
② 少昊:相传为黄帝之子。
③ 孺:养育。
④ 弃其琴瑟:郝懿行认为,此谓少昊以琴瑟为玩具,故弃之于大壑之中。
⑤ 大言:一作"大谷"。
⑥ 日月所出:《大荒东经》中所记"日月所出"之山共六处,此为第一处。
⑦ 大人之堂:疑为山名,因形状似堂而得名。
⑧ 踆:通"蹲",居处。
⑨ 耳:当作"臂"。
⑩ 靖:细貌。

有神,人面兽身,名曰犁䰰之尸①。

有潏山②,杨水出焉。

有蒍国③,黍食,使四鸟④:虎、豹、熊、罴。

大荒之中,有山名曰合虚⑤,日月所出。

有中容之国。帝俊生中容,中容人食兽、木实⑥,使四鸟:豹、虎、熊、罴。

有东口之山。有君子之国,其人衣冠带剑。

有司幽之国。帝俊生晏龙,晏龙生司幽。司幽生思士,不妻;思女,不夫⑦。食黍,食兽,是使四鸟。

有大阿之山者。

大荒中,有山名曰明星⑧,日月所出。

有白民之国⑨。帝俊生帝鸿,帝鸿生白民。白民销姓,黍食,使四鸟:虎、豹、熊、罴。

---

① 䰰:音 líng。
② 潏:音 jué。
③ 蒍:音 wěi。
④ 使:使役。虎豹熊罴皆兽,此云"鸟",疑为泛指,盖亦古"虫"可指一切动物之类。
⑤ 合虚:一作"含虚"。此为第二处记载"日月所出"之山。
⑥ 木实:此指食之能使人成仙的赤木玄木之叶。
⑦ "司幽生思士"四句:谓司幽国之男女不交合而孕育。
⑧ 明星:此为第三处记载"日月所出"之山。
⑨ 白民之国:已见《海外西经》。

有青丘之国①,有狐,九尾。

有柔仆民,是维嬴土之国②。

有黑齿之国③。帝俊生黑齿,姜姓,黍食,使四鸟。

有夏州之国。

有盖余之国。

有神人,八首人面,虎身十尾,名曰天吴④。

大荒之中,有山名曰鞠陵于天、东极、离瞀⑤,日月所出。名曰折丹⑥,东方曰折⑦,来风曰俊⑧,处东极以出入风。

东海之渚中有神⑨,人面鸟身,珥两黄蛇,践两黄蛇,名曰禺䝞⑩。黄帝生禺䝞,禺䝞生禺京⑪,禺京处北海,禺䝞处东海,是为海神。

有招摇山,融水出焉。

---

① 青丘之国:已见《海外东经》。
② 嬴土:肥沃之土。
③ 黑齿之国:已见《海外东经》。
④ 天吴:已见《海外东经》。
⑤ 鞠陵于天、东极、离瞀(mào):三座山名。此为第四处记载"日月所出"之山。
⑥ 折丹:神人名。疑"名曰折丹"上脱"有神"二字。
⑦ 东方曰折:谓折丹乃东方之神,简称则省略"丹"字,唯呼曰"折"。
⑧ 俊:春风,东风。
⑨ 渚(zhǔ):水中的小块陆地,较洲为小。
⑩ 䝞(hào):同"号"。
⑪ 禺京:即禺彊。参见《海外北经》。

有国曰玄股①,黍食,使四鸟。

有困民国②,勾姓而食③。有人曰王亥④,两手操鸟,方食其头。王亥托于有易、河伯仆牛⑤。有易杀王亥,取仆牛。河念有易⑥,有易潜出,为国于兽,方食之,名曰摇民⑦。帝舜生戏⑧,戏生摇民。

海内有两人,名曰女丑⑨。女丑有大蟹⑩。

大荒之中,有山名曰孽摇頵羝⑪。上有扶木⑫,柱三百里,其叶如芥。有谷曰温源谷⑬。汤谷上有扶木。一日方至,一日方出,皆载于乌⑭。

有神,人面,犬耳⑮,兽身,珥两青蛇,名曰奢比尸⑯。

---

① 玄股:参见《海外东经》"玄股之国"条。
② 困民国:当作"因民国"。因民,即《海内经》所载的"嬴民",也即下文所说的"摇民","因""嬴""摇"三字为一声之转。
③ 而:袁珂认为乃"黍"字之讹。
④ 王亥:即殷王子亥。参见《海内北经》"王子夜之尸"条注。
⑤ 仆牛:即服牛,驯养之牛。此谓王亥将一批驯服之牛寄托于有易、河伯之处。
⑥ "河"字后当脱一"伯"字。
⑦ "河念有易"以下五句:盖谓有易遭消灭后,河伯念及旧情,助有易之民潜逃,建立摇民国,其民以捕猎为生。
⑧ 戏:即有易。"易""戏"声近而转。此当是有易来由之另一说法。
⑨ "海内"二句:二句间疑有脱文。女丑,已见《海外西经》"女丑之尸"条。
⑩ 大蟹:已见《海内北经》。
⑪ 孽(niè):同"蘖"。頵:音jūn。
⑫ 扶木:即扶桑。参见《海外东经》"汤谷"条注。
⑬ 温源谷:即汤谷。参见《海外东经》"汤谷"条。
⑭ 乌:指三足乌,太阳中的神鸟。
⑮ 犬:当作"大"。
⑯ 奢比尸:已见《海外东经》。

有五采之鸟,相乡弃沙①。惟帝俊下友②。帝下两坛,采鸟是司。

大荒之中,有山名猗天苏门③,日月所生④。有壎民之国⑤。有綦山⑥。又有摇山。有䰝山⑦。又有门户山。又有盛山。又有待山。有五采之鸟。

东荒之中,有山名曰壑明俊疾⑧,日月所出。有中容之国。

东北海外,又有三青马、三骓、甘华⑨。爰有遗玉、三青鸟、三骓、视肉、甘华、甘柤,百谷所在。

应龙

有女和月母之国。有人名曰鹓⑩,北方曰鹓,来之风曰狻⑪,是处东极隅以止日月,使无相间出没,司其短长。

大荒东北隅中,有山名曰凶犁土丘。应龙处南极⑫,杀蚩尤与夸父,不得复上⑬,故下数旱。旱而为应龙之状,乃得大雨。

东海中有流波山,入海七千里。其上有兽,

---

① 弃沙:当为"婺娑"之讹。
② 下友:谓下与五采鸟为友。
③ 猗天苏门:此为第五处记载"日月所出"之山。
④ 生:一作"出"。
⑤ 壎:音 xūn。
⑥ 綦:音 qí。
⑦ 䰝:音 zèng。
⑧ 壑明俊疾:此为第六处记载"日月所出"之山。
⑨ 骓(zhuī):毛色苍白相杂的马。
⑩ 鹓:音 wǎn。
⑪ 狻:音 yǎn。
⑫ 应龙:神名。龙形而有翼。
⑬ 不得复上:谓应龙遂住在下界。

状如牛,苍身而无角,一足,出入水则必风雨,其光如日月,其声如雷,其名曰夔。黄帝得之,以其皮为鼓,橛以雷兽之骨①,声闻五百里,以威天下。

夔

① 橛:击。雷兽:即雷神。参见《海外东经》"雷泽"条。

山海经第十五　　大荒南经

　　南海之外,赤水之西,流沙之东,有兽,左右有首,名曰跂踢①。有三青兽相并②,名曰双双。有阿山者。

跂踢

双双

　　南海之中,有氾天之山,赤水穷焉③。赤水之东,有苍梧之野,舜与叔均之所葬也④。爰有文贝、离俞、鸱久、鹰、贾、委维、熊、罴、象、虎、豹、狼、视肉⑤。

　　有荣山⑥,荣水出焉⑦。黑水之南,有玄蛇,食麈。

---

① 跂:音 chù。
② 三青兽相并:疑谓一身二头。
③ 穷:尽。
④ 叔均:即商均,舜之子。
⑤ 离俞:即离朱。参见《海外南经》"狄山"条。贾:一说为鹰类,一说为乌鸦类。委维:即《海内经》之延维。
⑥ 荣山:一作"荥山"。
⑦ 荣水:一作"荥水"。

有巫山者，西有黄鸟。帝药①，八斋②。黄鸟于巫山，司此玄蛇。

大荒之中，有不庭之山，荣水穷焉。有人三身，帝俊妻娥皇，生此三身之国③，姚姓，黍食，使四鸟。有渊四方，四隅皆达，北属黑水④，南属大荒，北旁名曰少和之渊，南旁名曰从渊，舜之所浴也⑤。又有成山，甘水穷焉。

有季禺之国，颛顼之子，食黍。有羽民之国⑥，其民皆生毛羽。有卵民之国，其民皆生卵。

大荒之中，有不姜之山，黑水穷焉。又有贾山，汔水出焉⑦。又有言山。又有登备之山⑧。有恝恝之山⑨。又有蒲山，澧水出焉。又有隗山⑩，其西有丹，其东有玉。又南有山，漂水出焉⑪。有尾山。有翠山。

有盈民之国，於姓，黍食。又有人方食木叶。有不死之国⑫，阿姓，甘木是食⑬。

大荒之中，有山名曰去痓⑭。南极果，北不成，去痓果⑮。

---

① 帝药：谓此处有天帝的仙药。
② 八斋：谓有八处屋舍藏有仙药。
③ "生此"句：谓三身国的国民是帝俊和娥皇的后裔。
④ 属：连接。
⑤ 舜之所浴：谓舜曾在此沐浴。
⑥ 羽民之国：已见《海外南经》。
⑦ 汔：音qì。
⑧ 登备之山：即登葆山。参见《海外西经》"巫咸国"条。
⑨ 恝恝：音qì qì。
⑩ 隗：音wěi。
⑪ 漂水：一作"溧水"。
⑫ 不死之国：即不死民。参见《海外南经》。
⑬ 甘木：即不死树，服食其果实能使人长生不老。
⑭ 痓：音chì。
⑮ "南极果"三句：不详何意，袁珂怀疑乃巫师诅咒窜入。

南海渚中有神,人面,珥两青蛇,践两赤蛇,曰不廷胡余。有神名曰因因乎,南方曰因乎,夸风曰乎民,处南极以出入风。

有襄山。又有重阴之山。有人食兽,曰季釐。帝俊生季釐,故曰季釐之国。有缗渊①。少昊生倍伐,倍伐降处缗渊。有水四方,名曰俊坛。

有蜮民之国②。帝舜生无淫,降蜮处,是谓巫蜮民。巫蜮民盼姓③,食谷,不绩不经,服也④;不稼不穑,食也⑤。爰有歌舞之鸟,鸾鸟自歌,凤鸟自舞。爰有百兽,相群爰处。百谷所聚。

大荒之中,有山名曰融天,海水南入焉。

有人曰凿齿,羿杀之。

有蜮山者⑥,有蜮民之国,桑姓,食黍⑦,射蜮是食。有人方扜弓射黄蛇⑧,名曰蜮人。

有宋山者,有赤蛇,名曰育蛇。有木生山上,名曰枫木。枫木,蚩尤所弃其桎梏,是为枫木。有人方齿虎尾,名曰祖状之尸⑨。

有小人,名曰焦侥之国⑩,幾姓,嘉谷是食。

---

① 缗:音mín。
② 蜮民之国:即蜮国。参见《海外南经》。
③ 盼:一作"盼"。
④ "不绩不经"二句:谓不织布却有衣服穿。
⑤ "不稼不穑"二句:谓不从事农业生产却有东西吃。
⑥ 蜮(yù):相传为一种能含沙射人的动物。
⑦ 黍:一作"桑"。
⑧ 扜(yū):引,拉。
⑨ 祖:音zhā。
⑩ 焦侥之国:已见《海外南经》。

大荒之中，有山名歹涂之山①，青水穷焉。有云雨之山，有木名曰栾。禹攻云雨②，有赤石焉生栾③，黄本，赤枝，青叶，群帝焉取药。

有国曰颛顼，生伯服④，食黍。有鼬姓之国⑤。有苕山。又有宗山。又有姓山。又有壑山。又有陈州山。又有东州山。又白水山，白水出焉，而生白渊，昆吾之师所浴也⑥。

有人曰张弘，在海上捕鱼。海中有张弘之国⑦，食鱼，使四鸟。

有人焉，鸟喙，有翼，方捕鱼于海。

大荒之中，有人名曰驩头⑧。鲧妻士敬，士敬子曰炎融，生驩头。驩头人面鸟喙，有翼，食海中鱼，杖翼而行，维宜芑、苣、穋、杨是食⑨。有驩头之国。

帝尧、帝喾、帝舜葬于岳山⑩。爰有文贝、离俞、鸱久、鹰、延维、视肉、熊、罴、虎、豹、朱木⑪、赤枝，青华，玄实。有申山者。

大荒之中，有山名曰天台高山⑫，海水入焉⑬。

---

① 歹(xiǔ)涂之山：即丑涂之山。参见《西山经·西次三经》"昆仑之丘"条注。
② 攻：砍伐林木。
③ 有赤石焉生栾：谓此山有灵，其栾木虽遭禹砍伐，复又生于赤石之上。
④ "有国"二句：《世本》云："颛顼生偁，偁字伯服。"疑经文当作"有国曰伯服，颛顼生伯服"。
⑤ 鼬：音yòu。
⑥ 昆吾：神名。师：一说为老师，一说为军队。
⑦ 张弘之国：即《海外南经》所载之长臂国。张弘，通"长肱"，即长臂。
⑧ 驩头：即谨头。参见《海外南经》"谨头国"条注。
⑨ 芑、苣(jù)、穋(lù)、杨：四种植物名。
⑩ 岳山：即狄山。已见《海外南经》。
⑪ "鹰"字下当有"贾"字。
⑫ "高山"二字疑衍。
⑬ 海水入焉：疑当作"海水南入焉"，"南"字误入于下文"东南海之外"句中。

东南海之外①,甘水之间②,有羲和之国。有女子名曰羲和,方日浴于甘渊③。羲和者,帝俊之妻,生十日。

有盖犹之山者,其上有甘柤,枝干皆赤,黄叶,白华,黑实。东又有甘华,枝干皆赤,黄叶。有青马。有赤马,名曰三骓。有视肉。

有小人名曰菌人。

有南类之山,爰有遗玉、青马、三骓、视肉、甘华,百谷所在。

---

① 东南海之外:《北堂书钞》卷一四九、《太平御览》卷三引此经无"南"字。"南"字疑由上文"海水南入焉"句误入于此。
② 甘水:一作"甘泉"。
③ 日浴:当作"浴日"。

山海经第十六　大荒西经

西北海之外,大荒之隅,有山而不合,名曰不周负子①,有两黄兽守之。有水曰寒暑之水②。水西有湿山,水东有幕山,有禹攻共工国山。

有国名曰淑士,颛顼之子。

有神十人,名曰女娲之肠③,化为神,处栗广之野,横道而处。

有人名曰石夷④,来风曰韦,处西北隅以司日月之长短。

有五采之鸟,有冠,名曰狂鸟。

有大泽之长山。有白氏之国⑤。

西北海之外,赤水之东,有长胫之国⑥。

有西周之国,姬姓,食谷。有人方耕,名曰叔均。帝俊生后稷,稷降以百

---

① "负子"二字疑衍。
② 寒暑之水:因水半冷半热而得名。
③ 肠:一作"腹"。
④ 按全书体例,此句下疑脱"西方曰夷"四字。
⑤ 白氏之国:当作"白民之国"。白民之国已见《海外西经》。
⑥ 长胫之国:即长股之国,已见《海外西经》。

谷①。稷之弟曰台玺,生叔均②。叔均是代其父及稷播百谷,始作耕。有赤国妻氏③。有双山。

西海之外,大荒之中,有方山者,上有青树,名曰柜格之松,日月所出入也。

西北海之外④,赤水之西,有先民之国⑤,食谷,使四鸟。

有北狄之国。黄帝之孙曰始均,始均生北狄。

有芒山。有桂山。有榣山,其上有人,号曰太子长琴。颛顼生老童,老童生祝融,祝融生太子长琴,是处榣山,始作乐风⑥。

有五采鸟三名:一曰皇鸟,一曰鸾鸟,一曰凤鸟。

有虫状如菟⑦,胸以后者裸不见⑧,青如猿状。

大荒之中,有山名曰丰沮玉门⑨,日月所入。

有灵山,巫咸、巫即、巫盼、巫彭、巫姑、巫真、巫礼、巫抵、巫谢、巫罗十巫,从此升降,百药爰在。

---

① 稷降以百谷:谓后稷从天上降下百谷的种子。
② "稷之弟"二句:谓叔均是后稷之侄,而《海内经》又有一叔均,乃是后稷之孙。
③ 赤国妻氏:人名。疑即《海内经》所说的大比赤阴。
④ 西北海:一作"西海"。
⑤ 先民之国:当作"天民之国"。
⑥ 乐风:一无"风"字。
⑦ 菟:通"兔"。
⑧ "胸以后"句:据郭璞注,乃此物肤色甚青,胸以后部位虽裸,却难以辨认。
⑨ 丰沮玉门:此为本经所记第一处"日月所入"之山。

西有王母之山、壑山、海山①。有沃之国,沃民是处。沃之野,凤鸟之卵是食,甘露是饮。凡其所欲,其味尽存。爰有甘华、甘柤、白柳、视肉、三骓、璇瑰、瑶碧、白木、琅玕、白丹、青丹②,多银、铁。鸾凤自歌,凤鸟自舞,爰有百兽,相群是处,是谓沃之野。

有三青鸟,赤首黑目,一名曰大鵹,一名少鵹,一名曰青鸟。

有轩辕之台,射者不敢西向射③,畏轩辕之台。

大荒之中,有龙山④,日月所入。有三泽水,名曰三淖,昆吾之所食也。

有人衣青,以袂蔽面⑤,名曰女丑之尸⑥。

有女子之国⑦。

有桃山。有䖟山⑧。有桂山。有于土山。

有丈夫之国⑨。

---

① 西有王母之山:当作"有西王母之山"。
② 璇瑰:玉石名。白丹、青丹:白色的美石和青色的美石。
③ 射:第二字当为衍字。
④ 龙山:此为本经所记第二处"日月所入"之山。
⑤ 袂:衣袖。
⑥ 女丑之尸:已见《海外西经》。
⑦ 女子之国:已见《海外西经》。
⑧ 䖟(méng)山:即上文所说的芒山。
⑨ 丈夫之国:已见《海外西经》。

有弇州之山①,五采之鸟仰天②,名曰鸣鸟③。爰有百乐歌儛之风。

有轩辕之国④。江山之南栖为吉。不寿者乃八百岁⑤。

西海陼中有神⑥,人面鸟身,珥两青蛇,践两赤蛇,名曰弇兹。

大荒之中,有山名日月山,天枢也。吴姖天门⑦,日月所入。有神,人面无臂,两足反属于头山⑧,名曰嘘。颛顼生老童,老童生重及黎⑨,帝令重献上天,令黎邛下地⑩,下地是生噎⑪,处于西极,以行日月星辰之行次。

有人反臂,名曰天虞。

有女子方浴月。帝俊妻常羲,生月十有二,此始浴之。

有玄丹之山。有五色之鸟,人面有发。爰有青鴍⑫、黄鷔、青鸟、黄鸟⑬,其所集者其国亡。

有池名孟翼之攻颛顼之池⑭。

---

① 弇:音yǎn。
② 仰天:谓仰天而嘘。
③ 鸣鸟:凤凰一类的鸟。
④ 轩辕之国:已见《海外西经》。
⑤ "不寿者"句:谓其国短命的人也能活八百岁。
⑥ 陼(zhǔ):同"渚",水中小洲。
⑦ 吴姖(jù)天门:此为本经所记第三处"日月所入"之山。
⑧ 山:当作"上"。
⑨ 重及黎:重、黎皆人名。
⑩ "帝令"二句:袁珂认为:"献"即举,"邛"即抑;此二句意谓天帝命重举天,命黎压地。
⑪ "下地"句:此句意不详,诸家亦无达诂。
⑫ 青鴍(wén):一种青色的鸟。
⑬ 黄鷔(áo):一种黄色的鸟。青鸟、黄鸟:此四字疑为注文窜入。
⑭ 孟翼,当为神名。

大荒之中,有山名曰鏖鏊钜①,日月所入者。有兽,左右有首,名曰屏蓬②。

有巫山者。有壑山者。有金门之山,有人名曰黄姖之尸。有比翼之鸟。有白鸟,青翼,黄尾,玄喙。有赤犬,名曰天犬,其所下者有兵。

西海之南,流沙之滨,赤水之后,黑水之前,有大山名曰昆仑之丘③。有神——人面虎身,有文有尾④,皆白——处之⑤。其下有弱水之渊环之。其外有炎火之山,投物辄然⑥。有人,戴胜,虎齿,有豹尾,穴处,名曰西王母⑦。此山万物尽有。

大荒之中,有山名曰常阳之山⑧,日月所入。

有寒荒之国。有二人女祭、女薎⑨。

有寿麻之国。南岳娶州山女,名曰女虔。女虔生季格,季格生寿麻。寿麻正立无景⑩,疾呼无响⑪。爰有大暑,不可以往。

有人无首,操戈盾立,名曰夏耕之尸。故成汤伐夏桀于章山⑫,克之,斩耕厥

---

① 鏖鏊(áo áo)钜:此为本经所记的第四处"日月所入"之山。
② 屏蓬:即《海外西经》中所记载的并封。
③ 昆仑之丘:已见《西山经·西次三经》和《海内西经》有"昆仑之虚"。
④ 有文有尾:当作"文尾"。
⑤ "有神"句:所指即《西山经·西次三经》所记的神陆吾。"人面虎身,有文有尾,皆白"疑是注文窜入。
⑥ 然:通"燃",燃烧。
⑦ 西王母:参见《西山经·西次三经》"玉山"条。
⑧ 常阳之山:即《海外西经》所记之常羊之山,为刑天所葬之地。此山为本经所记第五处"日月所入"之山。
⑨ 女祭、女薎(miè):即《海外西经》所记之女祭、女戚,都是女巫。
⑩ 景:通"影"。
⑪ 响:回声。
⑫ 成汤:商朝的建立者。

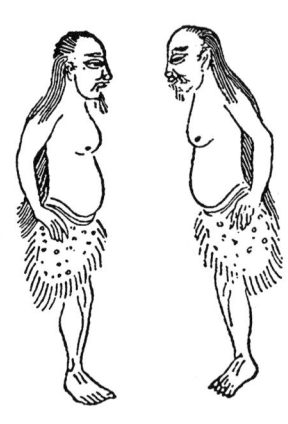

一臂民

前。耕既立,无首,走厥咎①,乃降于巫山②。

有人名曰吴回,奇左③,是无右臂。

有盖山之国。有树,赤皮、支、干、青叶,名曰朱木④。

有一臂民⑤。

大荒之中,有山名曰大荒之山⑥,日月所入。有人焉三面⑦,是颛顼之子,三面一臂。三面之人不死,是谓大荒之野。

西南海之外,赤水之南,流沙之西,有人珥两青蛇,乘两龙,名曰夏后开。开上三嫔于天⑧,得《九辩》与《九歌》以下。此天穆之野,高二千仞,开焉得始歌《九招》。

有互人之国⑨。炎帝之孙名曰灵恝,灵恝生互人,是能上下于天。

三面人

---

① 走厥咎:谓逃避罪责。
② 此段盖谓汤斩耕于夏桀之面前,耕无首而起身,为逃脱罪责而躲避于巫山。
③ 奇左:意谓只有左臂。
④ 朱木:已见《大荒南经》。
⑤ 一臂民:即《海外西经》所记之一臂国国人。
⑥ 大荒之山:此为本经所记第六处"日月所入"之山。
⑦ 三面:谓其头三面各有脸。
⑧ 嫔:通"宾",做客。
⑨ 互人之国:即《海内南经》所记之氐人国。"互"当为"氐"之讹字。

有鱼偏枯,名曰鱼妇。颛顼死即复苏①。风道北来②,天乃大水泉③,蛇乃化为鱼,是为鱼妇。颛顼死即复苏④。

有青鸟,身黄,赤足,六首,名曰鶅鸟⑤。

有大巫山。有金之山。

西南大荒之中隅,有偏句、常羊之山。

鶅鸟

---

① 此处的鱼妇是颛顼死后复苏所化。
② 道:从,经。
③ 天乃大水泉:意谓泉水遇风暴溢出。
④ "颛顼"句:此句与上文重复,可能是衍文。
⑤ 鶅(chù)鸟:疑即《海内西经》所记之树鸟。

山海经第十七　大荒北经

　　东北海之外,大荒之中,河水之间,附禺之山①,帝颛顼与九嫔葬焉。爰有鸱久、文贝、离俞、鸾鸟、皇鸟、大物、小物②。有青鸟、琅鸟、玄鸟、黄鸟、虎、豹、熊、罴、黄蛇、视肉、璿瑰、瑶碧③,皆出卫于山④。丘方圆三百里,丘南帝俊竹林在焉,大可为舟。竹南有赤泽水,名曰封渊。有三桑无枝⑤。丘西有沈渊,颛顼所浴。

　　有胡不与之国,烈姓,黍食。

　　大荒之中,有山名曰不咸。有肃慎氏之国。有蜚蛭,四翼。有虫,兽首蛇身,名曰琴虫。

　　有人名曰大人。有大人之国⑥,釐姓⑦,黍食。有大青蛇,黄头,食麈。

　　有榆山。有鲧攻程州之山⑧。

---

① 附禺之山:即《海外北经》所记之务隅之山、《海内东经》所记之鲋鱼之山。
② 皇鸟:一作"凤鸟"。大物、小物:皆殉葬品。
③ 琅鸟:不详何鸟。璿(xuán)瑰:即璇瑰,参见《大荒西经》"西有王母之山"条注。
④ 出卫于山:当作"出于山"。"卫"字当与下句相连,作"出于山。卫丘方圆三百里"。
⑤ 有三桑无枝:郭璞注云:"皆高百仞。"王念孙认为"皆高百仞"四字是误入注文的经文。
⑥ 大人之国:已见《海外东经》及《大荒东经》。
⑦ 釐:音 xī。
⑧ 程州,国名。

大荒之中,有山名曰衡天。有先民之山。有槃木千里①。

有叔歜国②。颛顼之子,黍食,使四鸟:虎、豹、熊、罴。有黑虫如熊状,名曰猎猎③。

有北齐之国,姜姓,使虎、豹、熊、罴。

大荒之中,有山名曰先槛大逢之山④,河济所入,海北注焉。其西有山,名曰禹所积石⑤。

有阳山者。有顺山者,顺水出焉。有始州之国。有丹山。有大泽方千里,群鸟所解。

有毛民之国⑥,依姓,食黍,使四鸟。禹生均国,均国生役采⑦,役采生修鞈⑧,修鞈杀绰人⑨。帝念之,潜为之国⑩,是此毛民。

有儋耳之国⑪,任姓,禹号子⑫,食谷。北海之渚中有神,人面鸟身,珥两青蛇,践两赤蛇,名曰禺彊⑬。

---

① 槃(pán)木:枝干盘曲的树木。
② 歜:音chù。
③ 猎猎:音xī xī。
④ 先:一作"光"。
⑤ 禹所积石:山名。已见《海外北经》。
⑥ 毛民之国:已见《海外东经》。
⑦ 役采:一作"役来"。
⑧ 修鞈(gé):一作"循鞈"。
⑨ 绰人:人名。
⑩ 潜为之国:暗地里帮他立国。潜,暗中。
⑪ 儋(dān)耳之国:因其国之人耳大下垂而得名。儋,下垂。
⑫ 禹号:即禹虢。参见《大荒东经》"东海之渚中"条。
⑬ 禺彊:已见《海外北经》。

大荒之中,有山名曰北极天柜①,海水北注焉。有神九首,人面鸟身,名曰九凤。又有神衔蛇操蛇,其状虎首人身,四蹄长肘,名曰彊良。

九凤

彊良

大荒之中,有山名曰成都载天。有人珥两黄蛇,把两黄蛇,名曰夸父。后土生信,信生夸父。夸父不量力,欲追日景②,逮之于禺谷③。将饮河而不足也,将走大泽,未至,死于此。应龙已杀蚩尤,又杀夸父,乃去南方处之,故南方多雨。

又有无肠之国④,是任姓,无继子⑤,食鱼。

共工之臣名曰相繇⑥,九首蛇身,自环⑦,食于九土⑧。其所欢所尼⑨,即为源泽,不辛乃苦,百兽莫能处。禹湮洪水⑩,杀相繇,其血腥臭,不可生谷,其地多

---

① 柜:一作"榤(kuì)"。
② 日景:日影。景,同"影"。
③ 禺谷:即禺渊,为日落之所。
④ 无肠之国:已见《海外北经》。
⑤ 无继子:谓其国人是无继国国人的后裔。
⑥ 相繇(yóu):即相柳。禹杀相柳的神话已见《海外北经》。
⑦ 自环:谓其身体盘成一团。环,绕。
⑧ 土:一作"山"。
⑨ 所欢(wū)所尼:即呕吐所及处。欢,呕吐。尼,止。
⑩ 湮:填,堵塞。

水,不可居也。禹湮之,三仞三沮,乃以为池,群帝因是以为台,在昆仑之北①。

有岳之山,寻竹生焉。

大荒之中,有山名不句,海水入焉②。

有系昆之山者,有共工之台③,射者不敢北乡。有人衣青衣,名曰黄帝女魃④。蚩尤作兵伐黄帝,黄帝乃令应龙攻之冀州之野。应龙畜水,蚩尤请风伯雨师,纵大风雨。黄帝乃下天女曰魃,雨止,遂杀蚩尤。魃不得复上,所居不雨。叔均言之帝,后置之赤水之北。叔均乃为田祖。魃时亡之。所欲逐之者,令曰:"神北行!"先除水道,决通沟渎⑤。

有人方食鱼,名曰深目民之国⑥,盼姓,食鱼。

有钟山者。有女子衣青衣,名曰赤水女子献⑦。

大荒之中,有山名曰融父山,顺水入焉。有人名曰犬戎。黄帝生苗龙,苗龙生融吾,融吾生弄明⑧,弄明生白犬,白犬有牝牡⑨,是为犬戎,肉食。有赤兽,马状无首,名曰戎宣王尸。

有山名曰齐州之山、君山、鬵山、鲜野山、鱼山⑩。

---

① 在昆仑之北:《海内北经》谓在昆仑东北。
② 海水入焉:一作"海水北入焉"。
③ 共工之台:已见《海外北经》。
④ 黄帝女魃(bá):传说中之旱神。
⑤ 渎:沟渠。
⑥ 深目民之国:即深目国,已见《海外北经》。
⑦ 赤水女子献:神名。一曰"献"当作"魃",则此神即黄帝女魃也。
⑧ 弄明:又作"卞明""并明"。
⑨ 白犬有牝牡:一作"白犬有二牝牡"。
⑩ 鬵:音qín。

有人一目①,当面中生,一曰是威姓,少昊之子,食黍。

有继无民②,继无民任姓,无骨子③,食气、鱼。

西北海外,流沙之东,有国曰中䡢④,颛顼之子,食黍。

有国名曰赖丘。有犬戎国⑤。有神⑥,人面兽身,名曰犬戎。

西北海外,黑水之北,有人有翼,名曰苗民⑦。颛顼生驩头,驩头生苗民,苗民釐姓,食肉。有山名曰章山。

大荒之中,有衡石山、九阴山、洞野之山⑧,上有赤树,青叶赤华,名曰若木⑨。

有牛黎之国⑩。有人无骨,儋耳之子。

西北海之外,赤水之北,有章尾山⑪。有神,人面蛇身而赤⑫,直目正乘⑬,其瞑乃晦⑭,其视乃明,不食不寝不息,风雨是谒⑮。是烛九阴,是谓烛龙⑯。

---

① 有人一目:即《海外北经》之一目国国人。
② 继无:当作"无继"。下同。
③ 无骨子:谓其人是无骨国国人的后裔。无骨国即《海外北经》所记之柔利国,也即下文所记之牛黎之国。
④ 䡢(biàn):一作"轮"。
⑤ 犬戎国:已见《海内北经》。
⑥ 神:一作"人"。
⑦ 苗民:即三苗国之民。三苗国已见《海外南经》。
⑧ 洞(jiǒng)野之山:一作"灰野之山"。
⑨ 若木:郭璞注云:"生昆仑西,附西极,其华光赤下照地。"郝懿行认为乃是经文误入郭注。
⑩ 牛黎之国:即《海外北经》所记之柔利国。
⑪ 章尾山:即《海外北经》所记之钟山。
⑫ "人面"句:郭璞注云:"身长千里。"王念孙认为此四字是注文窜入。
⑬ 乘:通"朕(zhèn)",眼珠。
⑭ 瞑:一作"眠"。
⑮ 风雨是谒:以风雨为食。谒,通"喝"。
⑯ 烛龙:即《海外北经》所记之烛阴。

山海经第十八　海内经

东海之内,北海之隅,有国名曰朝鲜、天毒①,其人水居,偎人爱之②。

西海之内,流沙之中,有国名曰壑市。

西海之内,流沙之西,有国名曰氾叶。

流沙之西,有鸟山者,三水出焉。爰有黄金、璿瑰、丹货、银、铁③,皆流于此中。又有淮山,好水出焉。

流沙之东,黑水之西,有朝云之国、司彘之国。黄帝妻雷祖,生昌意④,昌意降处若水⑤,生韩流。韩流擢首、谨耳、人面、豕喙、麟身、渠股、豚止⑥,取淖子曰阿女,生帝颛顼⑦。

流沙之东,黑水之间,有山名不死之山。

---

① 天毒:不详何地。
② 偎人爱之:当作"偎人爱人"。偎,亲近,亲爱。
③ 丹货:丹砂一类的矿物。
④ 雷祖,即累祖,又称嫘祖。
⑤ 降处若水:谓自天而降,居于若水。
⑥ 擢首:头颈很长。谨耳:谓耳小。渠股:胼股,即罗圈腿。豚止:谓长着像猪脚一样的脚。止,足,脚。
⑦ 取:通"娶"。

华山青水之东,有山名曰肇山,有人名曰柏高①,柏高上下于此,至于天。

西南黑水之间,有都广之野,后稷葬焉。爰有膏菽、膏稻、膏黍、膏稷②,百谷自生,冬夏播琴③。鸾鸟自歌,凤鸟自儛,灵寿实华④,草木所聚。爰有百兽,相群爰处。此草也⑤,冬夏不死。

南海之外⑥,黑水青水之间,有木名曰若木⑦,若水出焉。

有禺中之国。有列襄之国。有灵山⑧,有赤蛇在木上,名曰蝡蛇⑨,木食⑩。

有盐长之国⑪。有人焉鸟首,名曰鸟氏⑫。

有九丘,以水络之⑬,名曰陶唐之丘、有叔得之丘、孟盈之丘、昆吾之丘、黑白之丘、赤望之丘、参卫之丘、武夫之丘、神民之丘⑭。

有木,青叶紫茎,玄华黄实,名曰建木⑮,百仞无枝,有九欘⑯,下有九枸⑰,其

---

① 柏高:当作"柏子高",传说中之仙人。
② 膏:谓口感优良,润滑如膏。
③ 播琴:播种。
④ 灵寿:树木名。即椐树。参见《北山经》"虢山"条注。
⑤ 此草:即此地之草。
⑥ 外:当作"内"。
⑦ 若木:已见《大荒北经》。
⑧ 灵山:已见《大荒西经》。
⑨ 蝡:音 ruǎn。
⑩ 木食:谓以树木为食物。
⑪ 盐长之国:一作"监长之国"。
⑫ 鸟氏:一作"鸟民"。
⑬ 络:缠绕。
⑭ 武夫之丘:因山多武夫石而得名。武夫石,一种似玉的美石。
⑮ 建木:已见《海内南经》。
⑯ 欘(zhú):树枝弯曲。
⑰ 枸(gōu):树根盘错。

实如麻,其叶如芒①。大暤爰过②,黄帝所为。

有窫窳③,龙首,是食人。有青兽④,人面,名曰猩猩。

西南有巴国。大暤生咸鸟,咸鸟生乘釐,乘釐生后照,后照是始为巴人。

有国名曰流黄辛氏⑤,其域中方三百里,其出是尘土⑥。有巴遂山,渑水出焉。

又有朱卷之国。有黑蛇,青首,食象。

南方有赣巨人⑦,人面长臂⑧,黑身有毛,反踵,见人笑亦笑,唇蔽其面,因即逃也。

又有黑人,虎首鸟足,两手持蛇,方啖之⑨。

有嬴民,鸟足。有封豕⑩。

有人曰苗民。有神焉,人首蛇身,长如辕,左右有首,衣紫衣,冠旃冠⑪,名曰

---

① 芒:即芒草。参见《中山经·中次二经》"崃山"条。
② 大暤(hào)爰过:谓大暤通过此树上下天庭。大暤,即太昊。
③ 窫窳:已见《海内南经》。
④ 青:此字当为衍字。
⑤ 流黄辛氏:即流黄酆氏之国,已见《海内西经》。
⑥ 其出是尘土:谓其地出产麈。"尘土"当为"麈"之讹。
⑦ 赣巨人:即枭阳,已见《海内南经》。
⑧ 臂:当作"唇"。
⑨ 啖(dàn):同"啖",吃。
⑩ 封豕:当为"王亥"之误。王亥,已见《大荒东经》。
⑪ 冠旃(zhān)冠:谓戴着毡制的帽子。旃,通"毡"。

延维①,人主得而飨食之,伯天下②。

有鸾鸟自歌,凤鸟自舞。凤鸟首文曰德,翼文曰顺,膺文曰仁,背文曰义,见则天下和。又有青兽如菟③,名曰㽙狗④。有翠鸟⑤。有孔鸟⑥。

南海之内有衡山。有菌山。有桂山。有山名三天子之都⑦。

南方苍梧之丘,苍梧之渊,其中有九嶷山,舜之所葬,在长沙零陵界中。

北海之内,有蛇山者,蛇水出焉,东入于海。有五采之鸟,飞蔽一乡,名曰翳鸟。又有不距之山,巧倕葬其西⑧。

北海之内,有反缚盗械、带戈常倍之佐⑨,名曰相顾之尸。

伯夷父生西岳,西岳生先龙,先龙是始生氐羌,氐羌乞姓。

北海之内,有山名曰幽都之山,黑水出焉。其上有玄鸟、玄蛇、玄豹、玄虎、玄狐,蓬尾⑩。有大玄之山。有玄丘之民。有大幽之国。有赤胫之民。

有钉灵之国,其民从膝已下有毛,马蹄善走。

---

① 延维:即《大荒南经》所记之委维。
② 伯:通"霸",称霸。
③ 菟:通"兔"。
④ 㽙(jùn)狗:一种体形短小的狗。
⑤ 翠鸟:一种似燕的鸟。
⑥ 孔鸟:指孔雀。
⑦ 三天子之都:一作"三天子之鄣山"。三天子鄣山已见《海内南经》。
⑧ 巧倕(chuí):古代传说中的巧匠。
⑨ 盗械:谓因犯罪而被戴上刑具。倍:通"背",常倍谓反复无常。
⑩ 蓬尾:指玄狐的尾部蓬松分开。

炎帝之孙伯陵,伯陵同吴权之妻阿女缘妇①,缘妇孕三年,是生鼓、延、殳②。始为侯③,鼓、延是始为钟,为乐风。

黄帝生骆明,骆明生白马,白马是为鲧④。

帝俊生禺号,禺号生淫梁⑤,淫梁生番禺,是始为舟。番禺生奚仲,奚仲生吉光,吉光是始以木为车。

钉灵国

少皞生般⑥,般是始为弓矢。

帝俊赐羿彤弓素矰⑦,以扶下国,羿是始去恤下地之百艰⑧。

帝俊生晏龙,晏龙是为琴瑟。

帝俊有子八人,是始为歌舞⑨。

帝俊生三身⑩,三身生义均⑪,义均是始为巧倕,是始作下民百巧⑫。后稷是

---

① 同:通"通",私通。
② 殳:音shū。
③ 始为侯:谓创制箭靶。侯,箭靶。"始"上疑脱"殳"字。
④ 鲧(gǔn):传说中大禹之父。
⑤ 淫梁:即禺京。
⑥ 般:音bān。
⑦ 彤弓:红色的弓。素矰(zēng):尾部用白色羽毛装饰的箭。矰,矢,箭。
⑧ 恤:解救。艰:困苦。
⑨ "帝俊"二句:一作"帝俊八子,是始为歌"。
⑩ 帝俊生三身:参见《大荒南经》"不庭之山"条。
⑪ 义均:指《大荒南经》所记与舜同葬苍梧的舜的儿子叔均,也即商均。
⑫ 百巧:指各种农具。

播百谷。稷之孙曰叔均①,始作牛耕。大比赤阴②,是始为国。禹鲧是始布土③,均定九州。

炎帝之妻、赤水之子听訞生炎居,炎居生节并,节并生戏器,戏器生祝融④。祝融降处于江水,生共工,共工生术器,术器首方颠⑤,是复土穰⑥,以处江水。共工生后土,后土生噎鸣,噎鸣生岁十有二⑦。

洪水滔天。鲧窃帝之息壤以堙洪水⑧,不待帝命。帝令祝融杀鲧于羽郊⑨。鲧复生禹⑩,帝乃命禹卒布土以定九州。

---

① 叔均:与上文义均非同一人物。
② 大比赤阴:即《大荒西经》所记的赤国妻氏。
③ 布土:谓规划疆土。
④ 戏器生祝融:《大荒西经》云:"颛顼生老童,老童生祝融。"与此有异。
⑤ 首方颠:谓头顶平。
⑥ 穰:通"壤"。
⑦ "噎鸣"句:谓噎鸣系其母怀孕十二年所生。
⑧ 息壤:传说中一种无限自我生长的土壤。
⑨ 羽郊:指羽山之郊。参见《南山经·南次二经》。
⑩ 复:通"腹"。

日本国宝 怪奇鸟兽图卷

《怪奇鸟兽图卷》解说

《怪奇鸟兽图卷》诞生于日本江户时代（1603—1867），自发现以来，一直被视为日本国宝，由于作者和该图卷的具体创作时间不详，在日本被誉为"谜之画卷"。

《怪奇鸟兽图卷》概况

《怪奇鸟兽图卷》原画为卷轴状，全彩，纵27.5厘米，长13.12米，藏于日本成城大学图书馆。从右至左，自"精卫"止于"龙马"，共绘有76种怪异鸟兽。各鸟兽图画上方，有墨笔草书的名称与解说词，据日本学者推测，图画与解说词的作者为同一人。

《怪奇鸟兽图卷》的原解说词以旧式假名书写，极少使用汉字，大多顺畅可读，间或有不辞者。从原解说词可以看出，《怪奇鸟兽图卷》绘图者汉文造诣不高。比如，作者将"穆天子传"写作"穆てんしつたふる"，可见作者不清楚《穆天子传》是书名，而将"传"理解为动词"传闻"之"传"。又如，排在第一位的"精卫"，原解说词末尾作"これ神のうのせうぢよけいのむかし"，不通，强译则作"是神农之少女桂之昔"，对照相关文献可知，绘图者误将"娃"识作"桂"，且在"昔"字处突兀中断。所以笔者推测绘图者极可能是一个日本江户时代略通汉文，但并不精通汉文典籍的画师。

《怪奇鸟兽图卷》所绘76种鸟兽，约60种见于今本《山海经》，故目前学界普遍将其视作《山海经图》之一种。中国社会科学院马昌仪教授《古本山海经图说》（增订珍藏本，广西师范大学出版社，2007年）一书，曾提及《怪奇鸟兽图卷》并引用其部分图片。可惜的是，《古本山海经图说》依《山海经》成目次，不取《山海经》所无的珍禽异兽，且因此书单色印制，故未能展现出《怪奇鸟兽图卷》之彩色全貌。

《山海经》与《怪奇鸟兽图卷》

众所周知，《山海经》曾经是一部有图的书。迟至东晋，为《山海经》作注的郭璞还能看到《山海经图》，并因图创作了《山海经图赞》。后来，郭璞所见的那组《山海经图》散佚，如今我们连一幅也无缘得见，只有《山海经图赞》保留至今。明清时期，一部分具有绘画素养之人，反过来依照《山海经图赞》作画，产生了一批新的《山海经图》。今天我们在各版本《山海经》中所见的插画，绝大多数来自这批明清时期所创作的《山海经图》。

《怪奇鸟兽图卷》的诞生时间正值我国的明清时期，不过，如果认为《怪奇鸟兽图卷》也是《山海经图》之一，至少存在两个问题：

一、《怪奇鸟兽图卷》中，至少五分之一的鸟兽不见于今本《山海经》。一种假说认为，今本《山海经》不全，《怪奇鸟兽图卷》作者或许见到了更加古老、全面的《山海经》版本。然而，《怪奇鸟兽图卷》中出现了驼鸡、福禄等野兽，皆是郑和下西洋所见的晚近之物，故此说并不可信。

二、剩余的五分之四鸟兽之中，原解说词无法与《山海经》对应。例如：螽鼠出自《山海经·东山经》，其所居之地经文作"枸状之山"，而《怪奇鸟兽图卷》作"くふ山"；"くふ"有多种汉字写法，然而绝不可能是"枸状"，只能推测为形似"枸状"的"枸扶"二字。此类问题在《怪奇鸟兽图卷》中比比皆是，虽然绘图者误识汉字确属普遍现象，但也存在不少无法以形近致讹的情况。

对于以上两个问题，《古本山海经图说》做出了一种假设：《怪奇鸟兽图卷》参考了明代胡文焕的《山海经图》。①

我们拿胡文焕的《山海经图》来与《怪奇鸟兽图卷》对照，不难发现，上述第二个问题基本得到了解决。《怪奇鸟兽图卷》的原解说词大体与胡文焕《山经海图》一致，尤其是地名，基本能够对应；比如上面提到的螽鼠之所居，胡文焕《山海经图》正作"枸扶山"。

不过，《怪奇鸟兽图卷》中仍然有10种鸟兽不见于胡文焕《山海经图》，且两者的鸟兽图像之间相似点不多，未能表现出绘图上的继承关系。

---

① 马昌仪《古本山海经图说（增订珍藏本）》，前言，广西师范大学出版社，2007年。

胡文焕乃是晚明的一位大书商。当时,雕版印刷业高度发达,各书商刻书成风,务求标新立异,甚至改头换面,可谓手段层出不穷。胡文焕正是此类书商,因而在后世名声不甚良好。[①]他的《山海经图》当中,收有大量不见于今本《山海经》的鸟兽鱼虫(多有文字错讹、小注窜入正文等情况),但那并不是由于他见到了古老的《山海经》版本,只是出于求异心理,从其他古书中"借用"而已。

实际上,胡文焕挑选的鸟兽品目在晚明是一种潮流。如果我们将胡文焕《山海经图》与《三才图会》中的"鸟兽"部分对比来看,很容易发现,两者的图像及配文接近百分之九十相同,只有排列顺序存在差异。

另外,胡文焕《山海经图》流传不广,日本画师见到其图的可能性并不大。因此,不宜贸然断定《怪奇鸟兽图卷》是参考胡文焕的《山海经图》所作。

《怪奇鸟兽图卷》究竟参考何书所作?

明代是类书出版的鼎盛时期,相对于高居庙堂的官修类书(如《永乐大典》),在民间,日用类书被大量刊刻出版。

所谓日用类书,顾名思义,是供百姓居家生活备查使用的资料性书籍。其内容包罗万象,上到天文、地理,下到弈棋、算命,可谓千奇百怪,不一而足;而相对的问题则是此类日用类书普遍质量低劣,内容大同小异,多为抄袭、拼凑而来,鲁鱼亥豕者俯拾皆是。

许多日用类书设有一个专门章节(或称作"诸夷门",或无名),分作上下两栏,各有四五幅图,并配有说明文字。

上栏多冠名"山海异物"或"山海经异像",图文内容皆为鸟兽虫鱼,或取自《山海经》《逸周书》等古书,或是明代人下西洋所见异兽、异国所贡珍兽等。

下栏多冠名"诸夷杂志",也有借用"裸虫录"名号者,[②]图文内容皆为异国风土人情,或取自《山海经》《淮南子》等古书,或是来自真实存在的国家。

《明代通俗日用类书集刊》(中国社会科学院历史研究所文化室编,西南师范大学出版社、东方出版社,2011年)收录了元明两代日用类书42种,含有上述图文内

---

① [美]本杰明·艾尔曼《收集与分类:明代汇编与类书》,《学术月刊》,2009年第5期。
② 鹿忆鹿《〈裸虫录〉在明代的流传——兼论〈异域志〉相关问题》,《国文学报》,2015年第58期。

容者有14种,其中更有3种包含了《怪奇鸟兽图卷》的全部76种珍禽异兽。

通过对比,笔者发现:说明文字方面,《怪奇鸟兽图卷》与许多明代日用类书、胡文焕的《山海经图》、明代图录类书《三才图会》同属一个系统,只有详略之别及个别文字的差异;图像方面,胡文焕的《山海经图》与《三才图会》属于一个系统,大部分日用类书与《怪奇鸟兽图卷》属于另一个系统,构图如出一辙,只是日用类书的"怪物图"勾勒简略,不如《怪奇鸟兽图卷》精美。

与"不多见"(郑振铎语)的胡文焕的《山海经图》相比,日用类书在晚明大量刊刻,仅名为《万宝全书》者就有66种之多,因此流传至邻国日本也并不稀奇。实际上,上述14种类书中,13种皆收藏于日本东京大学东洋文化研究所等日本学术机构。①

目前,没有任何证据表明这些日用类书是完全原创的产物。大量日用类书如雨后春笋般接二连三地出现于明代晚期,内容大同小异,因而很难使人认为它们没有一个共同的母本。但是,可以推测《怪奇鸟兽图卷》的作画者作画所参考的图书当属于日用类书这一系统,只是断定其所画所参考的图书为某一特定类书,则会过于轻率。

关于《怪奇鸟兽图卷》的解读

现笔者以日本成城大学图书馆所藏《怪奇鸟兽图卷》为底图进行解说,图中的日文草书识读部分参考日本学者矶部洋子的研究成果。

此外,在每种鸟兽图旁皆附有日用类书的图文,以便读者对比观览。所选用此类图文,来自7种具有代表性的明代日用类书,分别为:

《新刻板增补天下便用文林妙锦万宝全书》,简称《万宝全书》,明万历四十年(1612)刊本

《鼎锓崇文阁汇纂士民万用正宗不求人全编》,简称《不求人全编》,明万历三十五年(1607)刊本

《新刻人瑞堂订补全书备考》,简称《全书备考》,明崇祯十四年(1641)刊本

---

① 刘全波《论明代日用类书的出版》,《山东图书馆学刊》,2014年第5期。

《新镌燕台校正天下通行文林聚宝万卷星罗》,简称《万卷星罗》,明万历二十八年(1600)刊本

《新刻全补士民备览便用文林汇锦万书渊海》,简称《万书渊海》,明万历三十八年(1610)刊本

《新镌全补天下四民利用便观五车拔锦》,简称《五车拔锦》,明万历二十五年(1597)刊本

《新刊翰苑广记补订四民捷用学海群玉》,简称《学海群玉》,明万历三十五年(1607)刊本

以上字体粗的条目为具有与《怪奇鸟兽图卷》中全部76种珍禽异兽相类似图文的3种类书。

至于出现《山海经》中的鸟兽,与《怪奇鸟兽图卷》名异实同的这一情况,则采用《怪奇鸟兽图卷》所载名称,后以括号形式另标示出其在《山海经》中的名称。

《山海经》是一部奇书,从古至今许多学者从不同的角度出发进行研究,已积累了丰硕的研究成果。本书对于珍禽异兽之解说,为求公允,只采古注及公认不易之论,于新观点一概不取,此亦秉承朱子"旧说不可废"之意也。

何中夏

2021年5月

精卫

> （发鸠之山）……其上多柘木。有鸟焉，其状如乌，文首，白喙，赤足，名曰精卫，其鸣自详。是炎帝之少女，名曰女娃。女娃游于东海，溺而不返，故为精卫，常衔西山之木石，以堙于东海。
>
> （《山海经·北山经》）

精卫填海的传说出自《山海经》，六朝时此传说被人润色，因而精卫得到了配偶，此后此传说故事基本定型，但其象征意义却出现两种极端的观点。

消极观点认为，精卫填海纯属无用之功，对大海无法造成任何影响；积极观点则赞颂精卫的抗争精神，并借以表达自己的不屈之志。

当然，整体而言，越是晚近的时代（尤其是南朝宋初期陶渊明诗流行之后），精卫越来越成为怀有伟大志向的英雄形象。如唐代诗人韩愈重点关注精卫填海的"报仇"元素，认为精卫足以列名进入《刺客列传》。但是韩愈无法预料的是，一千多年后"精卫"真的当了一回刺客，可惜有始无终，且到头来玷污了名字。

日本有一部著名的长篇历史文学作品，名叫《太平记》，该书成书于室町时代，作者不详，主要描写日本南北朝时期约50年间的政治军事活动。《太平记》中，精卫与曹娥作为"为父报仇"的典型一同被提及，两者的故事皆与传统说法相异。据《太平记》卷三十四描述，精卫原是一个居住在发鸠山的山民，从外地回家时遭遇海难而亡，留下幼子与老父；老父闻讯悲痛不已，于海边昼夜恸哭，最终投海身亡；精卫魂魄化鸟，为报父仇，衔枝填海。由于此事可哀，所以日本诗人作赞："人笑其功少，我怜其志多。"在这个故事里，精卫之父如同爱琴海畔的国王，无法承受丧子之痛而投海，为这一传说增添了更为神奇与悲凉的色彩。

精衛
[せいえい]

精衛／はつきう山鳥／ありせいゐいと／なつくみつから／
其名をなくこれ／神のうのせうちよ／けいのむかし

攻击力：★☆☆☆☆

神秘性：★★★★☆

凶残度：★☆☆☆☆

《学海群玉》，明万历三十五年（1607）刊本

怪奇鳥獣図巻

163

鹓鶵

鹓鶵不见于《山海经》,当作鹓鶵(yuè zhuó)。

明人李时珍认为,鹓鶵一作鸀鳿(zhú yù)别名。《山海经》中有六个脑袋的"鸀鸟",与此非一物。

相传周文王在岐山,神鸟凤凰因感其德行而啼鸣,故产生了"凤鸣岐山"的传说;明清以降,"凤岐"甚至成了取名潮流。仅明代进士,就有尹凤岐(永乐朝)、张凤岐(嘉靖朝)、沈凤岐(万历朝)、周凤岐(万历朝)等人取名。不过,在最早的传说中,鸣于岐山的其实是鹓鶵——只是,鹓鶵似乎因为是鸟的名称而很难成为人名流行起来。

当然也有例外,唐代有位文人名叫张鷟,在当时十分有名,他创作笔记小说《朝野佥载》记载了不少有趣的逸事琐闻,其中自然也提到了自己名字的由来:张鷟小时候本不叫张鷟,某日因梦见庭前有一只紫色的大鸟,便将此梦告诉了其祖父;他的祖父说那是鹓鶵,凤凰的辅佐者,预示你将成为皇帝的左膀右臂,于是他便改名为张鷟。

鹓鶵与凤凰,笼统而言并无不同。"凤"与"凰"也是类似的关系,统称凤凰;细分则雄为凤,雌为凰。

鹓鶵在日本不为人所知,甚至在中国"鹓鶵"二字也算得上极其生僻。明人王圻及其子王思义著有类书《三才图会》,该书图文并茂,包罗万象,近似于西方学术意义上的百科全书;而在1712年,日本人寺岛良安模仿《三才图会》的体例,编写了《倭汉三才图会》一书。由于日文中"倭"与"和"同音,今多称《和汉三才图会》。对于鹓鶵,《和汉三才图会》采取了李时珍的说法,认为鹓鶵是鸀鳿的别名。

嶽䴠䴠（がくさく）

䴠䴠／たんけつ山と／くりよといふ／鳥ありほうの／そくなり周／の時岐山に／なく

《全书备考》，明崇祯十四年（1641）刊本

攻击力：★★☆☆☆
神秘性：★★★★★
凶残度：★☆☆☆☆

螫鼠

> （枸状之山）……有鸟焉，其状如鸡而鼠毛，其名曰螫鼠，见则其邑大旱。
>
> 《山海经·东山经》

螫(zī)原指一种似蝉之虫，螫鼠又作"蚩鼠"。

《山海经》中招致旱灾的鸟兽不少：有叫声像猪的鱼，有人面四目的鸟，有六足四翼的蛇，有如狐添翼的兽，千奇百怪，不一而足。螫鼠的名字好似老鼠，形象却是禽类。

根据记载不同，形象也有细微差别。一说是形状如鸡，皮毛如鼠（《山海经》），一说是形状如鸡，长着老鼠尾巴（吴任臣注引《事物绀珠》）。无论如何，螫鼠都更像禽类，而非老鼠。

这很容易使人联想到晚于《山海经》出现的一种旱兽——魃，看名字似乎也是只老鼠，根据神话志怪集《神异经》中的记载，其实是一种两三尺高的裸体小矮人，眼睛长在头顶，行走如风，所到之处发生大旱。

旧注称魃"俗曰旱魃"，但与《山海经》中的悲情角色黄帝女魃却并不相同。

与旱魃相比，螫鼠的名气小得多。《怪奇鸟兽图卷》作者将螫鼠的居所"枸状山"写作"くふ山"（拘扶山），与明代各日用类书一致，皆为谬误。

说起"名为鼠类，实为禽属"的动物，日本有一种名为"木鼠"的鸟，由于"每窥山中树穴居，故名木鼠"（《和汉三才图会·林禽类》）。木鼠在日文中又名"五十雀"，在中国则称"茶腹鸭"，乃是一种实际存在的鸟类，并非出自神话传说。

蚩鼠 [しそ]

紫鼠／くふ山にしそ／といふ鳥あり／あらはるゝとき／は大ひでりす

攻击力：★☆☆☆☆

神秘性：★★☆☆☆

凶残度：★★☆☆☆

《全书备考》，明崇祯十四年（1641）刊本

数斯

> （皋涂之山）……有鸟焉，其状如鸱而人足，名曰数斯，食之已瘿。
>
> 《山海经·西山经》

瘿，是一种类似于肿瘤的疾病。《山海经》中治疗肿瘤的动植物不止一种，除了数斯，还有香草"杜衡"。学者王水香在其《论〈山海经〉医药的神话特质及文学意义》一文中指出，数斯实为鸱鸮科的鹰鸮，确实有"食之已瘿"的功效。

至于谈到长着人类双脚的怪兽，日本则有一种"二本足"，是一张人脸下面直接生出两只人脚，见于江户时代画师尾田淑太郎的《百鬼夜行绘卷》。《百鬼夜行绘卷》之名并非特指某一作品，日本古代存在大量以此为名的作品。不过，"二本足"只有形貌以图传世，具体详情一概不明。

数斯的身世并不比二本足清楚多少。《怪奇鸟兽图卷》配文称：

わか身をくらひてやする。（自食其身以瘦。）

这确实是一种神话味十足的描述，甚至使人联想到衔尾之蛇（Ouroboros）"不以啮人，自啮其身"。但实际上，关于数斯并没有此方面的记载。或许，《怪奇鸟兽图卷》的绘图者将"食之已瘿"误识作"食之已瘦"，以致写出了"自食其身以瘦"的日文配文，这才生发出一段有趣且怪异的解释。

数斯
[すうし]

数斯／すしといふ鳥／なりわか身を／くらひそやする

攻击力：★☆☆☆☆
神秘性：★★★☆☆
凶残度：★☆☆☆☆

《不求人全编》，明万历三十五年（1607）刊本

> （鹿台之山）……有鸟焉，其状如雄鸡而人面，名曰凫徯，其鸣自叫也，见则有兵。
>
> 《山海经·西山经》

《山海经》中有许多预示兵燹之灾的怪兽，如朱厌、梁渠、狙如、钦䲹等，凫徯算是较有名的一种。明人黄省曾诗云"海内扬戈兵，凫徯下鹿台"，王世贞则有诗句"轹轹娱空桑，鹿台啸凫徯"，皆以凫徯比喻战事。

"人面鸟"是古代神话中常见的形象，其寓意则吉凶不一。比如：凶残暴戾的鸟身女妖哈耳庇厄（Harpy），会抢夺人类的食物，甚至拐带少女；《荷马史诗》中塞壬（Siren）魅惑水手的故事就更有名了。至于佛教传说中的女面鸟迦陵频伽，则是住在极乐净土的吉祥之鸟。

说起日本的人面鸟，最著名的当属以津真天。与凫徯的"其鸣自叫"一样，以津真天也是由其叫声而得名。据日本古典名著《太平记》的记载：建武元年（1334），怪鸟作乱，带来疫病，朝廷召来勇士真弓广有，将怪鸟射杀。日本江户时代画家鸟山石燕曾创作一系列妖怪画集《今昔画图续百鬼》中，将描述其叫声"いつまで"的平假名分别按发音写作汉字，即"以津真天"。

顺带值得一提的是在2018年2月于韩国平昌举办的冬奥会开幕式上，出现了一只巨大的人面鸟吉祥物，这一现象在中国与日本引起一阵热议。据说该人面鸟来自韩国古代的壁画，原本寓意吉祥；而对于分别有着凫徯与以津真天这两种怪兽的中日两国民众而言，却不免会产生负面意义的误解。

鳬徯 [ふけい]

鳬溪／ろくたい山に／とりありふ／けいといふ、其／なをみつから／よはふあらは／る、時ひやうらん／おこる

《学海群玉》，明万历三十五年（1607）刊本

攻击力：★★☆☆
神秘性：★★★☆
凶残度：★★★★☆

驼鸡

驼鸡不见于《山海经》。

《怪奇鸟兽图卷》配文称：

西山鳥あり、かしら高事七尺、たけいとなづく。(西山有鸟,头高七尺,名曰驼鸡。)

一般认为,驼鸡即现今的鸵鸟。

《后汉书》曾记载东汉永元十三年(101),西域安息国进贡"条枝大爵"("爵"通"雀")记载此事的注释引晋人之说,描述大爵各部位都像骆驼,举头高八九尺,以大麦为食,卵如罐子大小,即所谓鸵鸟。据《魏书》《新唐书》记载,此鸟所食甚杂,一说食火,一说食铁,《本草纲目》则称"能食物所不能食者"。

现代日文中,"駝鳥／ダチョウ"指鸵鸟(ostrich),而"火食鳥／ヒクイドリ"则是指鹤鸵(cassowary)。鹤鸵同样是无法飞行的大型鸟类,而与鸵鸟相比,体形略小,足三趾(鸵鸟二趾),且头上有冠状物。

近代之前的日本并未明确区分"鸵鸟"与"鹤鸵"。鹤鸵首次传入日本是在宽永十二年(1635),由平户藩向江户幕府进献。在日本江户时期有一幅神秘的鸟类绘卷,名为《萨摩鸟谱图卷》,色彩艳丽,技法写实,绘有不少非日本原产的珍稀禽类。萨摩位于日本西南端,江户时期与海外贸易繁盛,文化交流频繁。因此该画卷在设色构图方面受到西洋绘画的影响。在该图卷中,留存有该禽生动逼真的图画,一目即知是鹤鸵,旁边标注的名称却是"陀鸟"。

至于鹤鸵在日文中为何被称作"火食鸟",也存在多种说法。一种说法认为,早期日本鹤鸵与鸵鸟不分,因此沿用了中国古籍中"食火"的说法；另一种说法认为，鹤驼颈部长有一团红色的垂肉，好似正在食火，故得此名。

駝鶏〔だけい〕

駝鶏／西山鳥あり／かしら高事／七尺たけいと／なづく

攻击力：★★★☆☆
神秘性：★☆☆☆☆
凶残度：★★☆☆☆

《学海群玉》，明万历三十五年（1607）刊本

鴸

> （柜山）……有鸟焉，其状如鸱而人手，其音如痺，其名曰鴸，其名自号也，见则其县多放士。
>
> 《山海经·南山经》

鴸（zhū）不仅长有人面，还长了人手形状的鸟足。据说，与凫徯一样，鴸也不是吉祥之鸟，它所出现的地方，虽不会发生灾害或战乱，却会使当地的人才多遭放逐。郭璞《山海经图赞》称：

彗星横天，鲸鱼死浪。鴸鸣于邑，贤士见放。

与"鲸鱼死而彗星出"的记载相似，贤人遭逐与鴸之间也产生了神秘的对应关系。

中国文学历来多有同情迁客逐臣诗文，鴸作为怪鸟，便得以不时出现其中。清代文人陈廷敬《信芳斋铭》"鴸鸣贤退，彗耀鲸藏"，此正为化用郭璞《山海经图赞》之句怀念屈原；而在一位明代文人的笔下，鴸则直接成了迫害贤臣的奸人形象。

鵂 [しゅ]

鵂／長せつ山中／鳥あり名づ／けてしゅとい／ふ出る時は其国主おほし

《学海群玉》，明万历三十五年（1607）刊本

攻击力：★☆☆☆☆
神秘性：★★★☆☆
凶残度：★★★★☆

鹅鸰

> （翼望之山）……有鸟焉，其状如乌，三首六尾而善笑，名曰鹅鸰，服之使人不厌，又可以御凶。
>
> 《山海经·西山经》
>
> （带山）……有鸟焉，其状如乌，五彩而赤文，名曰鹅鸰，是自为牝牡，食之不疽。 郭璞注：上已有此鸟，疑同名。
>
> 《山海经·北山经》

鹅鸰(qí tú)在《山海经》中出现过两次，形象差异较大。翼望山的鹅鸰像是三头六尾的乌鸦，爱笑；带山的鹅鸰则五色赤纹，雌雄同体，人类食用它可以防止疮肿。郭璞怀疑此为两种鸟，只是恰好同名。

《怪奇鸟兽图卷》所绘的显然是翼望山的鹅鸰。据说人类佩戴它的羽毛，有防止噩梦、御凶辟邪的作用。从这个角度来看，鹅鸰可与三头六尾鸟——鹠𪄀(chǎng fū)并观。

明代各日用类书皆称鹅鸰"自为牝牡"云云，当是将两种鹅鸰混为一谈所致。

至于翼望山的鹅鸰"爱笑"这一特点，令人想起澳大利亚有一种名叫笑翠鸟(laughing jackass)的鸟类，由鸣叫似笑声而得名。悉尼奥运会时，笑翠鸟作为代表澳大利亚的禽类成为奥运吉祥物之一。

在日本，鹅鸰并没有特别的地位。日本《和汉三才图会》中虽记录该鸟，但编者却认为《山海经》中此类怪鸟太多，附注为"以繁，不记之"。

山東省沂南古画像石墓壁画

《学海群玉》，明万历三十五年（1607）刊本

攻击力：★★☆☆☆
神秘性：★★☆☆☆
凶残度：★★☆☆☆

鸦䳐（䰇鵌）

> （丑阳之山）……有鸟焉，其状如乌而赤足，名曰䰇鵌，可以御火。
>
> 《山海经·中山经》

䰇鵌（zhǐ tú）或许比鹁鸪更加令人陌生，单就名字而言，就有多种冷僻的写法：不同版本的《山海经》，如宋本、毛本、汪本《山海经》作"䰇馀"，而《怪奇鸟兽图卷》则写作"鸦䳐"——无论哪个名字，都是指这一怪鸟，没有其他的意思。

除了"御火"之外，我们不知道䰇鵌还有什么其他的能力，或是故事。当然，"御火"能力在《山海经》中也称不上独特。毕竟防火在不同神话体系中——比如中国的灶君和日本的爱宕神信仰——都是一种常见的能力。䰇鵌很难得到因为仅靠御火的能力，作为神物被信仰的可能性。

其实，《怪奇鸟兽图卷》的这个佚名的绘图者绘制䰇鵌，并不代表䰇鵌在日本有什么独特的地位或者令人会心一笑的逸事，只是由于䰇鵌保存在绘图者所能见到的古书之中而已。实际上这个佚名的绘图者对䰇鵌的了解不比我们更多，比如他在日文配文中把䰇鵌生活的"丑阳山"拼写为"たんやう山"，显然是属于对汉籍《山海经》等参考书文字的误读所导致的错误。

鴙䳢[きょ]

鴙䳢／たんやう山／鳥ありとよ／となつくぎフ／よ火をもつ／てすへし

《五车拔锦》，明万历二十五年（1597）刊本

攻击力：★★☆☆☆
神秘性：★★★☆☆
凶残度：★☆☆☆☆

长尾鸡

长尾鸡不见于《山海经》。

《怪奇鸟兽图卷》配文称"てうせん鳥有、ちやうひけいとなつく"（朝鲜有鸟，名曰长尾鸡），大概是转化《后汉书》记载而来：

> 马韩人知田蚕，作绵布。出大栗如梨。有长尾鸡，尾长五尺。……其南界近倭，亦有文身者。（《后汉书·东夷传》）

朝鲜古代分为"三韩"，"马韩"为其中之一，位于今朝鲜半岛西南部，与日本隔海相望。不过，关于长尾鸡的这份记载仅有文字流传，如今已无法确定其形貌；而在现在的日本四国地区，则真实存在着长尾鸡。

日本的"长尾鸡"（ちょうびけい）又名"尾长鸡"（オナガドリ），江户时代发现于土佐藩（今高知县），1952年被指定为"特别自然纪念物"。

据日本文部省1938年编汇的《天然纪念物调查报告》记载，江户时代统治土佐藩的山内家，以长尾鸡的尾羽装饰仪仗长枪，在赴京都朝见天皇时大放异彩；为制造此类装饰，藩内曾设立制度征收长尾鸡尾羽，也留存有民间百姓主动进献的记录。至于日本长尾鸡的起源，虽有说法称是丰臣秀吉统治日本时自朝鲜传来，但始终没有确凿证据，目前仍未得到确认。

自1993年至2013年，二十年间，日本长尾鸡尾羽的最长纪录从7米多跌落至3.6米，普通长度则在1米左右；相关学者认为，产生该现象的原因之一是长尾鸡的近亲交配，导致物种退化。当代，1米左右的长度，还是与江户时代"三尺或五尺许"的记载较为接近的。

長尾鶏 [ちょうびけい]

長尾鶏／てうせん鳥有／ちゃうひけいと/なづく

攻击力：★★☆☆☆
神秘性：★★☆☆☆
凶残度：★☆☆☆☆

《学海群玉》，明万历三十五年（1607）刊本

马鸡

马鸡不见于《山海经》。

《怪奇鸟兽图卷》配文称:

かこく山鳥あり、はけいとなづく。(嘉谷山有鸟,名曰马鸡。)

据《大明一统志》记载,马鸡乃今陕甘宁地区土产禽类,其形貌为"嘴脚红,羽毛青绿"。现今的"马鸡"在动物学中属于"马鸡属"(Crossoptilon),我国主要分布有四种马鸡——白马鸡、藏马鸡、褐马鸡、蓝马鸡——且亦多分布于国内西部地区,其中藏马鸡、蓝马鸡属于国家二级保护动物,褐马鸡属于国家一级保护动物。

由于马鸡属于实际存在的生物,而非神话传说中的异兽,因此在日本的神话传说研究者看来,马鸡十分陌生。日本学者伊藤清司撰文解读《怪奇鸟兽图卷》时认为:"马鸡不仅在通行本《山海经》中无记载,该禽本身亦情况不详。"

现实中的"马鸡"在日文中叫作"耳雉/ミミキジ"。

馬鶏
[はけい]

馬鶏／かこく山鳥あり／はけいとなづく

攻击力：★☆☆☆☆

神秘性：★★☆☆☆

凶残度：★☆☆☆☆

《学海群玉》，明万历三十五年（1607）刊本

怪奇鸟兽图卷

白雉

> （盂山）……其兽多白狼、白虎，其鸟多白雉、白翟。
>
> 《山海经·西山经》

白雉于《山海经》仅有一处记载，未有详细描述，但历史上却作为瑞禽频繁登场。相传，周成王时越裳（或作越尝、越常）国献白雉。越裳位于"交趾之南"，即现在的越南一带，至于向中原王朝进献白雉，亦有多次记录。越南本土亦有类似故事流传，见于以汉文书写、成书于15世纪的越南传说故事集《岭南摭怪》。

在日本，"白雉"是历史上第二个年号（650—654），紧接在"大化"年号之后。完成于8世纪的日本现存最早正史《日本书纪》中记载，650年，有一个名叫草壁丑经的地方官，捕获白雉并向当时的孝德天皇进献；朝廷不清楚白雉有何象征，各方咨询后得知乃是祥瑞，于是大赦天下，改元白雉。

与《日本书纪》并称"记纪"的另一部日本古老史书《古事记》中记载，倭建命（即"日本武尊"）死后化作白鸟飞去，在河内国停下；人们便在当地建起了倭建命的陵墓——白鸟陵。现在东京有一座"雉子神社"，关于其由来，据江户时代编纂的地方志所载：文明年间（1469—1487），有一白雉飞至当地而死。当夜，村民梦到日本武尊化作白雉飞去，于是建造神社以祭日本武尊。后来，幕府将军德川家光于附近打猎，追逐白雉来到神社，并将神社命名为"雉子宫"。至明治维新之际，始称"雉子神社"。

白雉
[はくち]

白雉／あんなん鳥あ／り周のじやう／らいけんす又かん／の光武の時も出る

《学海群玉》，明万历三十五年（1607）刊本

攻击力：★☆☆☆☆

神秘性：★★★★☆

凶残度：★☆☆☆☆

瞿如

> （祷过之山）……有鸟焉，其状如䳂而白首、三足、人面，其名曰瞿如，其鸣自号也。
>
> 《山海经·南山经》

瞿如在《山海经》中是一种人面的鸟，有三只脚，还有一个白色的脑袋。

《三才图会》所绘瞿如是三头鸟，头向右，尾端高高翘起。胡文焕的《山海经图》所绘此鸟之图与《三才图会》极其近似。这种三头鸟的形象与前文提及的鹠鹠、鸲鸲极其容易混淆。

总结而言，瞿如共有三种形象：

1. 一头、一面（人面）、三只脚。(《山海经》及多数明清时期《山海经图》)
2. 三头、三面（鸟面）、两只脚。(《三才图会》、胡文焕《山海经图》、《怪奇鸟兽图卷》)
3. 一头、三面（鸟面）、两只脚。(《学海群玉》)

只是我们并不清楚瞿如有什么本领、作用，或者食用其后有什么功效，唯一知道的只是"瞿如"二字是它名字的拟声。

瞿如
[くじょ]

瞿如／たうくわ山鳥／ありくじよ／となづく／みづからその名／をよぶ

攻击力：★☆☆☆☆
神秘性：★★★☆☆
凶残度：★★☆☆☆

《学海群玉》，明万历三十五年（1607）刊本

鸀

> （三危之山）……有鸟焉，一首而三身，其状如鸦，其名曰鸀。
>
> 《山海经·西山经》

鸀(luò)虽见于《山海经》，却只是在形象描述中被附带提起，并非《山海经》着墨较多的珍禽异兽。

《怪奇鸟兽图卷》配文也极其简略，仅写道：

此鳥がくとなづくるも。（此鸟名曰鸀也。）

关于鸀的记载不多，主要说法分为两种：一说鸀是一种像雕的鸟，有黑色斑纹，颈部呈红色；一说鸀指的就是红脑袋的鹰。

明代《三才图会》中，鸀取代"鹖"，被描述住在了三危山。

鸐 [らく]

鸐／此鳥がくと／なづくる也

攻击力：★☆☆☆☆
神秘性：★★★★☆
凶残度：★☆☆☆☆

《学海群玉》，明万历三十五年（1607）刊本

絜钩

> （硹山）……有鸟焉，其状如凫而鼠尾，善登木，其名曰絜钩，见则其国多疫。
>
> 《山海经·东山经》

絜（xié）钩形似鸭子，却长着老鼠的尾巴。"见则其国多疫"的记载，似乎有点透露出其作为瘟神的意思；只是瘟神后来渐渐成了体系，絜钩本身又没有什么故事支撑，湮没在历史中也就不足为奇了。

"见则大疫"的异兽，《山海经》中还有三种：蛇尾巴的牛、猪尾巴的鸟、红色的刺猬。至于絜钩，除了尾巴，完全就是一副鸭子的模样——明代各日用类书与《怪奇鸟兽图卷》都明显画出了用于游水的鸭蹼——尽管《山海经》中记载其善于爬树。实际上，现实生活中确实存在一种爬树的鸭子，名叫中华秋沙鸭（Chinese merganser），为国家一级保护动物，主要生活在我国东北地区，在日本也有分布。

中华秋沙鸭是冰川时期遗留下来的古老物种，以天然树洞为巢，两胁羽毛上有黑色鳞纹，脑后有两簇冠羽，胸为白色，嘴、足呈鲜艳的红色；与《怪奇鸟兽图卷》中絜钩的形象十分相似，除了没有老鼠般的尾巴。"中华秋沙鸭"在英文中称作"Chinese merganser"，在日文中则叫作"高麗秋沙／コウライアイサ"。

絜鉤
[けっこう]

絜鉤／硜山鳥あり／けいきんと名／づく出る時は／国しつゑきお／ほし

攻击力：★★☆☆☆
神秘性：★★★☆☆
凶残度：★★★☆☆

《学海群玉》，明万历三十五年（1607）刊本

怪奇鳥獸図巻

神陆（陆吾）

> （昆仑之丘）……是实惟帝之下都，神陆吾司之，郭璞注：即肩吾也。庄周曰"肩吾得之以处大山"也。其神状虎身而九尾，人面而虎爪。是神也，司天之九部及帝之囿时。
>
> （《山海经·西山经》）

此兽名为"神陆吾"，依照郭璞所注，此兽即《庄子·大宗师》中的山神肩吾。"神陆吾"通常简称"陆吾"，而明代日用类书皆作"神陆"，《怪奇鸟兽图卷》亦然。

《山海经》中，陆吾人面（并无多个脑袋）、虎身、虎爪、九尾，与《怪奇鸟兽图卷》所绘显然不同；这些日用类书和《怪奇鸟兽图卷》所绘的九头虎形之兽，更接近《山海经》中同样位于昆仑山的开明兽。

无论神陆吾与开明兽是否为同一物，两者都与昆仑山存在不解之缘。日本学者南方熊楠在《十二支考》中，将此事与"西方之精为白虎""昆仑山派数十人乘虎豹迎接东郭延"等材料结合起来，认为昆仑山之神多为半人半虎，故能驱使虎豹；并进一步得出"中国人深以虎为奇"的结论。

"九首人面兽"在汉代画像石中屡次出现，正可与《怪奇鸟兽图卷》并观。

神陸
[しんりく]

神陸／こんろんのたり／てん帝のしん／しんろくとなつ／くるあり

攻击力：★★★★☆
神秘性：★★★★☆
凶残度：★★★☆☆

山东省济宁市嘉祥县纸坊镇敬老院石壁图

《全书备考》，明崇祯十四年（1641）刊本

鹊神（鸟身龙首神）

> 凡䧿山之首，自招摇之山，以至箕尾之山，凡十山，二千九百五十里。其神状皆鸟身而龙首。其祠之礼：毛用一璋玉瘗，糈用稌米，一璧，稻米，白菅为席。
>
> 　　　　　　　　　　《山海经·南山经》

"䧿"是"鹊"的异体字。鹊山"山系"有十座山，该兽居住于其间，相当于山神，明代各日用类书和《怪奇鸟兽图卷》称之为"鹊神"。依《山海经》，该兽本无名字。

龙头鸟身的形象，常见于商周青铜器的夔凤纹，朱凤瀚《古代中国青铜器》称其为"龙首鸟身纹"，日本学者林巳奈夫则认为是"龙与鸟所生之子"。

鵲神
[じゃくしん]

鵲神／しやく山の神／しやくしんとな／つく／禽類

攻击力：★★☆☆☆
神秘性：★★★★☆
凶残度：★★★☆☆

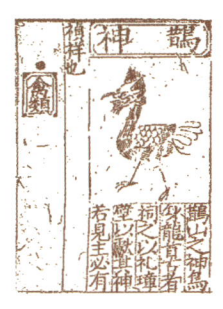

《学海群玉》，明万历三十五年（1607）刊本

卑方鸟（毕方）

> （章莪之山）……有鸟焉，其状如鹤，一足，赤文青质而白喙，名曰毕方，其鸣自叫也，见则其邑有讹火。
>
> 《山海经·西山经》
>
> 毕方鸟在其东，青水西，其为鸟人面一脚。
>
> 《山海经·海外南经》

关于此鸟，明代日用类书和《怪奇鸟兽图卷》作"卑方鸟"，以《山海经》为首的多数文献中通称为"毕方"。

对于毕方的样貌，异议不大：似鹤之一足鸟。

至于毕方鸟的身份，主流观点认为其是招致火灾之怪鸟。

怪鸟之说中，毕方很不受欢迎，有时被看作与"回禄"这类的火神一般。唐代诗人柳宗元在永州时，当地多火灾，故其作《逐毕方文》，至今流传；苏门四学士之一的张耒非常讨厌毕方，因为他是个大胖子，十分怕热；北宋词人秦观也曾作文表达厌恶之情，俨然已将毕方视作炎热、干旱、火灾的代名词。

此外，有一种说法称毕方是黄帝的车边随行的鸟，由此将毕方理解为神鸟自也可备一说。不过，此说为师旷强调黄帝的仁德和《清角》之乐足以感召形形色色的鬼神，而原文中将毕方与虎狼等并列，可见其未必是吉祥之鸟。

《怪奇鸟兽图卷》称汉代文人东方朔能辨识毕方。

畢方鳥
[ひっぽうちょう]

畢方鳥／義しやう山に／鳥ありひはう／てうとなづくかん武てい／の時あしひとつある鶴を／さ、けたることあり東方さく／かいはく畢はう鳥といふといへり

《全书备考》，明崇祯十四年（1641）刊本

攻击力：★★☆☆☆

神秘性：★★★☆☆

凶残度：★★★★☆

玄鹤

玄鹤不见于《山海经》。

《怪奇鸟兽图卷》配文之意与明代日用类书配文相近,现译为中文:

> 雷山有玄鹤者,黑如漆,寿满三百六十岁。黄帝于昆仑山习乐时飞翔。

"寿满三百六十岁",看起来似乎很夸张;但按西晋人崔豹的说法,三百六十岁仍然太短,变成黑色的"玄鹤"需要两千年。

鹤是长寿的象征,古人谈论此种动物年龄,多为夸张之言,未必精确。东晋时期,曾有志怪小说记载当代的人见到两只白鹤在聊天,聊天的内容大意为"今年真冷,和尧去世的那年差不多"。

玄鹤受音乐感召而来,出自师旷鼓琴的故事。琴师为"有德义之君"演奏清徵调,而能召来玄鹤,可见玄鹤本身具有祥瑞意味,因而与黄帝的仁德产生联系。

日本人自古爱鹤,俗语有"鹤生千年,龟生万年"。而在与鹤相关的传说中,最著名的民间故事则为"仙鹤报恩",讲述的是一对老夫妇救助了受伤的仙鹤,仙鹤为报答恩情,用自己的羽毛织出昂贵的布匹,给老夫妇带来财富。中国古代则有"玄鹤报恩"的故事:孝子哙参救助了一只中箭的玄鹤,玄鹤派小鸟叼来两颗明珠,作为报答。

江户时代的日本画家狩野山雪曾作《玄鹤芦雁图》(今藏日本东京国立博物馆),画中形象比较符合古人对"玄鹤"的描述。现在自然界的灰鹤、黑冠鹤等其寿命通常只有人类的一半。

玄鶴
[げんかく]

玄鶴／雷山にけんくわくといふありくろき／所うるしのことし／いのち／三百六十さい黄ていとん／ろん山にかくならふ時／とひかける

攻击力：★☆☆☆☆

神秘性：★★★★☆

凶残度：★☆☆☆☆

《学海群玉》，明万历三十五年（1607）刊本

> （女床之山）……有鸟焉，其状如翟而五采文，名曰鸾鸟，见则天下安宁。
>
> 　　　　　　　　　　　　　　　《山海经·西山经》
>
> 有五采鸟三名：一曰皇鸟，一曰鸾鸟，一曰凤鸟。
>
> 　　　　　　　　　　　　　　《山海经·大荒西经》

"翟"即为野鸡，所以鸾的形象很清楚：状如野鸡的五彩鸟。这一形象与《山海经》记载的凤凰十分相似，连古人也常常分不清楚：相传东汉时，有一只五尺高的大鸟停在槐树上，全身五彩兼备，青色略多，众人以为是凤，太史令蔡衡却指出，五彩鸟其实有好几种——五彩中红色为主的是凤，青色为主的是鸾，黄色为主的是鹓鶵，紫色为主的是鸑鷟，白色为主的则是鹄。

鸾与凤凰的关系十分密切，也存在"凤凰之佐"的说法。大多数情况下，鸾字与凤字成对出现，比如古人以"凤池"指中书省，而以"鸾台"指门下省。

日本京都二条城的二之丸御殿刻有五只鸾鸟，其象征吉祥的寓意，与中国近似。不过鸾的知名度仍然低于凤凰，加之笔画复杂，现在日文中已很少使用，更多是存在于古代，例如日本净土真宗的开宗祖师法号为亲鸾，而亲鸾的"鸾"字则取自中国净土宗祖师昙鸾的法号，当时昙鸾深得北魏皇帝敬重，曾有"神鸾"之称。

鸞
[らん]

鸞／ちよしやう山鳥／ありらんとなつく／あらはるれは天下／たいらかなり

《全书备考》，明崇祯十四年（1641）刊本

攻击力：★☆☆☆☆
神秘性：★★★★★
凶残度：★☆☆☆☆

比翼鸟

> （崇吾之山）……有鸟焉，其状如凫而一翼一目，相得乃飞，名曰蛮蛮，见则天下大水。郭璞注：比翼鸟也。色青赤，不比不能飞。《尔雅》作鹣鹣鸟也。
>
> 《山海经·西山经》
>
> 比翼鸟在其东，其为鸟青、赤，两鸟比翼。
>
> 《山海经·海外南经》

郭璞既注《山海经》，又注《尔雅》，指出比翼鸟、蛮蛮、鹣鹣为同一物。蛮蛮"见则天下大水"，不似祥瑞；西南地区部落向周王朝进献比翼鸟，又似是吉祥之鸟。不过，在后世人的心目中，比翼鸟无关吉凶，而是爱情坚贞不渝的象征。

实际上，比翼鸟并非专指夫妻、情侣，最初反而是友情的象征。三国时期，曹植不忍与好友应氏兄弟分离，作诗称自己愿化作比翼鸟，与他们一并展翅高飞。此诗入选《文选》，流传甚广，成为祖饯古诗的范本；后世比翼鸟的爱情寓意发端很晚，至少在明代复古派诗人的笔下，比翼鸟仍然继承了三国时期象征友情的寓意。

在日文中，存在"比翼之鸟"与"比翼鸟"两种说法。前者即《山海经》中的比翼鸟；后者除了作"比翼之鸟"的简称，还指王风鸟（Cicinnurus regius），一种分布于新几内亚附近的小型禽类。

比翼鳥
[ひよくちょう]

比翼鳥/けつこう国に/ひよくてう有/ふたつの鳥あは/せてとふわう/しゃかうくのとく/ある時出るなり

攻击力：★☆☆☆☆
神秘性：★★★★☆
凶残度：★☆☆☆☆

山东省济宁市嘉祥县纸坊镇敬老院石壁图

《万卷星罗》，明万历二十八年（1600）刊本

竦斯(𩗿斯)

> （灌题之山）……有鸟焉，其状如雌雉而人面，见人则跃，名曰竦斯，其鸣自呼也。
>
> 《山海经·北山经》

从形象上讲，竦斯也许可以与"凫徯"并观，都是人面鸟，一种"状如雌雉"，另一种"状如雄鸡"；而从特征上讲，则与"足訾"近似，一种"见人则跃"，另一种"见人则呼"。

相传为屈原所作的《楚辞·卜居》中，屈原通过一连串的问句表达自己不屈的气节，其中有一句写道："宁超然高举以保真乎？将哫訾栗斯，喔咿嚅唲，以事妇人乎？"

意思是说："我要坚持高洁不俗，保持本真呢，还是奴颜婢膝、强颜欢笑，去侍奉那楚王的宠姬呢？"其中"哫訾栗斯"四字，多理解为曲意逢迎之貌，但具体如何解释，众说纷纭。对此，清代学者郝懿行认为"哫訾栗斯"就是《山海经》中的足訾、竦斯，因这两种动物每见人便欢呼雀跃，因此衍生出对人迎合奉承之意。

竦斯
[しょうし]

竦斯／くわんたい山／鳥あり人をみ／ては則をとる／
そきと名つ／くるなり

攻击力：★☆☆☆☆
神秘性：★★★☆☆
凶残度：★★☆☆☆

《五车拔锦》，明万历二十五年（1597）刊本

怪奇鸟兽图卷

强良（彊良）

> （北极天柜）……又有神衔蛇操蛇，其状虎首人身，四蹄长肘，名曰彊良。
>
> 《山海经·大荒北经》

彊良是一种虎头怪兽，口里叼着蛇，手里还握着蛇。《山海经》中另有一只虎头兽——"黑人"，同样是手里握着蛇，正要送进嘴里。

"彊"是"强"的异体字，许多人误把它读作"疆"字，连明代的罗贯中也未能免俗，在《三国演义》中把谋杀张飞的部将范彊写作了范疆。1935年，在殷墟遗址出土了一件虎首人身石雕像，因而有学者认为此兽正是彊良。

无论是今天的中国还是日本，对强良的认识都十分有限。日本作为岛国，自古无虎豹栖息，因此一般认为，日本神话传说中有关虎的部分，大多是受中国或印度的影响演化而来。

在日本，无论是半人半虎的怪兽、能够变换人形与虎形的怪兽，还是被虎附身的人类，一般都通称"人虎"。

彊良
[きょうりょう]

彊良／大くはうの中きた／にしんありきやう／りやうといふ

攻击力：★★★☆☆

神秘性：★★★☆☆

凶残度：★★★☆☆

《学海群玉》，明万历三十五年（1607）刊本

神魖（神魅）

> （刚山）……是多神魖，其状人面兽身，一足一手，其音如钦。
>
> 《山海经·西山经》

神魖（chì），《怪奇鸟兽图卷》作"神魅"，此外，还有"魑""神魑"等称呼。

《山海经》未记载神魖与干旱有关，而附图中可见神魖形象图下有"居处无雨"的解说，则可知此是旱兽。《山海经》中有一位旱神"黄帝女魃"，其悲剧性的故事在《大荒北经》中有所记载。而此处的"神魖"与"女魃"无关，是《山海经》中原始的神魖与另一种怪兽——旱魃糅合而成的形象。

所谓旱魃，是一种行走如风的小人，走到哪里，哪里便大旱不雨。（见"蛩鼠"篇。）日本江户时代画家鸟山石燕《今昔画图续百鬼》中的"魃"，更为明确地融合了两者的特征，介绍说其又名旱母，生活在中国的刚山。此种神物长着人的脑袋、兽的身体，只有一只手、一只脚，却奔走如风。只要此种神物现身，便会引起大旱。

> 一名旱母。居于中国之刚山。其状人面兽身，一手一足，奔走如风。凡此神出时，旱而无雨。

现代日语中，正是用"旱魃／干魃"（かんばつ）两个汉字表示"干旱"。

神魃
[しんばつ]

神魃／かう山にしんばつといふものあり

攻击力：★★☆☆☆
神秘性：★★★☆☆
凶残度：★★★★☆

《学海群玉》，明万历三十五年（1607）刊本

奢尸（奢比之尸）

> 奢比之尸在其北，兽身人面，大耳，珥两青蛇。
> 　　　　　　　　　　　　（《山海经·海外东经》）
> 有神，人面，犬耳，兽身，珥两青蛇，名曰奢比尸。
> 　　　　　　　　　　　　（《山海经·大荒东经》）

　　晋郭璞对"珥两青蛇"的注释是"以蛇贯耳"，意思是用蛇贯穿耳垂，类似于蛇耳环。《怪奇鸟兽图卷》中，奢比的脑袋上只有一条蛇，从左耳贯穿到右耳，是对"以蛇贯耳"的另一种解释。

　　郝懿行怀疑奢比即传说中黄帝的"六相"之一——"奢龙"，因为黄帝"得奢龙而辩于东方"，而奢比恰恰出自《海外东经》《大荒东经》。

　　另外，值得一提的是，在现存的《永乐大典》残卷中，只有两幅出自《山海经》的异兽图得以保存，奢比之尸即其中一幅。

　　如奢比之尸、据北之尸等，《山海经》中的各种"尸"，究竟指的是什么生物或物体，目前学界也没有一定之论；日本方面自然更缺乏相关研究。

奢尸
[しゃし]

奢尸／大人とくにしや／ひのししんしや／ととなつく

攻击力：★★★☆☆

神秘性：★★★★☆

凶残度：★★★☆☆

《万卷星罗》，明万历二十八年（1600）刊本

怪奇鸟兽图卷

烛阴

> 钟山之神名曰烛阴,视为昼,瞑为夜,吹为冬,呼为夏,不饮,不食,不息,息为风,身长千里。在无䏿之东。其为物人面蛇身,赤色,居钟山下。
>
> 　　　　　　　　　　　　(《山海经·海外北经》)
>
> 西北海之外,赤水之北,有章尾山。有神,人面蛇身而赤,直目正乘,其瞑乃晦,其视乃明,不食不寝不息,风雨是谒。是烛九阴,是谓烛龙。
>
> 　　　　　　　　　　　　(《山海经·大荒北经》)

　　烛阴所处的钟山并非南京的钟山,而是位于极北之地,寒不见日的神话之山。

　　对于《海外北经》的烛阴与《大荒北经》的烛龙,郭璞认为两者为一物,因为烛龙能够照耀九阴(指昏暗幽冥之地),故又名烛阴。

　　关于烛龙的形象,《山海经》两处都提到了"人面"这一特征;历代《山海经》图本,或有作人面者,或有作龙首者。

　　烛龙掌管世界的昼夜切换,《山海经》称其张开眼睛即是白天。

　　日本画家鸟山石燕《今昔百鬼拾遗·云》中亦绘有烛龙,形象为人面而且相貌狰狞。石燕配文称:"《山海经》曰:'钟山之神曰烛阴。身长千里。其形人面龙身,赤色。'钟山,北海之地也。"

燭陰
[しょくいん]

燭陰／せつさんに神あり／しょくいんとなつく／風しんなりみる事／ひるたりなく事／よるたりのますく／らはすしてそくき也

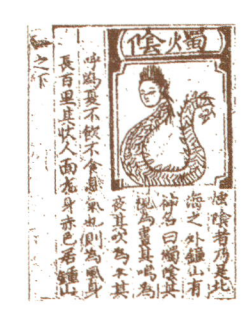

《五车拔锦》，明万历二十五年（1597）刊本

攻击力：★★★★★

神秘性：★★★★☆

凶残度：★★☆☆☆

相柳氏（相䌁氏）

> 共工之臣曰相柳氏，九首，以食于九山。相柳之所抵，厥为泽溪。禹杀相柳，其血腥，不可以树五谷种。禹厥之，三仞三沮，乃以为众帝之台。在昆仑之北，柔利之东。相柳者，九首，人面蛇身而青。
>
> 　　　　　　　　　　（《山海经·海外北经》）
>
> 共工之臣名曰相䌁，九首蛇身，自环，食于九土。其所欭所尼，即为源泽，不辛乃苦，百兽莫能处。禹湮洪水，杀相䌁，其血腥臭，不可生谷，其地多水，不可居也。禹湮之，三仞三沮，乃以为池，群帝因是以为台。在昆仑之北。
>
> 　　　　　　　　　　（《山海经·大荒北经》）

据《山海经》中的记载，相柳（又名相䌁）是九头蛇，被大禹所杀，溅出的污血流过的土地无法种植五谷。同样作为英雄神话中被铲除的反面角色登场，相柳比羿斩杀的那条"修蛇"更为人所熟知，甚至作为中国的代表怪兽出现在美国好莱坞电影《博物馆奇妙夜3》中。

或许多头蛇因其怪异总是更容易被人记住。希腊神话中，英雄赫拉克勒斯所斩杀的怪兽海德拉是一条九头蛇；日本神话中，须佐之男为民除害，所斩杀的蛇怪也有八个头，俗称"八岐大蛇"，日本天皇继承的所谓"三神器"之一的"天丛云剑"便是从八岐大蛇蛇尾所出。与相柳相比，许德拉与八岐大蛇的名气又要高出一筹。郭郛等人所著《中国古代动物学史》一书认为相柳是一种龙蛇类图腾动物，上面加上人的木乃伊头部，缝合装配而成。

相柳氏

[そうりゅう]

相柳氏／こんろんの北に／うりの東さうよ／くしといふもの／あり

山东省沂南古画像石墓壁画

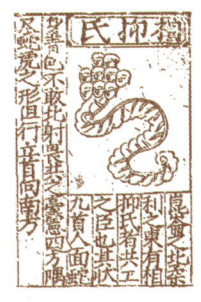

《学海群玉》，明万历三十五年（1607）刊本

攻击力：★★★☆☆
神秘性：★★★★☆
凶残度：★★★★★

帝江

> （天山）……有神焉，其状如黄囊，赤如丹火，六足四翼，浑敦无面目，是识歌舞，实为帝江也。
>
> 《山海经·西山经》

帝江在各图本中的形象较为近似，只是尾巴有无、兽足数目等处存在些许差别。至于其来历，则众说纷纭，莫衷一是。

郭璞认为，帝江即浑沌，也就是《庄子》寓言里的"中央之帝"，不长眼睛耳朵，死在南海之帝、北海之帝的一片好心之下。这是由于帝江"无面目"的特点与"浑沌"相似。

袁珂先生认为，帝江即黄帝。清代学者毕沅指出"江"即"鸿"字，帝江即帝鸿；但他不认为帝江就是黄帝，称"帝江"在这里指的是"帝江氏之子"。学者袁珂驳斥毕沅之说，认为帝江正是帝鸿，也就是黄帝，《庄子》中的"混沌"亦本于此。

唐人李周瀚在为《文选》所作的注释中称帝江乃一种识歌舞的鸟。此说由《山海经》异文所致，"有神焉"三字一作"有神鸟"。

作为根正苗红的中国异兽，帝江在日本的知名度不高。日本一般不将"帝江"与"浑沌"视为同一物。在现代流行文化中，浑沌通常作为穷凶极恶的反派形象出现，而帝江由于其浑圆的体型，往往令人觉得可爱。

帝江

[ていこう]

帝江／天山に神あり自／志よく歌舞すて／いこうとなつく

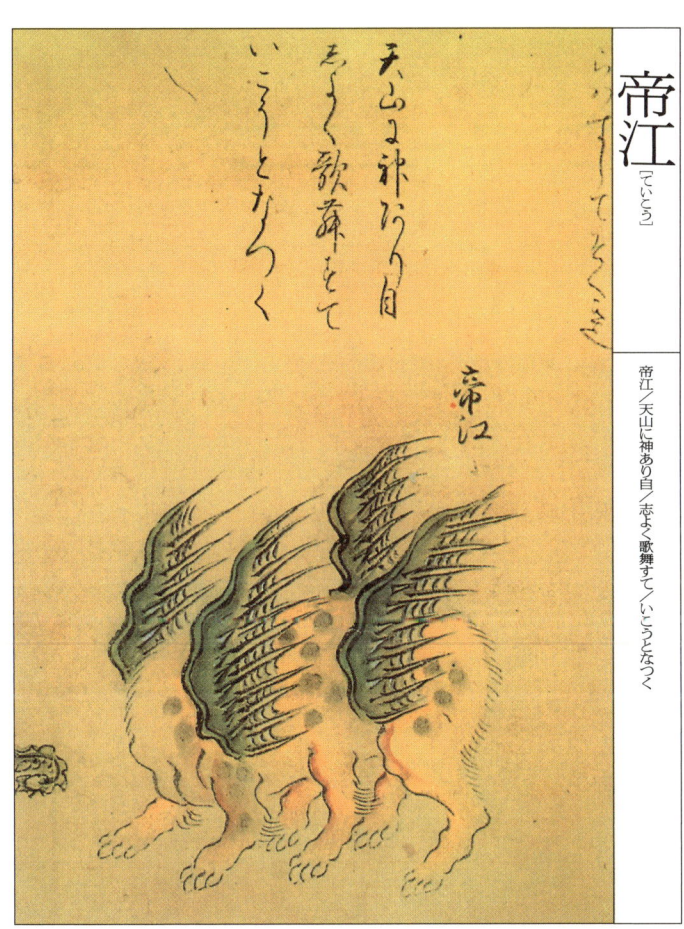

攻击力：★★☆☆☆
神秘性：★★★★☆
凶残度：★★★☆☆

《学海群玉》，明万历三十五年（1607）刊本

蠚䗥（肥蟥）

> （太华之山）……有蛇焉，名曰肥蟥，六足四翼，见则天下大旱。
>
> 《山海经·西山经》
>
> （英山）……有鸟焉，其状如鹑，黄身而赤喙，其名曰肥遗，食之已疠，可以杀虫。
>
> 《山海经·西山经》
>
> （浑夕之山）……有蛇一首两身，名曰肥遗，见则其国大旱。
>
> 《山海经·北山经》

肥蟥／肥遗在《山海经》中有三处可见，且形象各异：一是六足四翼之蛇，二是一首两身之蛇，三是黄身赤喙之鸟。

两种蛇类"见则大旱"的性质相似，郭璞怀疑两者是同一种怪兽，将两者混作一物。在附图《万宝全书》中，我们发现此兽不仅兼具"六足四翼"与"一首两身"的特点，还出现了鸟喙——尽管配文仍然称之为"神蛇"。

配文中提到肥蟥在商汤时出现。当时，商汤灭夏之后，天下大旱，于是汤以自己为祭品，剪了头发、指甲，在桑山之林祈祷，终于感动上苍，降下大雨。

肥蟥也不时作为反面角色登场。五代十国时，前蜀后主王衍是个荒淫无道的皇帝。他的臣下王承纲有个女儿，已被许婚，王衍看上了她的美貌，强行掳入宫中；后来又因为谗言贬了王承纲的官职。此女替父亲求情不成，于是自缢而死。当年蜀地大旱，宫殿南门的门楼上出现了肥蟥。可以说，在《山海经》众多"见则大旱"的怪兽中，肥蟥算是名气不小的一种了。

肥𧔚 [ひ]

蛮擴／陽山にしんしやあ／りふくいとなつく／あらはる、ときんは／
其国大にひてり／す湯王の時に出て／九ねんひてりす

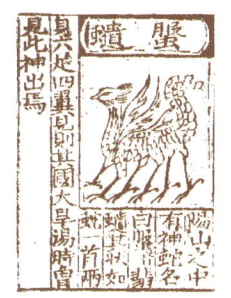

《万宝全书》，明万历四十年（1612）刊本

攻击力：★★★☆☆
神秘性：★★★★☆
凶残度：★★★★☆

鼓

> （钟山）……其子曰鼓，其狀如人面而龍身，是與欽䲹殺葆江于昆侖之陽，帝乃戮之鐘山之東曰崏崖。欽䲹化爲大鶚，其狀如雕而黑文白首，赤喙而虎爪，其音如晨鵠，見則有大兵。鼓亦化爲鵕鳥，其狀如鴟，赤足而直喙，黄文而白首，其音如鵠，見則其邑大旱。
>
> 《山海经·西山经》

据《山海经》原文可知，鼓是钟山神烛阴之子，与烛阴一样龙身人面，因与钦䲹一道杀死葆江（一名祖江）而被处死，鼓化作一种凶鸟，白头，黄纹，红爪子，出现就会带来干旱。

钦䲹本身并没有形象描写，只说死后化为大鹗，因此历代图谱都将它画作鸟状；它的犯罪同伙鼓却不同，作为人面蛇身神烛阴的儿子，《山海经》明确提到了其"人面而龙身"，由此在后世的各种《山海经图》中，鼓的辨识度很高，相关记载也较多。只可惜《怪奇鸟兽图卷》中配文只有短短一句："钟山有神名曰鼓。"

皷 / 鐘山の神をこ / となつくる有

攻击力：★★★☆☆
神秘性：★★★★☆
凶残度：★★★★☆

《学海群玉》，明万历三十五年（1607）刊本

白泽

白泽不见于《山海经》。"白泽出自《山海经》"的说法源自清代类书《渊鉴类函》,该类书引述古本《山海经》的记载,指出白泽生活在东望山,能说话。记载的文字与日用类书中的雷同而略简。

关于白泽的传说最早出现在什么时代,今已不可考。至于"白泽"二字,最早出现于文献中是在东晋时期。《搜神记》记载诸葛恪(诸葛亮之侄)路遇一怪,众人不知为何物,诸葛恪指出是《白泽图》所记载的"傒囊";《抱朴子》称黄帝上下求索,转益多师,其中鬼神怪异的相关知识则从白泽那里习得。

《白泽图》是什么?黄帝又如何从白泽那里习得鬼怪知识?关于这个故事,我们所能见到的最早完整记载在宋代。据《云笈七签》记载,黄帝巡狩时,在海边见到神兽白泽,白泽会说人类语言,懂得很多知识,于是黄帝向它咨询鬼神之事,白泽一口气说了11520种,黄帝便令人把它们画成图,好让天下万民认得那些鬼怪。

白泽口述、黄帝监制《白泽图》一事当然只是传说,不过历史上确实存在过《白泽图》,流行于中古时代,如今早已散佚,唯敦煌文献中有唐代人手写的文本残篇留存,可以窥见其内容大多是对神怪之物的介绍,以及一些辟邪驱鬼的手法。古代民间传说认为白泽本身也能辟邪,但事实证明这只是迷信:唐代韦皇后的妹妹睡"白泽枕"祛魅,到头来却被丈夫砍掉了脑袋。

如果说《白泽图》像是古代的"妖怪学辞典",那么白泽就有点"妖怪博士"的意味了——虽然它自身也是妖怪,且被画进了《今昔百鬼拾遗》里。在日本画家鸟山石燕笔下,白泽头上生着牛角,一共长了九只眼睛:面部两只、额头一只、左右身体各三只。

实际上,白泽的形象历来不甚明朗,历朝历代对白泽的文字记载只叙述其神格,未有具体的样貌描写。据当代学者考证,白泽的原型有獏、虎、海豚、狮子等数种说法,而从流传至今的宋元时期仪仗旗、官服图像来看,白泽大多为虎状且有角,身带鳞甲。在日本,白泽的主流形象则是人面牛身,日本学者有观点认为此一形象亦起源于中国,唐代类书《天地祥瑞志》中的白泽即为人面牛身。

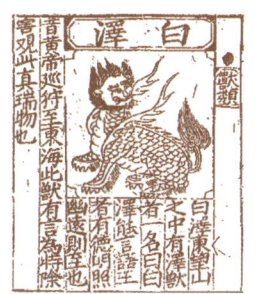

《学海群玉》,明万历三十五年(1607)刊本

攻击力:★★★★☆

神秘性:★★★★★

凶残度:★★☆☆☆

驺虞（驺吾）

> 林氏国有珍兽,大若虎,五采毕具,尾长于身,名曰驺吾,乘之日行千里。郭璞注:吾,宜作虞也。
>
> 《山海经·海内北经》

《诗经·召南》有《驺虞》一诗:彼茁者葭,壹发五豝。于嗟乎驺虞。彼茁者蓬,壹发五豵。于嗟乎驺虞。

虽然篇幅不长,却有几种截然不同的解释。鲁诗认为,驺指天子蓄养鸟兽的园林,虞是负责管理的小官;毛诗则认为,驺虞是一种黑花纹的白虎,不吃活物,属于仁义之兽。后来因为毛诗获得独尊地位,于是驺虞也定型为祥瑞之兽。

从习性上看,驺虞最大的特点是不食活物,甚至连草木也不忍踏伤。《说文解字》中记载它只吃自己死掉的动物,唐代诗人李白作诗说它连一根小草都不忍折断。由于驺虞外形与虎相似,古人多以两者对比,诗人李贺则将恶人比作变身为虎吃掉兄长的牛哀,见到不吃活物的驺虞,反而瞧不起它,以此讽刺当时黑白颠倒的世风。

西晋时有一种绘有驺虞图案的旗子——"驺虞幡",与"白虎幡"相对,用来传达皇帝休战的旨意。

日本明治时代宗教家新岛襄酷爱唐代诗人李白的诗句"驺虞不折生草茎",称其与《马太福音》"压伤的芦苇他不折断,将熄的灯火他不吹灭"中所表现的仁爱精神相契合。

另外,2018年12月上映的由英国作家J.K.罗琳编剧的电影《神奇动物:格林德沃之罪》中,驺吾以日行千里的长尾大老虎形象亮相,较为符合《山海经》中记载的形象。

騶虞 [すうぐ]

騶虞／林氏こくのうみ／にじんしうあり／なましき物をく／
わす目に千里／をゆく紂これ／を得てしゃく、もん／ほろふ

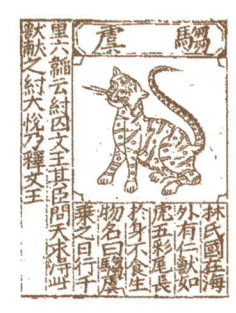

《学海群玉》,明万历三十五年(1607)刊本

攻击力：★★★★☆
神秘性：★★★★☆
凶残度：★☆☆☆☆

穷奇

> （邽山）……其上有兽焉，其状如牛，蝟毛，名曰穷奇，音如獆狗，是食人。
>
> 　　　　　　　　　　　　（《山海经·西山经》）
>
> 穷奇状如虎，有翼，食人从首始，所食被发。
>
> 　　　　　　　　　　　　（《山海经·海内北经》）

穷奇在《山海经》中有两种形象：一如牛，一如虎。两者都能吃人。

在中国的神话传说中，穷奇选择成为邪恶的使者：凡见人争斗，就把占理的一方吃掉；好人会被它咬掉鼻子，坏人却会得到它馈赠的野味。诱惑凡人作恶的鬼怪不少，穷奇专门"惩善扬恶"，倒也称得上独具个性。

而据《淮南子》，穷奇是踏着两条龙的天神，生出"八风"之一的北风。鸟山石燕《画图百鬼夜行》中有穷奇，旁注日文假名"かまいたち"。"かまいたち"在日文中也可以写作汉字"镰鼬"，是日本民间传说中的著名妖怪，相传会伴随旋风出现，在人的身体上留下一道道长长的伤口，却可使人不流血且无疼痛感。

从现代科学的角度解释，一般认为所谓的"镰鼬"划伤皮肤其实是一种生理学现象，即皮肤水分蒸发导致的皮肤撕裂。镰鼬在日本多流传于中北部寒冷地区，亦是此观点的佐证之一。

窮奇
[きゅうき]

窮奇／てい山にけた／物あり名つけ／てきうきと／いふいといふけ／たものをいぬ／かみあへはたすく／すくならねは／よく／人をくらふ

《学海群玉》，明万历三十五年（1607）刊本

攻击力：★★★★☆
神秘性：★★★★☆
凶残度：★★★★★

> （亶爰之山）……有兽焉，其状如狸而有髦，其名曰类，郭璞注：类或作沛，髦或作发。自为牝牡，食者不妒。
>
> 《山海经·南山经》

神话传说中雌雄同体现象并不稀奇，希腊神话中有著名的赫马佛洛狄忒斯（Hermaphroditus），《山海经》中有象蛇、鹁鸰（见前文），类也是其中之一。注家依据其他文献的描述认为又名灵狸，并推测它得名曰"类"的原因是雌兽与雄兽相类似。

类深受古今文人的喜爱，《庄子》中有不少孔子被老子教育的故事，其中之一就提到类雌雄同体，自行孕育一事。这个故事被鲁迅用在小说《出关》里，为现代读者所熟知。香港作家董启章的小说《双身》，讲了一个男性变成女性的故事，其序文《类之想象》便从类的传说出发，抓住"食者不妒"的特点，认为嫉妒源于自存自足的不可能性。

附图《学海群玉》配文称类状如泽，一作狢（zé），此特指白泽。从《怪奇鸟兽图卷》可以看出，类的形象完全不像狸猫，反倒酷似小型白泽，尤其是兽首部分。

類 [るい]

類／たんしゆ山に／るいといふけた／物あり

《学海群玉》，明万历三十五年（1607）刊本

攻击力：★☆☆☆☆

神秘性：★★★☆☆

凶残度：★★☆☆☆

> （耿山）……有兽焉，其状如狐而鱼翼，其名曰朱獳，其鸣自讻，见则其国有恐。
>
> 《山海经·东山经》

朱獳(rú)似狐，长着鱼翼。所谓鱼翼，明代日用类书中又称鱼鬣，其实就是鱼鳍。《怪奇鸟兽图卷》所绘朱獳带有虎皮斑纹，形貌仍然是狐狸。

长着鱼鳍的狐狸，按理来说算是怪异了，不过与《山海经》中奇形怪状的各路异兽相比，仍显得小巫见大巫，以至于郭璞说它"无奇"，即并没有什么奇特之处。

《山海经》中另有酸与、雍和二兽，作用与朱獳类似，出现之时，前者可使所在的城市陷入恐慌，后者则使所在的国家陷入大恐慌。

日本由于长期以来无官方史书，早期历史多与传说混杂，至今流传着许多"怪兽肆虐，国家恐慌，英雄除害"的故事。比如：酒吞童子为害人间之时，便有源赖光率领"四天王"前往讨伐；鵺侵扰禁宫之际，便有源赖政以鸟尾作箭将其射杀；前文提及的"以津真天"也属于此类模式的故事。当然，那些都是土生土长的日本怪兽，朱獳说是"见则其国有大恐"，实际上并没有人怕过它。

朱獳
[しゅじゅ]

朱獳／しゆじゆと／いふなくことみ／つからよはふ／あらはるれは／大に恐れあり

攻击力：★★☆☆☆

神秘性：★★★☆☆

凶残度：★★★☆☆

《学海群玉》，明万历三十五年（1607）刊本

怪奇鸟兽图卷

豴（闻獜）

> （凡山）……有兽焉，其状如豴，黄身，白头，白尾，名曰闻獜，见则天下大风。
>
> 《山海经·中山经》

此兽在《怪奇鸟兽图卷》中名为"豴"，配文为：

き山けたものあり（凡山有兽）
あらはるれは大風あり（见则有大风）

故可确定该兽乃《山海经·中山经》之闻獜(lín)。

"豴"字历代字书均未标注其读音，直到今天仍然"音未详"，《汉语大字典》说它是"一种像狗的黄色动物"，又引《字汇补》称"如豴而黄"。明代日用类书同样称该兽为豴，形象描述则与《山海经》无异。

除闻獜外，《山海经》中另有山獋，也是"见则大风"之兽；不过，两者的形象与传说都未能广为流传。后世所谓招致大风的神怪，中国以风伯／飞廉为代表，日本则以志那都彦、一目连等为代表。志那都彦为伊邪那岐与伊邪那美所生，算是"正统"的风神；一目连则主要被伊势湾一带当作风神祭拜。此外，日本还习惯将"风神"与"雷神"对称，这种叫法类似于中国常说的"风伯雨师""雷公电母"。

毚[てい]

毚/き山けたもの/ありていといふ/あらはるれば大/風あり

攻击力：★★★☆☆

神秘性：★★★☆☆

凶残度：★★★☆☆

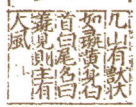

《学海群玉》，明万历三十五年（1607）刊本

猛槐（孟槐）

> （谯明之山）……有兽焉，其状如貆而赤豪，_{郭璞注：貆，豪猪也。}其音如榴榴，名曰孟槐，可以御凶。
>
> 《山海经·北山经》

孟槐似貆(huán)。貆一般指獾，《诗经》旧注则解释为小貉子，但此处郭璞明确注曰"豪猪"，那么其形象当视作红色棘毛的豪猪。

孟槐的叫声"音如榴榴"。"榴榴"究竟如何解释没有定论，一般认为是象声词。除孟槐之外，《山海经》中另有"天狗"，也是"音如榴榴"。对此，郭璞的注释更加有趣：或作猫猫。

"猫猫"确实是象声词，但那只意味着"天狗的叫声一种说法是榴榴，一种说法是猫猫"，并不代表"榴榴即等于猫猫"。据明人程良孺的解释，"榴榴"也是一种动物。明代日用类书则提示了榴榴的动物身份，附图《学海群玉》称孟槐"声如鼺鼠"。根据《汉语大词典》的解释可知，鼺，俗称竹鼠，人多食之，味如鸭肉。

孟槐也是典型的"《山海经》独占"异兽，不见于日本神话传说。现实世界的"豪猪"这一生物在日文中叫作"やまあらし"，可以写作"山荒"；据此为原型产生了一种名叫"やまおろし／山颪"的妖怪，见于鸟山石燕的画集《百器徒然袋》。

孟槐
[もうかい]

猛槐/しょうめい山に/まうくわいと/いふけもの/ありまうくわい/けうをふせく

攻击力：★★★☆☆
神秘性：★★★☆☆
凶残度：★★☆☆☆

《学海群玉》，明万历三十五年（1607）刊本

駁

（中曲之山）……有兽焉，其状如马而白身、黑尾、一角、虎牙爪，音如鼓音，其名曰駁，是食虎豹，<small>郭璞注：《尔雅》说駁不道有角及虎爪。駁亦在畏兽画中。</small>可以御兵。

（《山海经·西山经》）

（北海内）……有兽焉，其名曰駁，状如白马，锯牙，食虎豹。

（《山海经·海外北经》）

"駁"通"驳"，本义为花色不纯，亦指花色不纯之马。

《山海经》中的駁是一种食虎豹的兽，身形似马，有角与虎爪。

虎豹在自然界是一流的肉食动物，居于食物链顶端；到了《怪奇鸟兽图卷》中却屡屡受挫，成了一种陪衬，用以凸显驺虞、酋耳、駉犬、駁等异兽的强大。駁不仅能食虎，駁马也因为形貌像駁，能吓住老虎。据《说苑》记载，春秋时期晋平公出行，駁马驾车，吓得一只幼虎趴住不敢动，晋平公以为是自己的王霸之气震慑了猛兽，师旷听闻后严肃地教训了晋平公一番。而在《管子》一书中，故事的主人公变成了管仲与齐桓公。当然，故事中齐桓公没闹出"人假马威"的笑话，只是借此体现了管仲的博学多识。

駁 [はく]

駁／中きよく山／けたものかう／となつく

攻击力：★★★★☆
神秘性：★★★☆☆
凶残度：★★★★☆

《学海群玉》，明万历三十五年（1607）刊本

怪奇鸟兽图卷

237

> （天池之山）……有兽焉，其状如兔而鼠首，以其背飞，郭璞注：用其背上毛飞，飞则仰也。其名曰飞鼠。
>
> 《山海经·北山经》

根据郭璞的注释可知，飞鼠背上有毛，其借助毛的力量仰面飞行。在《山海经》中另有耳鼠，则是借助其尾巴或胡须飞行，能力与飞鼠相类似。

飞鼠又是蝙蝠的别称，然而根据郭璞对飞鼠"用其背上毛飞，飞则仰也"的注释，可知《山海经》中的飞鼠应该不是蝙蝠。日文中"飛鼠"二字亦是蝙蝠的别称，只是日本人并不常用，多用"コゥモリ"（Koumori）来称呼蝙蝠。

自然界真实存在一种名为鼯鼠的动物，属松鼠科，俗称"飞鼠"。鼯鼠形似松鼠，前后肢之间有薄膜，能够在树木之间滑翔，并非真正飞行。

简而言之，《山海经》中出现了一种极具幻想性的动物，名叫飞鼠；而"飞鼠"这个名字恰好是蝙蝠的别名、鼯鼠的俗称，因此非常容易令人混淆。

飛鼠［ひそ］

飛鼠／天地山けた物／とふときんは／すなわちのふ／ひそと名づく

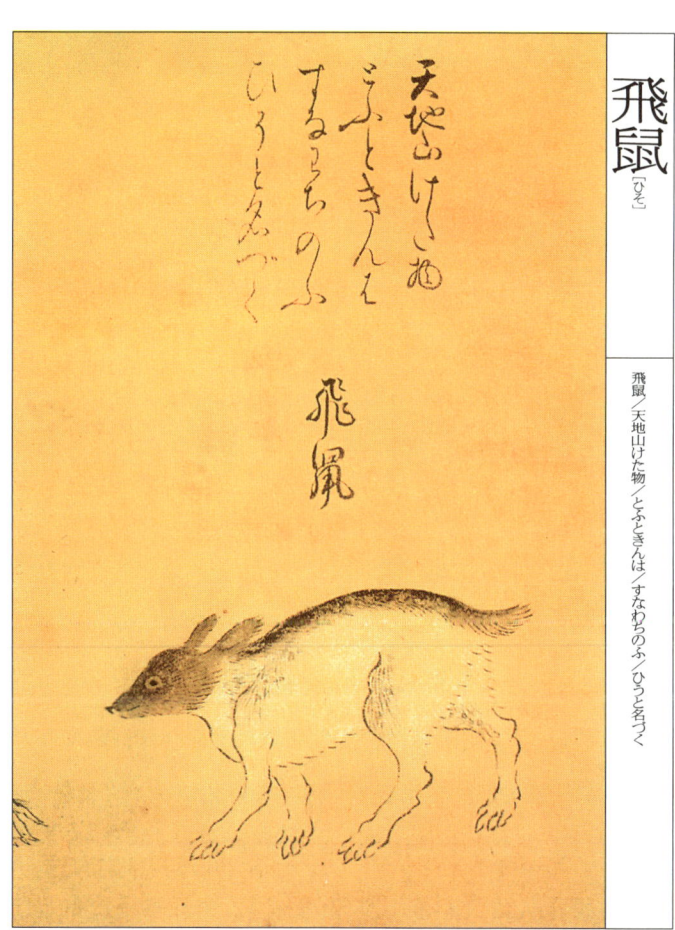

攻击力：★☆☆☆☆
神秘性：★★☆☆☆
凶残度：★☆☆☆☆

《学海群玉》，明万历三十五年（1607）刊本

怪奇鸟兽图卷

（獂次之山）……有兽焉，其状如禺而长臂，善投，其名曰嚻。郭璞注：亦在畏兽画中，似猕猴投掷也。

《山海经·西山经》

（梁渠之山）……有鸟焉，其状如夸父，四翼一目，犬尾，名曰嚣，其音如鹊，食之已腹痛，可以止衕。

《山海经·北山经》

"嚻"是"嚣"的异体字。

《山海经》中有两种"嚣"。獂次山的嚣，其形似禺，善于投掷——显然，人们同样不清楚禺是什么。为此，郭璞便解释了一下，说它是一种像猕猴的动物，红眼睛、长尾巴。梁渠山的嚣形似夸父，却是一种长了四只翅膀的鸟，当然与逐日的那位夸父不是一回事（实际上，《山海经》中曾记载有一种兽类名为夸父，其形也像禺，且善于投掷），一般视作同名异物。

观图可知，《怪奇鸟兽图卷》所绘的自然是獂次山的嚣。

附图《学海群玉》及多数明代日用类书配文认为嚣"长臂善杀"。郭璞《山海经图赞》认为嚣兽手臂长，天性喜欢投掷东西。

猿猴形怪物作乱的故事在日本较为常见，如日本平安时代末期的民间故事集《今昔物语集》中，记载有不止一则"猿猴强迫村民献祭活人，最终遭到勇士击退"的故事。另外，"善投"也是猿猴类怪物的一大特点。日本著名民间传说《猿蟹合战》，讲述了狡猾的猴子击杀螃蟹，螃蟹后代报仇的故事。其中，猴子就是通过投掷柿种将螃蟹击杀。

嚚 [ごう]

嚚／ゆじ山にかう／といふけた物／すめり

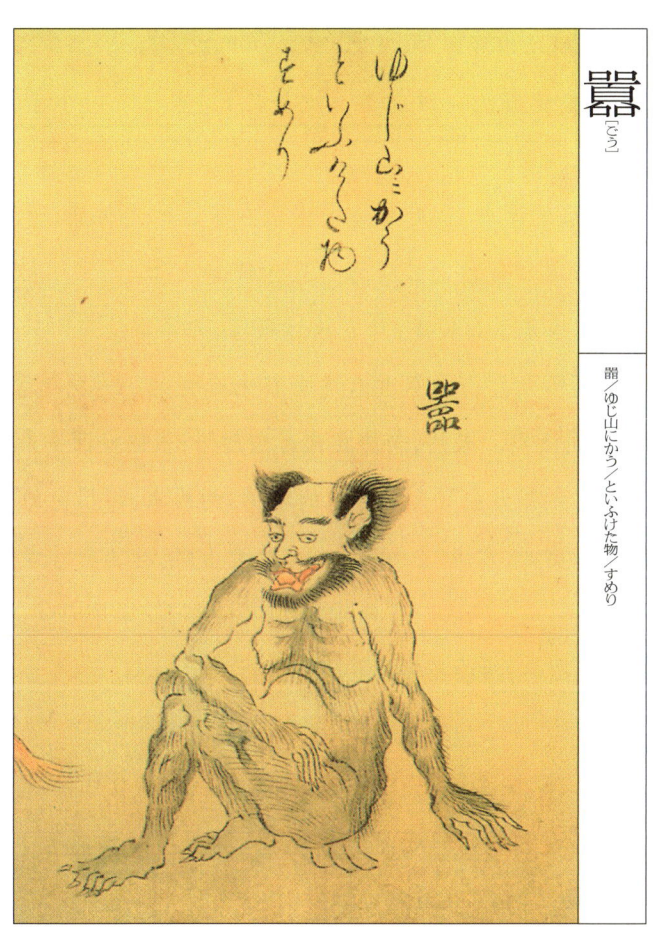

攻击力：★★★☆☆

神秘性：★★★☆☆

凶残度：★★★★☆

《学海群玉》，明万历三十五年（1607）刊本

赤狸

赤狸不见于《山海经》。

一种说法是赤狸为一种虎类。《太平广记》曾记载一个赤狸虎的故事,大意如下:

有个叫张偓的读书人,赴考途中借宿在华山的山神庙,听到山神断案的声音,从中得知自己次日将为一只赤狸虎所食。于是,张偓向山神求情,山神便召唤来了赤狸虎,劝它放过张偓,并承诺给它两只大野兽做补偿;老虎拒不听从。山神算准老虎当日未时将为一村民射杀,便命令张偓过了未时再上路。果然,老虎在未时被射杀,张偓捡回一条性命。

此外还有"赤狸大虫"(大虫为虎的俗称)的故事:四川南部有一个姓韦的官员,信佛虔诚,常念《金刚经》。一次走山路,身边有一母携二子同行,路人都看出那是"赤狸大虫"母子,韦氏毫无察觉,最终却安然无恙。

《怪奇鸟兽图卷》所绘显然不是老虎。配文云:

> 西かいにせきりといふけた物あり。文わうきやうりにとらはれ、さんきせいこれをゑて、ちうにけんず。(西海有兽曰赤狸。文王囚于姜里,散宜生得此以献纣。)

"姜里"在此明显是"羑里"之讹。

周文王被拘于羑里,散宜生搞到了某些宝贝献给商纣王,于是纣王一高兴就释放了文王——这是人们耳熟能详的故事。至于"宝贝"究竟是什么,莫衷一是。有一种说法认为献的就是赤狸(唐人刘庚《稽瑞》引《帝王世纪》)。

赤貍
[せきり]

赤貍／西かいにせきり／といふけた物あり／文わうきゃうり／にとらはれさんき／せいこれをゑてち／うにけんず

《学海群玉》，明万历三十五年（1607）刊本

攻击力：★★★★☆

神秘性：★★★☆☆

凶残度：★★☆☆☆

长彘（彘）

> （浮玉之山）……有兽焉，其状如虎而牛尾，其音如吠犬，其名曰彘，是食人。
>
> 《山海经·南山经》

彘，本指猪。现已不再是常用字，但此字依旧留存在许多脍炙人口的故事中，不至于令人陌生。如孟子说"五母鸡、二母彘"足以解决养老问题。樊哙在鸿门宴大嚼"生彘肩"，赢得项羽敬佩。吕后嫉妒戚夫人，以残酷的手段将她摧残成"人彘"。

实际上，《山海经》亦有多处提到彘，所指皆为猪，与浮玉山的食人之彘显然并非一物。因此有注家指出，此食人之彘"彘"在文献中常被引作"长彘"。明代各日用类书及《怪奇鸟兽图卷》亦同作"长彘"。

长彘与《山海经》中的彘相比："牛尾"及"叫声如吠犬"的特点相同；不再像虎，而是虎皮之猴，长着四只耳朵；此外还多了招致洪水的能力。在《怪奇鸟兽图卷》中除耳朵外，这些形象特征基本得以表现。

日文中，"豚"指家猪，"猪"指野猪，除阅读中国古典经籍之外，不用"彘"字；名为"彘"的怪兽，在日本未流传开来。

長髭[ちょうてい]

長髭／ふきよく山に／ちやうていとて／けた物あり人に／あふてなければ／大みづいつる

攻击力：★★★☆☆
神秘性：★★★☆☆
凶残度：★★★★★

《学海群玉》，明万历三十五年（1607）刊本

天马

> （马成之山）……有兽焉，其状如白犬而黑头，见人则飞，其名曰天马，其鸣自讨。
>
> 《山海经·北山经》

天马原指骏马，汉武帝时特指大宛马，竹林七贤之一的阮籍《咏怀》诗云"天马出西北，由来从东道"。

世界各地的神话传说中，天马遨游于天空的身影不时可见，例如与怪兽作战的英雄坐骑珀伽索斯、奥丁的八足骏马斯雷普尼尔、载着穆罕默德"夜行登霄"的布拉克等等。不过，《山海经》中的"天马"与那些神话中的骏马不太一样——它本质上是一条狗，得名天马只是因为叫声像"天马"二字的发音。

《山海经》中天马形似白狗，头部为黑色，一说长有肉翅膀，见人就飞，却不是凭借翅膀飞翔，此外还带来丰年的作用。

"天马"一词的含义在中日语言中基本相同，"天马其实是狗"的说法只能算是《山海经》的个例。在日本将棋的某种类型中，存在名为"天马"的棋子。

怪奇鳥獸図卷

天馬［てんば］

天馬／はしやう山に／天はといふ／けもの有り

攻击力：★★☆☆☆
神秘性：★★★☆☆
凶残度：★★☆☆☆

四川省绵阳杨氏阙石壁画

《万宝全书》，明万历四十年（1612）刊本

羚羊

> （翠山）……其阴多旄牛、麢、麝。
>
> 　　　　　　　　　　　　（《山海经·西山经》）
>
> （大次之山）……其兽多㸲牛、麢羊。
>
> 　　　　　　　　　　　　（《山海经·西山经》）

"麢"同"羚"；"羚"字后起，取代了古书中笔画繁复的"麢"字。《山海经》中多次出现关于麢的描述，《尔雅》则称其为"大羊"。

《怪奇鸟兽图卷》配文称"かうせき山"（高石山）有羚羊，高石山在古时的安南（今越南），相传那里的羚羊长着独角，坚硬无比，可撞碎金刚石。据随同郑和下西洋的翻译官费信所著《星槎胜览》记载，阿丹国（今亚丁市，位于阿拉伯半岛南端）有羚羊，又名九尾羊。

日本古代曾从中国、朝鲜等地接受羊作为赠礼，但一直没有蓄羊的传统，直到江户晚期才有学者尝试养羊，明治时期在官方推行之下正式饲育羊类。

至于"羚羊"的名称，在江户早期的文献中已有出现，但都属于对《本草纲目》"羚羊"相关记载的引用或阐述。近代之前的日本，时常将"羚羊"与"氊羚"混为一物，两者在日文中读音不同，但都可以写作"羚羊"二字。

羚羊 [れいよう]

羚羊／かうせき山に／れいやうとい／へるけた物有

攻击力：★★☆☆☆

神秘性：★☆☆☆☆

凶残度：★★★☆☆

《学海群玉》，明万历三十五年（1607）刊本

豰犬

豰(zhuó)犬不见于《山海经》。

部分明代日用类书中作"豰大",《怪奇鸟兽图卷》亦同,疑为袭用之讹,其配文如下:

> きよさう国にくたいとてけたものあり、たけ三尺、周のせいわうの時にけんす。(渠搜国有兽曰豰大者,高三尺,周成王时进献。)

据配文可知,豰犬亦是周成王岐阳大会盟时诸侯所献贡品之一。据《逸周书》记载,豰犬由西戎渠搜国所献,一名露犬,能飞,食虎豹。日用类书则加入了"身高三尺""有翼"的描述,《怪奇鸟兽图卷》中两翼清晰可见。

豰在《说文解字》中的解释是"胡地风鼠",豰犬在宋代也被认为是鼠类。

一种说法是"豰犬"一作"豠(qú)犬",清代考据学者对此一直存在争议。支持"豰犬"者(如卢文弨)认为:"豰"本义为小鼠,所以属于错别字。支持"豠犬"者(如王念孙)则认为《海内北经》有蚼(gǒu)犬,此兽食人,因生存的地理环境相近且习性相仿,故推断豠犬即蚼犬。

鼩犬
[しゃくけん]

鼩犬/きようざう国に/くたいとてけ/たものあり/
たけ/三尺周のせいわ/うの時にけんす

攻击力：★★★☆☆
神秘性：★★★☆☆
凶残度：★★★★☆

《五车拔锦》，明万历二十五年（1597）刊本

耳鼠

> （丹熏之山）……有兽焉，其状如鼠而菟首麋身，其音如獆犬，名曰耳鼠，食之不睬，又可以御百毒。
>
> 《山海经·北山经》

《山海经》中能飞翔的鼠有两种：一是飞鼠，二是耳鼠。两者的主要区别是，飞鼠靠背上的毛飞行，耳鼠则靠尾巴（一说胡须）。当然，有学者认为耳鼠即鼯鼠，一种借助前后肢之间的薄膜滑翔的松鼠科动物。

从形象上说，耳鼠整体"状如鼠"，头像兔首，身形像麋鹿。不过我们很难想象，老鼠如何长出一具麋鹿的身躯。明代日用类书多作"兔首麋耳"，较为符合常理，与《怪奇鸟兽图卷》所绘相符。

按《山海经》的说法，耳鼠似乎营养价值很高，能预防血吸虫病，又有抗毒的作用。如果说耳鼠即鼯鼠，那么鼯鼠现属国家二级保护动物，是极为珍贵、濒危的物种。

鼯鼠在日本则较为常见，细分作"モモンガ"（鼯鼠）和"ムササビ"（白颊鼯鼠）两种，汉字都可写作"鼯鼠"。日本作家坂口安吾曾描述友人隐居山林，用自制弓箭射落鼯鼠为食一事，但坂口本人认为鼯鼠作为食物过于奇特，拒绝食用。

日本直到江户时期才将"モモンガ"与"ムササビ"区分开来。此外，江户时期，关东地区也用"モモンガ"一词指代妖怪。在夏目漱石的小说名作《哥儿》中，主人公在列举一连串贬斥意味的修饰语时，就用到了"モモンガ"的说法。

耳鼠

耳鼠／にそといふけ／た物なく／にゑ／いぬのことし／百とくをふせく

《五车拔锦》，明万历二十五年（1597）刊本

攻击力：★☆☆☆☆

神秘性：★★☆☆☆

凶残度：★☆☆☆☆

福禄

福禄与后文的灵羊、吼、猴,四兽皆不见于《山海经》。

福禄,又名花福禄、福鹿,本非中国原产物种,明代郑和下西洋时曾见到过此物。

《明史》两度提及福禄:一、不剌哇(今译"巴拉韦",位于索马里共和国)产福禄,状如驴。二、忽鲁谟斯(今译"霍尔木兹",其国今已不存)曾进献福禄。

关于福禄的样貌,据郑和船队的翻译人员马欢所著《瀛涯胜览》记载,其形似骡子,白身白面,从眉心到四蹄浑身长满细细的青条花纹,像是画上的细长小道。

明永乐十七年(1419)忽鲁谟斯贡物中有福禄,明人夏原吉作诗称其像骆驼(一作像驴)而花纹可爱,身似披锦;同时代的文人作赋提及福禄时,亦重点关注其花纹之奇异。

综合福禄的产地、样貌等特征,一般认为福禄即为现今的斑马。

日本古代未有斑马相关记载,直到江户晚期,幕府派出38名"文久遣欧使节",才在欧洲见识到斑马等各种珍稀动物。1900年,动物学者石川千代松就任东京上野动物园第一任园长,与德国著名动物商人卡尔·哈根伯格积极联络,着手购入大型西洋动物。1904年,哈根伯格写信表示愿以1450英镑的价格出售长颈鹿及斑马给上野动物园,但由于价格实在过于昂贵,加之时值日俄战争,动物园经费有限,只得拒绝此一提案。后来,日本在日俄战争中获胜,各种原产西方的珍稀动物这才逐渐涌入日本。

福禄 [ふくろく]

福禄／くわいゐこくの／うちにけた物／ありふくろく／となづく

《学海群玉》，明万历三十五年（1607）刊本

攻击力：★★☆☆☆

神秘性：★☆☆☆☆

凶残度：★★☆☆☆

灵羊

前文曾解说过"羚羊",即《山海经》中"麢羊",与此"灵羊"并非一物。《怪奇鸟兽图卷》配文称灵羊:

ゆくにはくるまにのせてゆく。(行则车载而行。)

所绘灵羊形象尾巴巨大。明人夏原吉《圣德瑞应诗》诗序曾指出:灵羊之尾大者二十余斤,走路需要用车载着尾巴。

此羊极可能即俗称的"大尾羊"。晋人称此羊细毛、薄皮,唐人称此羊来自西域,尾重十斤,元人耶律铸曾作《大尾羊赋》。明人李时珍在《本草纲目》中称大尾羊即《唐书》所说的灵羊。据《后汉书》记载,灵羊可用于疗毒。明代郑和下西洋所见异国之兽中,亦有此羊,重七十斤,尾二十斤、一尺宽,拖地而行。

《山海经》中有羬(qián)羊,其身像羊,尾巴像马;郭璞注称西域大月氏国就有尾巴像马的羊。不过目前尚无确切证据表明《山海经》中"羬羊"与《怪奇鸟兽图卷》所绘"灵羊"为同一动物。

靈羊
[れいよう]

靈羊／くわい゛国のうち／れいやうといふ／ありゆくには／くるまにのせて／ゆく

攻击力：★★☆☆☆

神秘性：★★☆☆☆

凶残度：★☆☆☆☆

《学海群玉》，明万历三十五年（1607）刊本

吼

  《怪奇鸟兽图卷》76种奇禽异兽中,"吼"最为神秘。既不见于《山海经》,也不见于胡文焕的《山海经图》和《三才图会》。

  《怪奇鸟兽图卷》所绘之"吼",酷似大象,而传说中名为"吼"的兽类有两种,皆不似象。

  一为西番所贡之兽,形似兔子,却能使凶猛的狮子畏伏不敢动(见明人陈洪谟《治世余闻录》)。此兽形貌与《怪奇鸟兽图卷》所绘相差极大,不过配文中"さいはん"显然指"西番"(今西藏与青海地区)。

  二为佛教传说中的动物,又作"狐",相传为观音菩萨坐骑(见明人刘侗《帝京景物略》),具体样貌不明;《西游记》中曾化作"赛太岁"下界作乱,后被观音收服,故事中描写其"四足莲花生焰焰,满身金缕迸森森"。

  从附图《学海群玉》的配文可知,吼来自西番,身体硕大如象,食邪吞怪;配文虽称其"若象",图画却绘作狮子状,不知为何如此。《怪奇鸟兽图卷》所绘则较为符合以上描述。

吼 [こう]

吼／さいはん大亥／こうといふけだ／ものあるじや／をしよくし／く／わひをのむ

攻击力：★★★★☆
神秘性：★★★★★
凶残度：★★☆☆☆

《学海群玉》，明万历三十五年（1607）刊本

猴

猴在古代文献中随处可见(虽然不见于《山海经》),要确定其出处,只能通过配文来入手。

将日文配文译成中文可知:"くわつあ"国多猴,不怕人,听到"せううん(suuun)"的声音就会出现;有食物时,两只大猴先吃,随后群猴才能进食。此段描述具有普遍性,但仍可察觉源自《宋史·外国传五》对阇婆国(位于今印度尼西亚)猴的记录。不过"くわつあ"的发音显然与"阇婆"二字发音不符,可能不是指阇婆国。

阇婆在明代称爪哇;一说当地本有阇婆、爪哇两国,后阇婆为爪哇所灭,并为一国。因此,笔者推测"くわつあ"应是"瓜哇"的日文平假名。附图《学海群玉》配文正作"瓜哇国"。

日本并无野生的"猿",因此在日文中并不区分"猿"与"猴",一般通称为"サル/猿"。日本与猿猴相关的神怪故事极多,其中猿猴崇拜达到顶点的一则故事,出自13世纪一位日本僧人的著作《耀天记》,该书是山王神道的一本宗教图书,书中指出早在仓颉造字之前,释迦牟尼就以猴子的形态来表示吉凶,故"神"字写作"左示右申",即"申猴示之"之意。

猴
[しょう]

猴／くわつあこくの／山にとうおほし／人におゝずせう／うんのこゑをいてよべ則／いさいあれはふたつの大／こうまづ出大こうしよくして／のちにぐんとうしよくす

《学海群玉》，明万历三十五年（1607）刊本

攻击力：★☆☆☆☆
神秘性：★☆☆☆☆
凶残度：★★☆☆☆

> （洵山）……有兽焉，其状如羊而无口，不可杀也，_{郭璞注：}_{禀气自然。}其名曰𦍋。
>
> 　　　　　　　　　　　　　　（《山海经·南山经》）

　　𦍋（huàn）是无口之羊，《山海经》原文说得很简略，从郭璞注及《山海经图赞》来看，𦍋因无口而不会吸入有害之气，却能从自然中获取生存的能量。因此关于𦍋"不可杀"的描述内容，应当解释为"不会死"。

　　明代各日用类书中记载𦍋生活在洵山，且多了两个特点：黑色，其性顽狠，即认为它有黑色的身形，以及凶狠暴戾的性格。

　　依《山海经》正文及郭璞注的描述，𦍋"禀气自然"，很难想象其性格"顽狠"。可以注意到明代日用类书将"不可杀"理解为"人们无法杀死它"，"其性顽狠"也许可以看作对此的一种解释。

羦〔かん〕

羦／く山にけんといふあり／そのせいぐわんらうに／して人ころすへからす

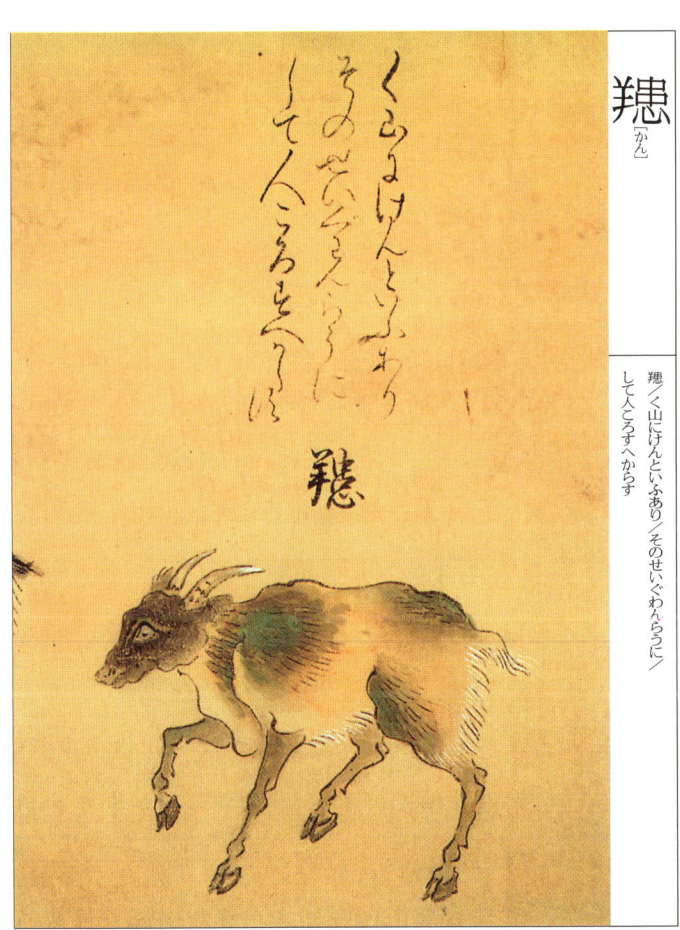

攻击力：★☆☆☆☆

神秘性：★★★☆☆

凶残度：★★★★☆

《学海群玉》，明万历三十五年（1607）刊本

怪奇鸟兽图卷

263

白鹿

> （上申之山）……兽多白鹿。
>
> 《山海经·西山经》

《山海经》中虽有白鹿，却无任何形象描述；白鹿亦不见于胡文焕的《山海经图》。

中国自古将白鹿视作祥瑞，至于白鹿出现的条件，一说是帝王恪守祖宗法度，一说是帝王广布恩泽。白鹿能带来好运。

蒙古族有"苍狼与白鹿"的传说：铁木真的祖先名叫孛儿帖赤那（意为苍狼），其妻名叫豁埃马阑勒（意为白鹿），两人带领部族迁徙，掀开了蒙古人的全新历史篇章。明代人将《蒙古秘史》翻译成汉语时，误将两个人名理解为动物名，生发出苍狼与白鹿交配并繁衍出一个民族的传说。

日本奈良县春日大社建于公元768年，相传雷神"建御雷"曾乘白鹿来此，故以鹿为神社的"神使"。而在另一个古老传说中，白鹿出演了一次反派角色：日本武尊小碓尊（又名"倭建命"）有一次在山中行进，山神想趁机欺负他一下，化作白鹿来到他面前，他将一颗蒜扔到白鹿的眼睛上，化身白鹿的山神当场毙命。

《怪奇鸟兽图卷》所绘白鹿上方的日文其意为"安南山中有白鹿。晋元帝时可见"。在《大明一统志》等文献记载中，安南（安南、交趾皆为越南古地名）确有白鹿，不过所征引的例子并非为晋元帝时期，而是晋惠帝、南朝宋文帝时期。当然，晋元帝时期确实也有白鹿出现过，而且不止一次。

白鹿
[はくろく]

白鹿／安なん山のうち／白ろくありしん／げんていの時みゆ

攻击力：★☆☆☆☆
神秘性：★★★★★
凶残度：★☆☆☆☆

《学海群玉》，明万历三十五年（1607）刊本

厌火兽(厌火国)

> 厌火国在其国南,兽身黑色,生火出其口中。郭璞注:言能吐火,画似猕猴而黑色也。
>
> 《山海经·海外南经》

"厌"是多音字:音yā,指通过迷信方法镇压灾邪;音为yàn时,指饱足。厌火兽其实并没有镇火、避火的能力,而是一种吐火的黑色猴状怪兽。从这个角度而言,厌火兽的"厌"读yàn为宜。

《山海经》正文只说此兽是厌火国之兽,明代日用类书明确提出"厌火兽"之名,并指出厌火兽不仅形似猕猴,行为举止更是像人。

西晋张华《博物志》中,"厌火国"作"厌光国",除了"火"换作了"光",其余描述内容基本相同。

对于厌火兽,《本草纲目》中,李时珍的集解则持另一种说法:南荒之地既有厌火之民,又有食火之兽——厌火之民是人,能吃火炭;食火之兽是犬状怪兽,食火又排泄火,能烧毁房屋,这种食火之兽就是《原化记》所说的"祸斗"兽。

《原化记》是唐代皇甫氏所著传奇小说集,今已不存,但李时珍提到《原化记》中的这一内容保存在北宋李昉等人编撰的《太平广记》中,故事中"祸斗"写作"蜗斗",主要内容是:一个名叫吴堪的男子,得到一枚白螺,白螺化作女子,之后两人相恋结婚,生活美满;不料县官见吴妻貌美,心生歹念,接二连三给吴堪出难题,都被吴妻一一化解;解决最后一道难题则是需要一只祸斗兽,吴堪从妻子那里得到此兽,县令却称那只是一只普通的狗,于是吴堪让祸斗兽表演了吞火、排泄火,可仍不能使县令满意,正当县令要责罚吴堪时,突然燃起熊熊烈火,县令本人及县衙全部埋葬在火海之中,吴堪夫妇则不知所终。

厭火獸
[えんかじゅう]

厭火獸／けんくわ国の／中にけんくわじう／といふありきやう／ざする事人のことし

攻击力：★★★★☆
神秘性：★★★☆☆
凶残度：★★★☆☆

《万宝全书》，明万历四十年（1612）刊本

乘黄

> （白民之国）……有乘黄，其状如狐，其背上有角，乘之寿二千岁。郭璞注：《周书》曰：白民，乘黄，似狐，背上有两角。即飞黄也。《淮南子》曰：天下有道，飞黄伏皂。
>
> 《山海经·海外西经》

从《山海经》正文来看，乘黄是狐形的野兽，未提及与马有何关系；郭璞在承认乘黄似狐的同时，又称乘黄即飞黄——飞黄则是马，因为它会伏在槽上进食——因此乘黄的形象基本可以认为是"似狐之马"。明代在此之上又加入了身体泛白、披头散发的特点。

在《山海经》的记载之外，关于乘黄也流传着各式各样的说法，但与《山海经》多有龃龉，矛盾之处亦不在少数，兹大略列举：

一说，乘黄是黄色狐状神马，有腾黄、飞黄、古黄、翠黄等许多名字。（《初学记》引《符瑞图》）

一说，乘黄又名訾黄，龙翼马身，黄帝骑着它成仙。（《汉书·礼乐志》应邵注）

一说，腾黄与吉光都能活三千年；而在另一种说法中，腾黄就是吉光，乘之者能活三千岁，腾黄本身不死。（《抱朴子·对俗》《艺文类聚》引《瑞应图》）

一说，乘黄与河图、洛书并称"三祥"。（《管子·小匡》）不过，没有证据表明此乘黄即《山海经》中所言乘黄。

一说，乘黄如狐，有龙翼，来自日本，能活两千年。（《云笈七签》）

随着时代的发展，这些古老的说法逐步成为一种思维定式，乘黄在诗文中成了骏马、名马的代名词。唐代杜甫见友人曹霸所画之马，曾有诗句"人间又见真乘黄"，以此赞叹画中之马的生动。

乗黄
[じょうこう]

乗黄／はくみん国に／しようわう有

怪奇鳥獣図巻

攻击力：★★☆☆☆
神秘性：★★★★☆
凶残度：★☆☆☆☆

《学海群玉》，明万历三十五年（1607）刊本

猾褢

> （尧光之山）……有兽焉，其状如人而彘鬣，穴居而冬蛰，其名曰猾褢，其音如斫木，见则县有大繇。
>
> 《山海经·南山经》

"褢"（huái）是"怀"的古字。猾褢在《山海经》正文中可知其形像人，长着猪的鬣毛；而在明代日用类书的简介中，其猪鬣的特征仍在，但形似猕猴，像人的只有脸部而已。

当代学者郭郛等著的《中国古代动物学史》一书中指出猾褢是貉，指名亚种（Nyctereutes Procyonoides），因为它有穴居冬眠的特性。不过貉子是犬科动物，与《怪奇鸟兽图卷》所绘猕猴状猾褢并不相似。

猾褢[かっかい]

滑褢／げつくはう山に／こつさうとなつ／くるけたもの有こゑ／
木きるをとのことし／あらわるれはいんゑき／おほし

《学海群玉》，明万历三十五年（1607）刊本

攻击力：★★☆☆☆

神秘性：★★☆☆☆

凶残度：★★★★☆

酋耳

> 林氏国有珍兽,大若虎,五采毕具,尾长于身,名曰驺吾,乘之日行千里。郭璞注:《周书》曰:夹林,酋耳;若虎,尾参于身,食虎豹。
>
> (《山海经·海内北经》)

酋耳不见于《山海经》正文,流传诸说,互有龃龉。

与比翼鸟、乘黄(兹白)类似,酋耳也是周成王时代边远小国所进献的一种异兽。据《逸周书》记载,酋耳为央林(西南地区古国名)所献,身形像虎豹,却以虎豹为食,尾巴有身体的三倍之长。

唐人张鷟《朝野佥载》曾记载:武则天在位时,一只似虎却身形巨大的异兽,将一头老虎追赶到山民家中并将其咬死,却没有吃它的肉;朝廷大臣查过当时的纬书《瑞应图》(该书今已不存)才知道那正是酋耳,酋耳不吃活物,却会咬死作乱的老虎。在此故事中,我们可知酋耳的身形远大于虎,而且"不食生物"。

明代日用类书记载有酋耳,形似犬,配文多源自《逸周书》中相关内容,只是"央林"一作"英林山",或作"英灵山"。至于《怪奇鸟兽图卷》的配文内容也多与这些日用类书的一致。

日本《和汉三才图会》一书将驺虞和酋耳归为同一生物。

酉耳
[しゅうじ]

酉耳／しうにといふけた物／ゑいれい山にありこ／
へうをくらふてた／ぶつをくはす

攻击力：★★★★★

神秘性：★★★☆☆

凶残度：★★☆☆☆

《学海群玉》，明万历三十五年（1607）刊本

蛩蛭（蚕姪）

> （兔丽之山）……有兽焉，其状如狐而九尾、九首、虎爪，名曰蚕姪，其音如婴儿，是食人。
>
> 《山海经·东山经》

蚕(lóng)姪是有九条尾巴和九个头的狐狸。《山海经·中山经》中记有蚕蚔(chī)，郭璞怀疑两者为同一物，然而两者在形象上差异较大，应该不是同一种生物，且《怪奇鸟兽图卷》所绘也是九条尾巴和九个头的狐。

蚕姪虽然是有九条尾巴的狐狸，但《山海经》正文都不称其为"九尾狐"；《山海经》中的"九尾狐"特指《山海经·南山经》中那只没有名字的九尾狐狸，当然也有取其独有特征而言者，将蚕姪概称为九首狐。

在日本，九尾狐完全挤压掉蚕姪被大众认识的空间。对于"音如婴儿"的怪兽，在日本部分地方也有存在，如所谓的"子泣爷爷"，形如老人，却发出婴儿的哭声；但那与蚕姪并无关系。

壟蛭

[りゅうしつ　またほ　りゅうてつ]

壟蛭／ふそ山けた物あり／りうけいとなつく／こゑゑいじのことし

攻击力：★★★★☆

神秘性：★★★☆☆

凶残度：★★★★★

《学海群玉》，明万历三十五年（1607）刊本

九尾狐

> （青丘之山）……有兽焉，其状如狐而九尾，其音如婴儿，能食人，食之不蛊。
>
> **（《山海经·南山经》）**
>
> 有青丘之国，有狐，九尾。_{郭璞注：太平则出而为瑞也。}
>
> **（《山海经·大荒东经》）**

历史上，九尾狐的形象经历了一个"凶兽—瑞兽—妖兽"的波折变化过程。

从《山海经》的内容来看，九尾狐具备食人凶兽的特质，郭璞作注却说它会在太平之日作为祥瑞出现。出现这种矛盾是由于汉代以来，随着谶纬之学的兴盛，九尾狐被视为祥瑞的代表之一。东汉班固所著《白虎通义》明确指出九尾狐作为祥瑞之兆，象征帝王之子孙繁盛。而在同样作于东汉的《吴越春秋》中，九尾狐生下了夏朝的开国之君禹的儿子——启。

至六朝及唐代，志怪、传奇小说风行于世，小说中的狐狸多以美貌惑人的美女形象出现。事实上，《千字文》（篆图本）"周发（伐）殷汤"注，首次提到美女妲己即九尾狐。

此说成为宋元说话文学的创作题材，其中较为有名的作品即元代《武王伐纣平话》，后此题材由明代章回体小说《封神演义》继承，并为今日读者所熟知。

在日本，九尾狐传说的流行始于江户时代。日本作家高井兰山《绘本三国妖妇传》为日本传说中的狐妖"玉藻前"附会出一段经历：

九尾妖狐妲己被姜太公处决后，逃到天竺，化作摩羯陀国斑足太子的妃子华阳夫人，唆使太子滥杀无辜；后原形遭到识破，再度逃到中国，化身褒姒，导致周幽王以烽火戏诸侯。周朝亡后千余年，日本遣唐使吉备真备来华，九尾妖狐化作少女，随返航船团前往日本。

时值日本平安时代,来到日本的九尾妖狐变身绝世美女玉藻前——所谓"某某前",是日本古代对贵族女性的敬称——魅惑鸟羽上皇。鸟羽上皇卧病不起,阴阳师安倍泰成(阴阳师安倍晴明之孙)查明原因,率兵与玉藻前鏖战,最终将其消灭。

玉藻前死后,化作巨大的毒石,散发毒气,使得周边草木不生,被称为"杀生石"。日本南北朝时代,杀生石为元现寺住持玄翁和尚破坏,其碎块四散至日本各地,至今尚存。

在日本江户时代小说家曲亭马琴的名著《南总里见八犬传》中,九尾狐则作为正面角色登场。作者借小说中九尾狐角色"政木狐"之口,指出九尾狐原本是祥瑞之兽,妖兽的错误印象来自中国明代的《封神演义》等近世作品。

九尾狐 [きゅうびこ]

九尾狐/せいきうてくに/きつねありき/うびとといふ/柏杼子出との/ものを得たり

攻击力:★★☆☆☆
神秘性:★★★★★
凶残度:★★★★☆

山东省彭山双河乡石棺壁画

《学海群玉》,明万历三十五年(1607)刊本

> （带山）……有兽焉，其状如马，一角有错，其名曰䑏疏，可以辟火。
>
> 《山海经·北山经》

"䑏"字有两种读音：形容丑陋时，读 quán；作为"䑏疏"这一异兽的名字时，则读 huān。对于"䑏疏"之名，亦有古书作"㩆（guàn）疏"，应是错误的。

䑏疏似马，长着一只鳞状的角（不知为何《怪奇鸟兽图圈》与《学海群玉》的画师都在此兽头部画二只角），因此常被拿来与西方的独角兽做对比，但实际上，两者并没有太多相似之处。独角兽首次见于文献的详细描述，是在历史学家克特西亚斯（Ctesias）的《印度志》（Indica）一书中。克特西亚斯虽是希腊人，却常年担任波斯王阿尔塔薛西斯二世的御医，所著《印度志》在当时被奉为经典，只可惜现早已散佚。

从公元9世纪的拜占庭学者佛提乌（Photios）的辑录中，我们还可以窥见《印度志》记载的种种珍禽异兽——狗头人（Cynoscephalae）、人面虎（Martichora）、长须侏儒（Pygmees），以及一种神奇的马状生物。这种马状生物长着一只防毒的角，脚力无与伦比，保护幼驹时会与人类殊死搏斗，后世称其为"独角兽"。当然，䑏疏与独角兽相比，相似之处只在于外形，而在《山海经》中，仅独角的马形兽就有三种，因此将某兽称为"中国的独角兽"，作为一种比喻尚可，算不上严谨的说法。

朦疏 [かんそ]

朦疎／ていさんにしろ／ありくわんそと／なつく

攻击力：★★★☆☆
神秘性：★★★☆☆
凶残度：★★☆☆☆

《学海群玉》，明万历三十五年（1607）刊本

猛豹

> （南山）……兽多猛豹。郭璞注：猛豹似熊而小，毛浅有光泽，能食蛇，食铜铁，出蜀中。豹，或作虎。
>
> 《山海经·西山经》

猛豹在《山海经》正文中只留下一个简单的名字，依靠郭璞的注释，我们才对它稍有了解。由于郭璞同时又注《尔雅》，许多古代学者便敏锐地指出两者的相通之处，比如《尔雅》中的"貘"，郭璞注释称：

> 似熊，小头庳脚，黑白驳，能舐食铜、铁及竹骨。骨节强直，中实少髓，皮辟湿。或曰豹白色者别名貘。

因此貘常被认为与猛豹是同一物。然而，《怪奇鸟兽图卷》中既绘有猛豹，亦绘有貘，两者形象却并不相类。

现在学界有观点认为猛豹或貘是大熊猫的古名，这种观点的产生是由于郭璞对猛豹的注释中有"似熊而小""出蜀中"等描述，此观点可备一说，但没有确切的证据支持。

在日本将棋的某些变种（兴盛于日本镰仓时代的大将棋、兴盛于日本战国时代的中将棋等）将棋类中，有一个棋子被称为"猛豹"，此外亦存在一个名为"奔貘"的棋子，但在古人制定下棋的规则中，"猛豹"与"奔貘"之间，并不存在类似现今国际象棋中"兵升变"的棋子的升级关系。可见，在将棋的文化中，猛豹与奔貘没有直接关系。

猛豹
[もうひょう]

猛豹／南山けたもの／ありまうへう／となつくとう／てつをしよく／とす

攻击力：★★★★☆

神秘性：★★★☆☆

凶残度：★★★☆☆

《学海群玉》，明万历三十五年（1607）刊本

葱聋

> （符禺之山）……符禺之水出焉，而北流注于渭。其兽多葱聋，其状如羊而赤鬣。
>
> 《山海经·西山经》

葱聋似羊，长着红色的鬣毛。由于"符禺之水出焉，而北流注于渭"，而渭水流于陕西境内，因此《陕西通志》便将葱聋列为其物产之一。

针对葱聋红色鬣毛的特征，清代学者郝懿行指出：

> 此即野羊之一种，今夏羊亦有赤鬣者。

所谓"夏羊"，指的是陕西、山西一带生长的羊，头小，身大，毛长。对此，《中国古代动物学史》则称葱聋为藏羚（Pantholops hodgsonii）；亦有学者指出藏羚"虽有红棕色的背毛，但无长鬃"，并主张葱聋实指鬣羚（Capricornis sumatraensis）。至于《怪奇鸟兽图卷》将其绘作一只黑头羊，显然与明代日用类书"其首黑"的描述一致。

无论是藏羚还是鬣羚，在日本都无分布。

葱聾[そうろう]

葱聾／きぐ山けたもの／ありそうりう／となつく

攻击力：★★☆☆☆
神秘性：★★☆☆☆
凶残度：★☆☆☆☆

《万宝全书》，明万历四十年（1612）刊本

旄牛

> （翠山）……其阴多旄牛。
>
> 　　　　　　　　　　　《山海经·西山经》
>
> （潘侯之山）……有兽焉，其状如牛而四节生毛，名曰旄牛。
>
> 　　　　　　　　　　　《山海经·北山经》

除了翠山与潘侯山的旄牛之外，《山海经》中另有一种"犛（máo）牛"，郭璞注称"旄牛属也，黑色，出西南徼外也"；明人李时珍则认为犛牛与牦牛身体特征相同，唯有大小的区别。一般认为，犛牛、旄牛、牦牛为同一物。

明代日用类书"旄牛"形貌都与"穷奇"极为接近，《怪奇鸟兽图卷》中，两者形象更是几乎难以分辨。

旄牛主要生活在我国青藏高原地区，日文中多袭其藏语称呼读作"ヤク"（Yaku），"犛牛／旄牛"的汉字写法虽存在，但并不常用。

旄牛
[ぼうぎゅう]

旄牛／るい山けたもの／ありせんぎう／となづく

攻击力：★★★☆☆
神秘性：★☆☆☆☆
凶残度：★★☆☆☆

《学海群玉》，明万历三十五年（1607）刊本

狰

> （章莪之山）……有兽焉，其状如赤豹，五尾一角，其音如击石，其名如狰。
>
> 《山海经·西山经》

多亏"狰狞"一词的普及，今天"狰"字算不上生僻字。在宋代字书《广韵》中，"狰"有两个意思：一是"似豹，一角五尾"之兽，二是"如狐有翼"之兽。《山海经》中的"狰"显然是前者。

《山海经》中称狰"状如赤豹"，那么"赤豹"究竟是什么样子呢？在《楚辞》著名的篇章《山鬼》中，山鬼的形象为"乘赤豹兮从文狸"，可谓是深入人心。而赤豹——准确来说是赤豹的皮，最早则出现在《诗经》当中，《大雅·韩奕》云："献其貔皮，赤豹黄罴。"《毛传》对此的解释是"毛赤而文黑谓之赤豹"。红色的皮毛配上黑色的斑纹，《怪奇鸟兽图卷》所绘形象可谓十分精准。

日本各通行辞典均未收"狰"字。因为日本自古少有虎豹之类的动物繁衍栖息，因此豹形怪兽未能在日本流传开。

狰
[せい]

狰/じゃうといふもの/きうらくくを/出てほつかいのほか/にあり

《学海群玉》，明万历三十五年（1607）刊本

攻击力：★★☆☆☆

神秘性：★★★☆☆

凶残度：★★★☆☆

青熊

青熊不见于《山海经》。

周成王在"成周之会"上会见各部落首领,东夷部落"不屠何"(一作"屠何")献青熊给周成王;在《逸周书》中,有"不屠何,青熊"五字来表现这个部落与青熊存在关系。

不屠何是东北地区的少数民族,相传是东胡的祖先,清代诗人查慎行作诗曾用到入贡青熊之典:"国家象胥译九重,白雉入贡兼青熊。""象胥"指翻译人员,"译九重"即辗转经过多种语言转译,皆是旧语,非实指。古代南越进贡白雉,东夷则入贡青熊,此处将"白雉"与"青熊"一西南一东北安排到一起,形成巧妙的当句对,借喻清代统治遍及周边蛮夷之地。

明代胡文焕《山海经图》中所绘青熊图像近似于犬,《怪奇鸟兽图卷》与明代日用类书一致,则将青熊画成人面猴形之兽,两者差距较大,可见对青熊的认识十分不同。

青熊
[せいゆう]

青熊／せいゆうといへる／けものしうのせ／いわうの時天下たい／へいにしてとういよりこれを／らいけんす

攻击力：★★★☆
神秘性：★★★★☆
凶残度：★★☆☆☆

《学海群玉》，明万历三十五年（1607）刊本

天狗

> （阴山）……有兽焉，其状如狸而白首，名曰天狗，其音如榴榴，可以御凶。
>
> 《山海经·西山经》

天狗在文献中不是个陌生面孔。

《山海经》中的天狗是一种像狸的怪兽，长着白色脑袋；至于"榴榴"的叫声，一般认为是拟声词，而郭璞注"或作猫猫"——明代日用类书配文直接称天狗"音如猫"。记载秦汉时期关中山川风物、怪异迷信的《辛氏三秦记》(该书今已不存)讲了一个有关天狗的故事：白鹿原上有一座狗枷堡，秦襄公时有天狗到堡上，并对贼寇吠叫，为堡内之人提供保护。此"天狗"虽未明言是《山海经》中的天狗，但结合"御凶"的特色看，可能是同一物。

相比于"猫猫"叫的狸状天狗，红脸大鼻子的日本天狗也许更为人熟知：它们神出鬼没，有时逞妖作乱，有时热心助人。相传日本平安末期武将源义经少年时期因为父报仇曾从天狗那里学得剑法，数百年后的剑豪柳生宗严亦留下了与天狗比剑的逸话。实际上，在日本古代文献中，"天狗"一词首次出现是在日本留传至今最早的正史《日本书纪》中。不过，《日本书纪》中的"天狗"一词指的并不是今天日本的天狗，而更接近于"天犬"(见后文"天犬"篇)。

天狗
[てんとう]

天狗/いん山の中に/てんくといふ物/あいしやをくらふこゑ/ねこのことしロくてんく/これを飼して凶をふせくへし

《学海群玉》，明万历三十五年（1607）刊本

攻击力：★★★☆☆

神秘性：★★★★☆

凶残度：★★☆☆☆

当庚（当康）

> （钦山）……有兽焉，其状如豚而有牙，其名曰当康，其鸣自叫，见则天下大穰。
>
> 《山海经·东山经》

　　与鳬徯、毕方等相似，当康也是一种"其鸣自叫"的异兽，好在它的名字带有含义，能够解读：清人郝懿行认为"当康"与"大穰"读音、意义皆相近，其叫声预示丰年。

　　因为当康形体像猪而有牙，所以，清人将当康与《神异经》中的异兽"无损"联系在一起。无损像鹿，长着猪脑袋，有牙；其肉食之不尽，肉即使被吃掉了还会复原如初。单从形象上看，与当康或有近似之处，其余则相差甚远。或许就像鼹与蛩鼠的关系相似，我们可以将《神异经》中记载的无损视作当康传说的一个变种。

　　通过附图《学海群玉》配文可见，该兽相对于《山海经》的描述，其形象少了牙，而多出"人面"的特征，而《怪奇鸟兽图卷》则对此做出了忠实的表现。

当康
[とうこう]

当康/きん山けた物/有たうかうと/なつくなく事は/みつからよぶあ
ら/はるときは天下/ゆたかなり

《学海群玉》,明万历三十五年(1607)刊本

攻击力:★★★☆☆
神秘性:★★★☆☆
凶残度:★☆☆☆☆

旄马

> 旄马，其状如马，四节有毛。_{郭璞注：《穆天子传》所谓毫马者。亦有牦牛。}在巴蛇西北，高山南。
>
> （《山海经·海内南经》）

关于"旄马"，郭璞注《山海经》称此兽即《穆天子传》之"毫马"。此事可见于《穆天子传》，但名称作"豪马"，只是《穆天子传》恰好依旧是由郭璞作注，于是他理所当然地引用了《山海经》中的注释内容，在郭璞的《穆天子传》注释中，有的版本作"髭马"，有的版本则作"髦马"。总而言之：旄马、毫马、豪马、髭马、髦马指的应是同一种兽。

从《山海经》中"旄马"的"旄"字以及"四节有毛"的描述中，我们很容易联想到"旄牛"。日本生物学家、民俗学家南方熊楠推测：

《山海经》云：在据说为中国最古之书的《山海经》中，记有"旄马，其状如马，四节有毛"；《事物绀珠》中，记有"旄马足四节许，垂毛，出南海外"。今若勉强探究此物，则西藏野驴生活于海拔一万四千英尺之极寒高原，与牦牛同覆有厚重之茸毛，正可称之"旄马"无碍也。

因此他认为旄马可能就是西藏野驴。

旃馬
[ほうば]

旃馬／なんかいの国に／せほといふけ／ものあり穐／てんしつたなる所の／いひとうはなり／はしや／のきたから山の南に／いづ

攻击力：★★☆☆☆
神秘性：★★★☆☆
凶残度：★★☆☆☆

《万宝全书》，明万历四十年（1612）刊本

貌（讙）

> （翼望之山）……有兽焉，其状如狸，一目而三尾，名曰讙，_{郭璞注：讙音欢，或作原。}其音如夺百声，_{郭璞注：言其能作百种物声也。或曰：夺百，物名，亦所未详。}是可以御凶，服之已瘅。_{郭璞注：黄瘅病也。音旦。}
>
> 　　　　　　　（《山海经·西山经》）

《山海经·北山经》记载有"貌"：

> （乾山）……有兽焉，其状如牛而三足，其名曰貌，其鸣自詨。

不过形象与此不符，且此兽配文明言"翼望之山"云云，可见《怪奇鸟兽图卷》所绘者实为讙。

明代日用类书亦多名"貌"，只描述其特征时未提及其只有一只眼，《怪奇鸟兽图卷》明确指出："しょくすればわうだんをぢす。（食之治黄疸。）"即食用它可以治疗黄疸病。

至于"其音如夺百声"，连生活在一千六百多年前的郭璞也弄不明白是什么意思，他提出两种可能的解释：一是作各种各样的声音；二是把"夺百"看作某物的名字——郭璞自己并不确定该物是否真的存在——而讙的叫声像"夺百"。

貘〔けん〕

貘/けんはよくまう/山のうちにすむ/けた物也聞し物/せいをうばふこれをしよく/すればわうだんをちす

攻击力：★★★☆☆
神秘性：★★★☆☆
凶残度：★☆☆☆☆

《学海群玉》，明万历三十五年（1607）刊本

玄貀

玄貀不见于《山海经》。"貀"字与"貉"字同。

貉外形似狐,昼伏夜出,以鱼、鼠、虾、蟹为食。今天人们对貉的了解,大多来自成语"一丘之貉"。最早说这话的是《史记》作者司马迁的外孙——生性叛逆的杨恽,他说"古与今,如一丘之貉",皇帝听闻后免去了其官职。

玄貀,顾名思义是黑色的貉,最早可见于《穆天子传》的记载,其内容大意为周穆王在一个叫作"渗泽"的地方打猎,捉到了玄貀与白狐,于是将它们作为祭品献给了黄河的水神——河伯。

玄貉
[げんかく]

玄貉/しんしうたに/にげんしう有/ほくてんしつ/たべていはくほくた
くを/かりしてこれをうる/河そうをまつると

攻击力:★☆☆☆☆
神秘性:★★★★☆
凶残度:★☆☆☆☆

《学海群玉》,明万历三十五年(1607)刊本

天犬

> （金门之山）……有赤犬，名曰天犬，其所下者有兵。郭璞注：《周书》云：天狗所止地尽倾，余光烛天为流星，长十数丈，其疾如风，其声如雷，其光如电。吴楚七国反时，吠过梁国者是也。
>
> 《山海经·大荒西经》

《西山经》有天狗，似狸白首，有抵抗凶邪的作用（详见"天狗"篇的解说）。至于《大荒西经》的天犬，据原文可知是一种红色的狗，会招致兵燹之灾。因此单纯从《山海经》的记载来看，与天犬有关的并不是《西山经》的天狗，而是《史记》中的"天狗"星。《日本书纪》曾记载有"天狗"星的情况：一颗大星从天边划过，伴随着近似奔雷的隆隆声，有人说是流星，有人说是巨雷。众人之中有一名僧人名叫旻，此人是渡日中国人的子孙，此前曾作为遣唐使来华。见多识广的僧旻表示，那不是流星，而是天狗，天狗的吠声像雷。此处的"天狗"带有雷鸣般的"吠声"，指的正是《山海经》中的"天犬"。

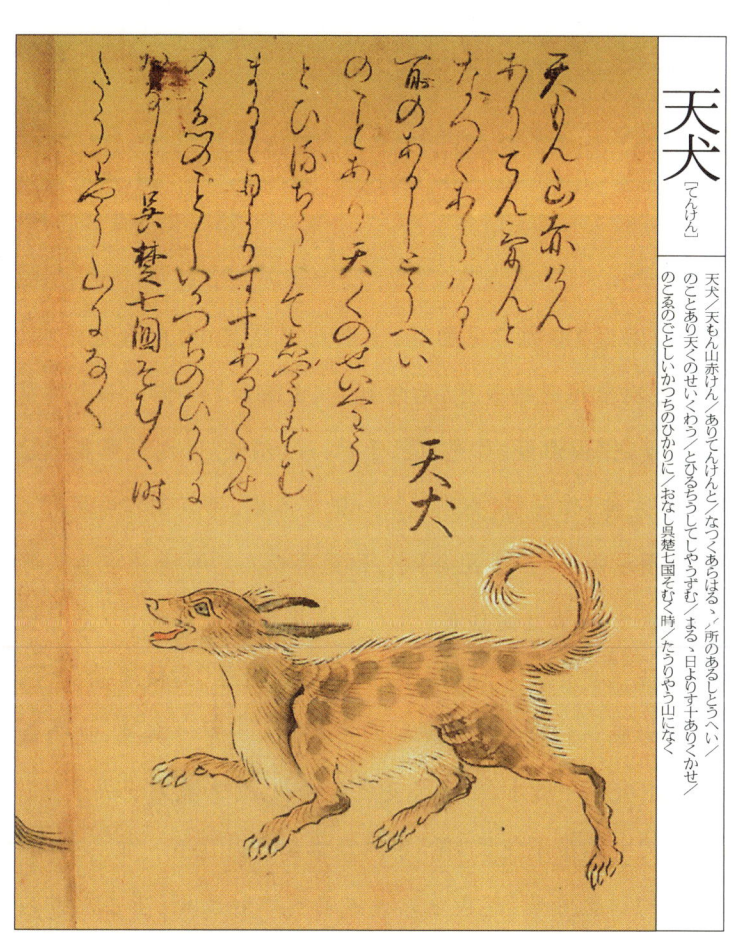

天犬［てんけん］

天犬／天もん山赤けん／ありてんけんと／なつくあらはる／ヽ所のあるしうへい／のことあり天くのせいくわう／とひるちうしてやうすむ／まる、日よりす十ありくかせ／のこゑのごとしいかっちのひかりに／おなし吳楚七國そむく時／たうりやう山になく

《万宝全书》，明万历四十年（1612）刊本

攻击力：★★★☆☆
神秘性：★★★☆☆
凶残度：★★★★☆

怪奇鸟兽图卷

301

兕

> （祷过之山）……其下多犀、兕，多象。郭璞注：兕亦似水牛，青色，一角，重三千斤。
>
> 　　　　　　　　　　　　（《山海经·南山经》）
>
> 兕在舜葬东，湘水南，其状如牛，苍黑，一角。
>
> 　　　　　　　　　　　　（《山海经·海内南经》）

兕是《山海经》中的常见面孔，上引两则原文中，前者是兕在《山海经》正文中首次出现时的表述，后者则是《山海经》中唯一一次对兕的形象描述。郭璞注《山海经》称兕重三千斤，注《尔雅》时则说兕是千斤。唐人孔颖达为《左传》作疏引《交州记》称：兕皮厚重，可以制作铠甲。

在明代图录类书《三才图会》中，称兕不咬人。可是兕在古人眼中却一直是对人具有威胁性的猛兽，古人常常将其与虎并称，与兕虎搏斗是人勇敢的象征，《史记》中飞将军李广"裂石响惊弦"的故事脍炙人口：李广误将一块大石认作老虎，情急之下一箭射入石中。其实，这个故事在《吕氏春秋》中有另一版本，主人公变成养由基，而老虎则变成了兕。

现代日文中几乎不使用"兕"字。日本江户时代有一位钓鱼大师，著有日本最早的钓鱼专著《何羨录》，此人名叫津轻政兕（まさたけ）；结果由于"兕"字过于生僻，许多资料无法正确显示该字。不过，从该字的日语训读（たけ，的汉字亦可写作"武""猛"等）可以看出，兕字还是保留了凶猛的意思。

怪奇鳥獸圖卷

兕 [と]

兕／たうしう山に／どといふけた／物ありよく身／にふる、千きんを／かさねてかはかたく／あつしよろいかふと／にせいす

攻击力：★★★★☆
神秘性：★☆☆☆☆
凶残度：★★★★☆

《学海群玉》，明万历三十五年（1607）刊本

303

𪊴（𪊴𪊴）

> （泰戏之山）……有兽焉，其状如羊，一角一目，目在耳后，其名曰𪊴𪊴，其鸣自䚯。
>
> 《山海经·北山经》

𪊴(dōng)，《山海经》正文作𪊴𪊴，其形象类似独角的羊。

说起独角羊，我们当然会想起大名鼎鼎的獬豸(zhì)。相传此种神兽能辨忠奸，决疑裁断之时，会用头顶的角触击奸邪之人。事实上，獬豸的形象众说纷纭，独角羊只是其形象之一，此外还有独角牛、独角鹿、独角麟等多种说法。

𪊴𪊴形象虽似羊，却非单纯的独角羊，而是具有独眼的特征，眼睛还长在耳朵后面，样子十分诡异。在《怪奇鸟兽图卷》中，似乎并未表现出以上特征。

明人杨慎说𪊴𪊴产于今山西省，俗称"𧱏子"，是丰收的吉兆。吉兆与否暂且不论，产于山西的说法与各日用类书基本一致。或许是由于𪊴𪊴生活在"泰戏之山"，而山西也有一座名为泰戏的山。当然，相反的说法同样存在。明人胡文焕称𪊴𪊴会招致祸端，对皇宫中的统治者而言更是凶兆。

辣 [ろう]

辣／太ゐき山にけた物／ありとうとなづく／みつから名のなをなく

攻击力：★★☆☆☆
神秘性：★★★☆☆
凶残度：★★★☆☆

《万宝全书》，明万历四十年（1612）刊本

狡犬（狡）

> （玉山）……有兽焉，其状如犬而豹文，其角如牛，其名曰狡，其音如吠犬，见则其国大穰。郭璞注：晋太康七年，邵陵扶夷县槛得一兽，状如豹文，有两角，无前两脚。时人谓之狡，疑非此。
>
> 《山海经·西山经》

狡犬，《山海经》原文作"狡"。

"狡"字原指年幼的狗，《淮南子》中即有关于"狡狗"的记载：

> 故疲马之死也，剥之若槁；狡狗之死也，割之犹濡。

不过，此处的"狡狗"只是一般的统称，与作为专有名词的"狡犬"不同。据《山海经》原文可知，狡形似犬，有豹纹，长着牛角；而《逸周书》则记载狡犬是匈奴所献之兽，黑色的身体，长着一张大口，四蹄无毛。明代日用类书多将两者的形象融为一体，自然这也基本忠实地反映在《怪奇鸟兽图卷》之中。

郭璞在注释中提到，西晋太康七年（286）邵陵郡（位于今湖南）捕获一兽，当时人们都称其为狡——此兽只有两足，与《山海经》中描述的狡有很大差别。由此可见俗传流说的不确定性，因而与文献记载中珍禽异兽的形象大有出入。

狡犬
[こうけん]

狡犬／玉山にけた物／ありかつけんと／なつくいぬの声／あらはる、時は天／下ゆたかなり

《不求人全編》，明万历三十五年（1607）刊本

攻击力：★★★☆☆
神秘性：★★★☆☆
凶残度：★★☆☆☆

狒狒（枭阳国）

> 枭阳国在北朐之西，其为人人面长唇，黑身有毛，反踵，见人笑亦笑，左手操管。
>
> 《山海经·海内南经》

非洲大陆有一种灵长类猴科动物，英文叫"Baboon"，其中文名被译为"狒狒"。狒狒是一种现实存在的动物，在现在的动物园中较为常见。

《怪奇鸟兽图卷》中的多毛人形怪兽则是一种传说中的生物，名称众多而以"狒狒"最为知名。

在《山海经》正文中，此兽没有名字。由于来自枭阳国，有时称其为"枭阳"，或称"枭羊""枭杨"。《尔雅》的记载则明确了"狒狒"的特征，称狒狒披头散发，走得快，且吃人。此外，狒狒也是周成王在成周大会上收到的贡品之一，在《逸周书》中被称作"费费"。胡文焕《山海经图》则称作"如人"，且引用郭璞《山海经图赞》描述了狒狒的习性：捕抓到人它就会笑起来，一笑嘴唇则会遮住眼睛，最终反被人类所杀。

南朝时，西南边境地区进献给皇帝两只狒狒，相传其不仅力负千斤，还能知人生死；人喝下它们的血，还能看见鬼。

狒狒在日本民间传说中是一种会作乱的妖怪，相传古代有两个樵夫入山打樵，忽然刮起一阵怪风，狒狒出现并捉住了年轻樵夫；多亏年长樵夫与狒狒搏斗，才救下年轻樵夫的性命。就像唐传奇小说《补江总白猿传》中的白猿的形象一样，狒狒在日本传说中也是好色之徒，位于大阪的野里住吉神社流传着一则战国时期的故事：古时，当地村民为防止狒狒这一妖怪作乱，被迫每年定期向狒狒进献女子，一直苦不堪言，后由武将薄田兼相出手相助，斩杀了作恶多端的狒狒。此外，日本江户时代画家鸟山石燕《今昔画图续百鬼》画卷中也绘有狒狒。

狒狒
[ひひ]

狒狒／東やう国に／此けたものあり／ひひっとなつ／く

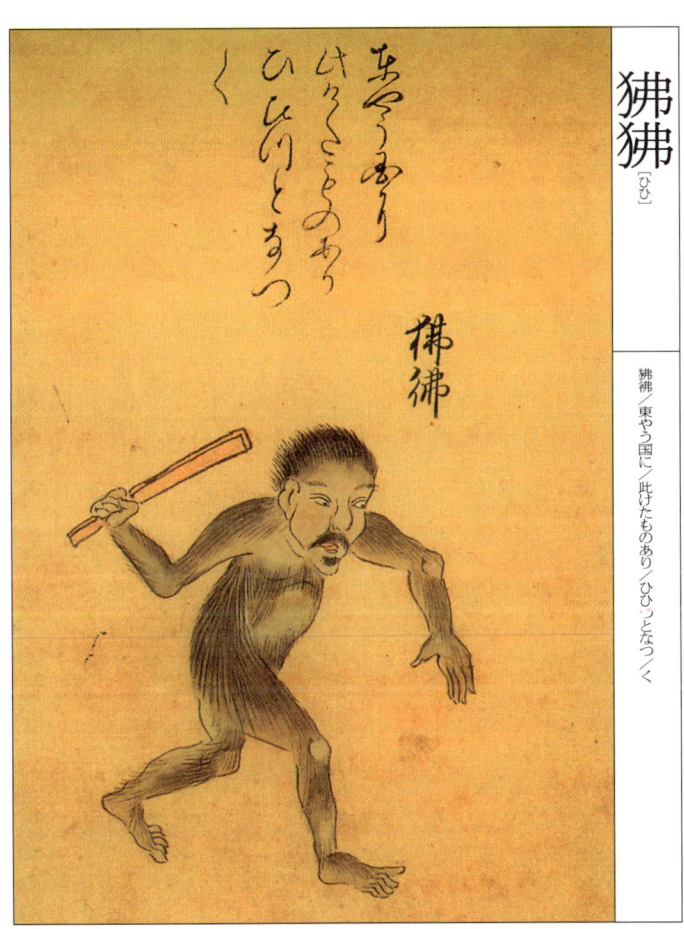

《学海群玉》，明万历三十五年（1607）刊本

攻击力：★★★★☆
神秘性：★★★☆☆
凶残度：★★★★☆

貘

貘不见于《山海经》。

《尔雅》一书称貘为白豹,郭璞则对其形象做了一番详细的注释。关于其外形特点,说法不一,或称"毛黑如漆"(《神异经》),或称"大如驴"(《白氏六帖》引《广志》);共同的特性则是"食铁"。

唐代诗人白居易作《貘屏赞》诗,在诗序中提到貘图可辟邪,自己之前曾有头疼的疾病,睡觉时总要用一个小屏风遮住头部,某次偶然碰到画师,便让他在屏风上画了貘。此外,白居易十分好奇貘的习性,便作赞诗以当时的貘无铁可食来讽刺国家穷兵黩武,将大量的铁用于制造兵器。根据白居易《貘屏赞》的序文中描述,貘更近似于今日所称之马来貘。

日本室町时代末期,貘被作为"吞食噩梦"的一种动物流行起来。当时人们相信,除夕夜枕着一幅绘有宝船的画入睡,能够将噩梦付之流水;而宝船的船帆上,有时会写上一个"貘"字。到了江户时代,则出现了绘有貘图案、打造成貘形状的"貘枕"。日本奇幻文学作家、小说《妖猫传》的作者米山峰夫,年少时希望写出梦幻般的故事,便以笔名"梦枕貘"开始从事创作活动。据其自述说"梦枕貘"取"貘食梦"之意,而"枕"正是沟通"梦"与"貘"之间的桥梁。

貘在中国虽有可辟邪的意义,与梦却无关联。为什么在日本变成了食梦兽,目前尚无确切的说法。日本江户时代学者小岛成斋推测应是中国的典籍《后汉书》和《唐六典》提到"莫奇食梦",而古代日本人读了中国的典籍后习得此典故,使日本开始流传"莫奇食梦"之说,而随着时间的推移,莫奇的"莫"字流变成了"貘"字,于是便有了貘能食梦的说法。

然而,今本《后汉书》《唐六典》注皆作"伯奇食梦"。此"伯奇"为汉代大傩仪式中的神名,且未有证据表明伯奇与此有关。

日本部分地区现在仍有一种"让人在噩梦过后说三遍'把梦给獏（獏にあげます）'，以求不再遇到相同的噩梦"这样的习俗。

《学海群玉》，明万历三十五年（1607）刊本

攻击力：★★★☆☆
神秘性：★★★★☆
凶残度：★★☆☆☆

龙马

龙马不见于《山海经》。

唐代诗人杜甫《丹青引赠曹将军霸》一诗中描写曹霸画马："斯须九重真龙出，一洗万古凡马空。"根据《周礼》的记载，八尺以上的马可称作"龙马"，故将轩昂生风的玉花骢称作"真龙"。

《怪奇鸟兽图卷》中的龙马形象显然并非如此，而是一种兼具龙与马特征的神异动物。相传龙马从黄河中出现，伏羲按照其身上的图案画出了八卦，此图案被称为"河图"。一说"河图"是龙马身上背负的图。

众所周知，"河图"是古代谶纬学说重点关注的对象之一，因此可想而知，龙马形貌的记载基本出自谶纬之书。较为通行的说法是：龙马为马身龙鳞，高八尺五寸，颈骨旁长有翅膀，可以行走于水上。此外还有翼旁有毛、叫声多样等特点。总体而言，多认为龙马身形似马，龙的要素只体现在龙鳞以及"蹈水不没"方面。

当然，也有与"马身龙鳞"不同形象的记载：龙马为龙身马首，有两只角，八九尺的龙身体上长着鳞甲与五色横纹。当然，此"龙马"相传曾出现于唐代，不过因距离上古传说已有数千年之久，故不宜视作龙马的正统形象，宜视作龙马形象的一个变种。而到了明代，则出现了"龙与马交合而生龙马"的说法。

在日本，"龙马"二字家喻户晓，这当然归功于江户时代末期的风云人物坂本龙马。据说在坂本龙马降生前夜，其父梦到了骏马，其母梦到了蛟龙，于是为他取了这样一个"风云气多"的名字。至于日本关于"龙马"的传说故事，比较有名的是一则记载在成书于13世纪的"世俗说话集"《古今著闻集》中的故事。此故事大意为：在日本奈良时代，有一位名叫藤原广嗣的大臣，他在朝廷的政治斗争中失势，被贬职到九州地区的太宰府。在当地，他遇到了一匹奇异的马，此马叫一次能发出七声嘶鸣，于是他便高价买下此马,骑着它一日之内便可来回于九州太宰府与都城奈良,世人皆谓此一日千里的神马为"龙马"。

龍馬〔りゅうば〕

龍馬／まうかにりうは／いつたかさ八尺五／すん

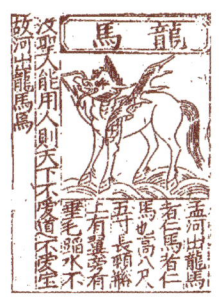

《学海群玉》,明万历三十五年(1607)刊本

攻击力:★★★☆
神秘性:★★★★★
凶残度:★★☆☆☆

附录

《山海经存》图谱

南次二经

猾褢　狸力

鱄　羬羊　鴸

鴑雕

南山神　长右　猾褢

南次三经

凤皇　　蛊

同邑後學舍家原眷堇珂撲擬原本古石

虎蛟　　犀

鱄魚　　瞿如

鴆　　象

南神

西山经

蛭

夔牛 羬羊

罴 㺉渠

肥遗鸟 肥遗蛇

鳬䳤 䑏疏 非牛

尸鸠 赤鷩 鴖

猛豹 蛊雕

西次二经

麋

鸑

同邑後學余家渠會吳珂謹橅原本上石

鹿

朱厭

鳧徯

西山十神

虎

西山七神

豹

西次三经

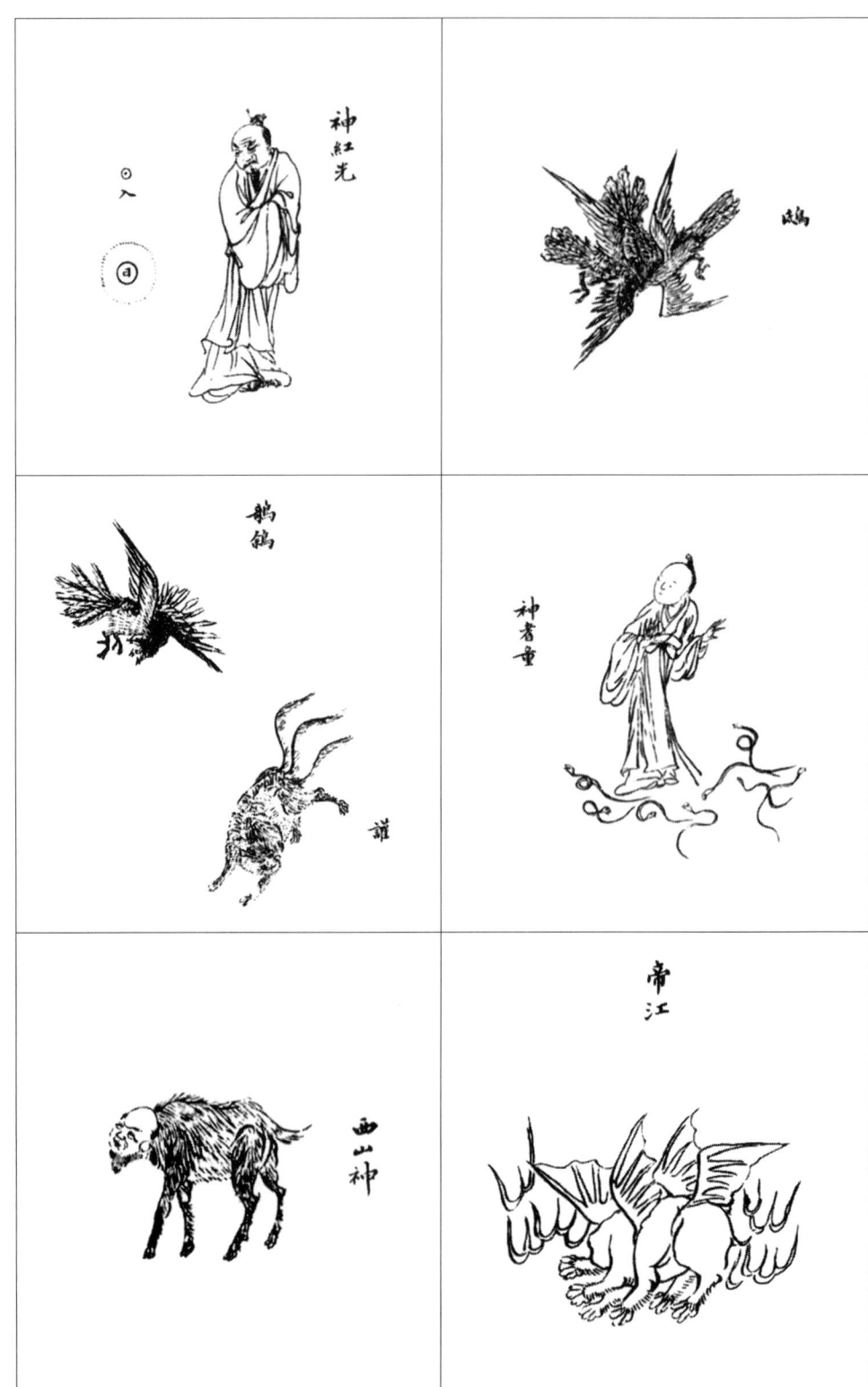

西次四经

北山经

孟槐

䱻䱻鱼

水马

滑鱼

同邑後學合家集會美珂謹摹原本上石

寓鸟

橐駝

朦朧

鵁鶹

儵魚

月鼠

孟極

何羅魚

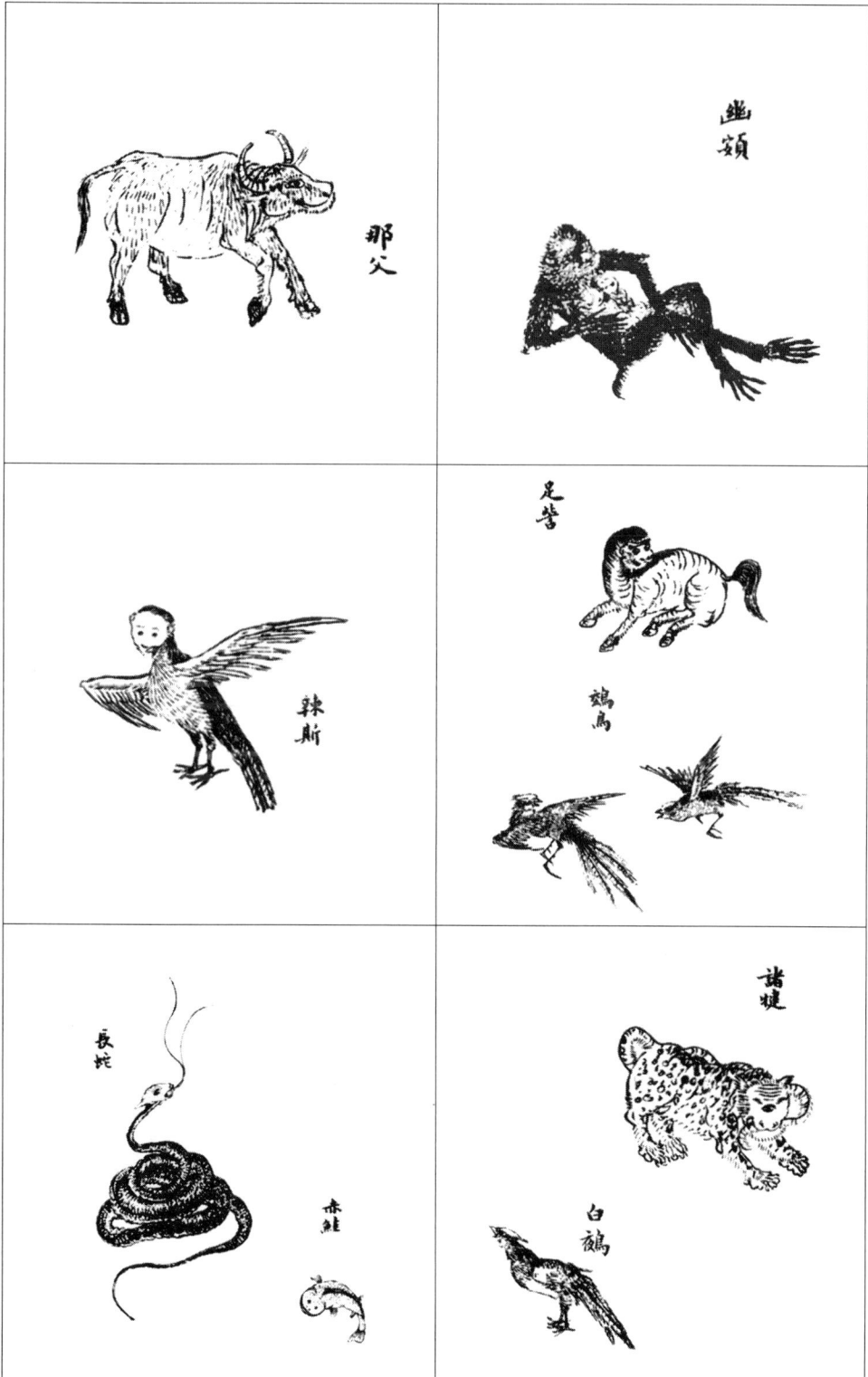

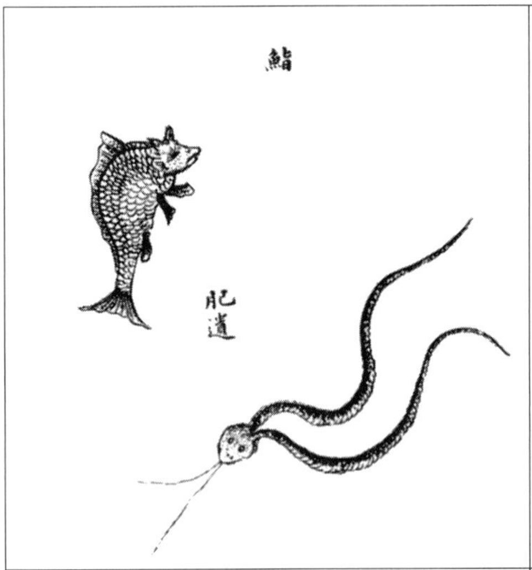

《山海经存》图谱

鮨

肥遺

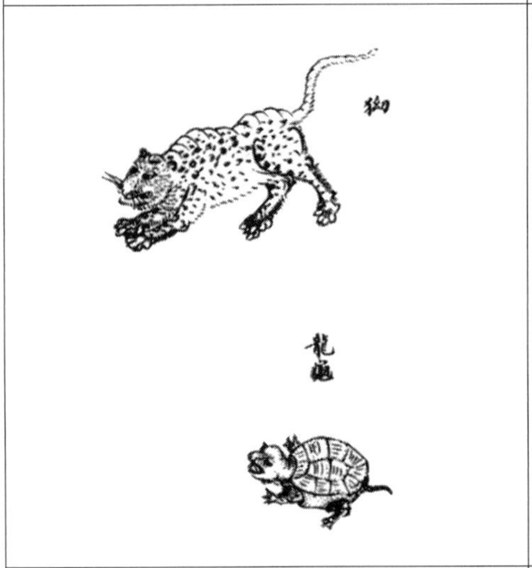

寰疎

狪

䱋鱼

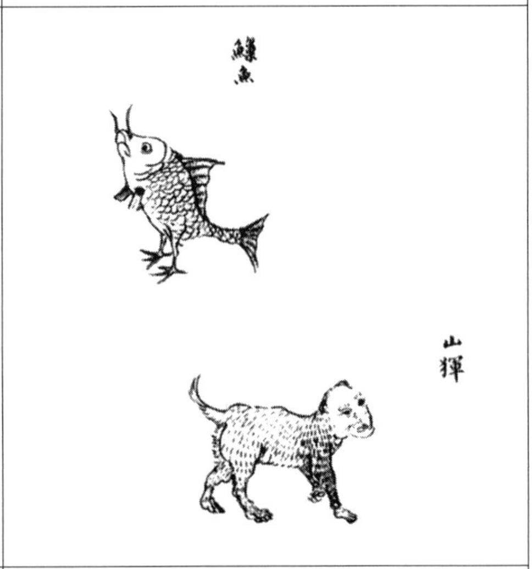

龙龟

山𤟤

北山神

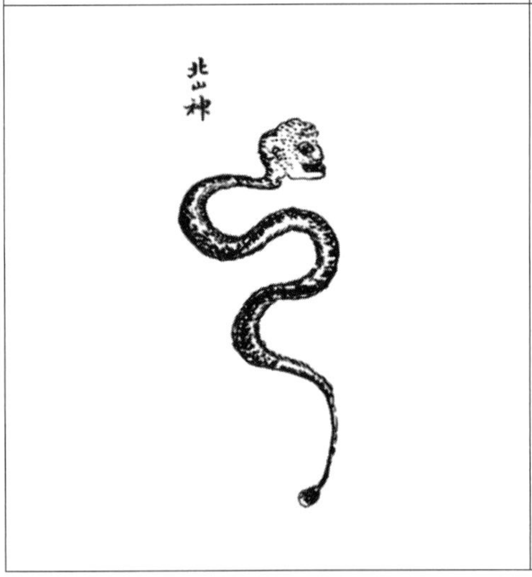

诸怀

330

北次二经

北次三经

鮯父　象蛇　䴅　
鶌鵴　　　鶘

精衛　酸與　人魚　鵸鵌
黃鳥　　　　䰳䰽

跂踵　　天馬　白蛇　領胡

同邑援學숣家銀壹美珂謹撫原本上石

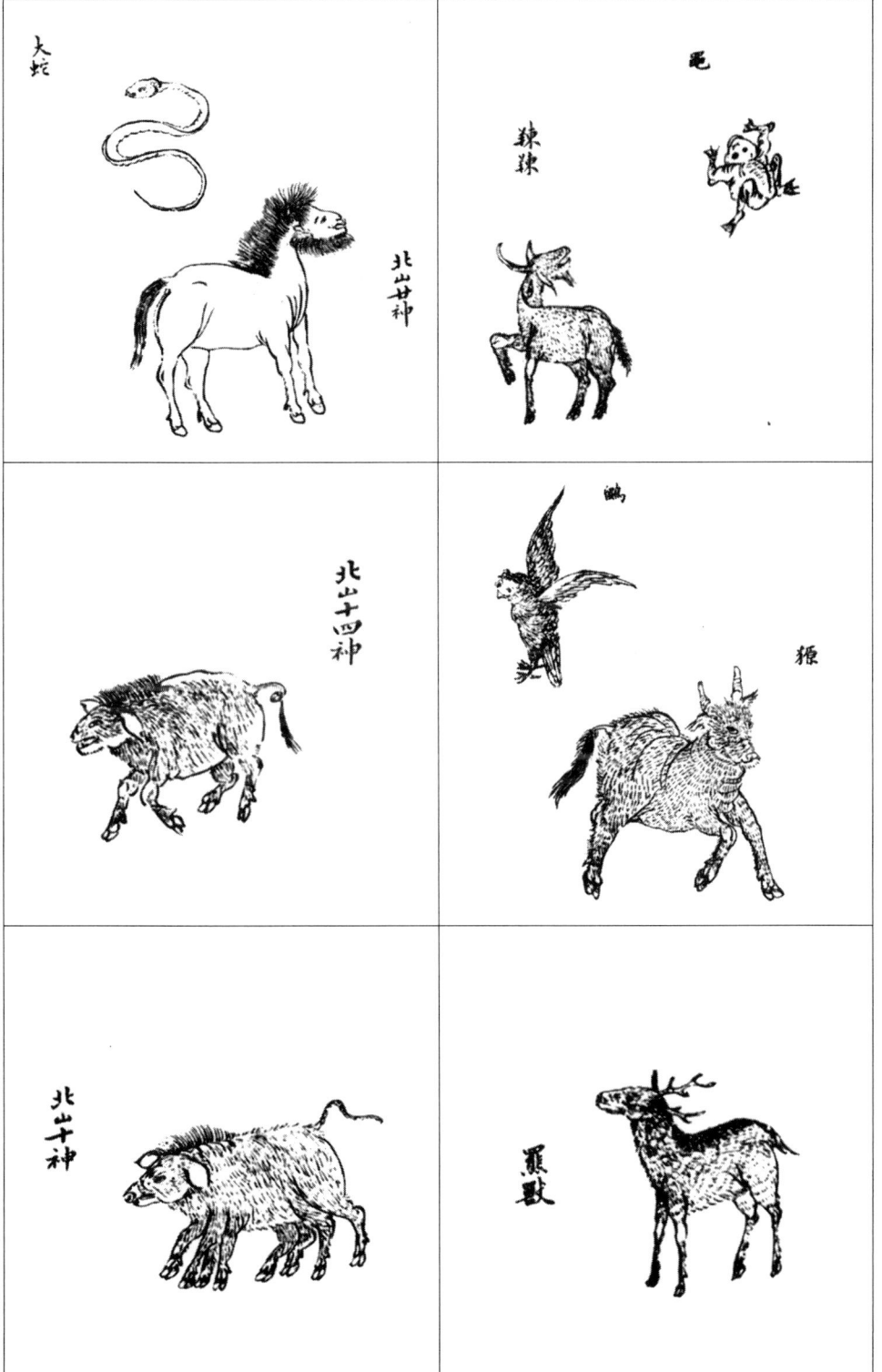

东山经

如夸父　猾蝒　狓狓　鯆䱇　同邑後學余家恩畫吳珂謹摹原本

峷鼠　活師　䱤魚

狪狪

東山神　鱃

东次二经

蠪蛭　峳峳

同邑後學余家鼎曁美珂謹橅原本上石

獙獙　珠鳖魚

犰狳

東山神　朱獳

蟨胡　獬獬

东次三经

鲐鲐鱼 姜胡 蟢龟

同邑後學余家驥眉坪謹撫原本上石

精精 虎

東山神 鳙 鮨

东次四经

当康　鳣鱼

獙獙　鬿雀

同邑後學金家驥畫美珂謹橅原本上石

合窳　薄鱼　贝

蜚　茈鱼　薄鱼

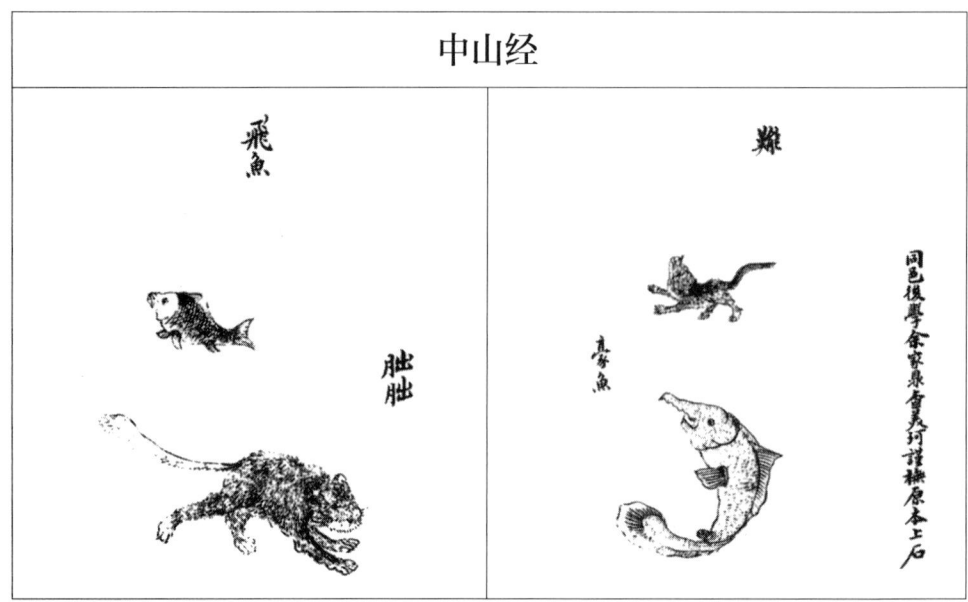

中次三经

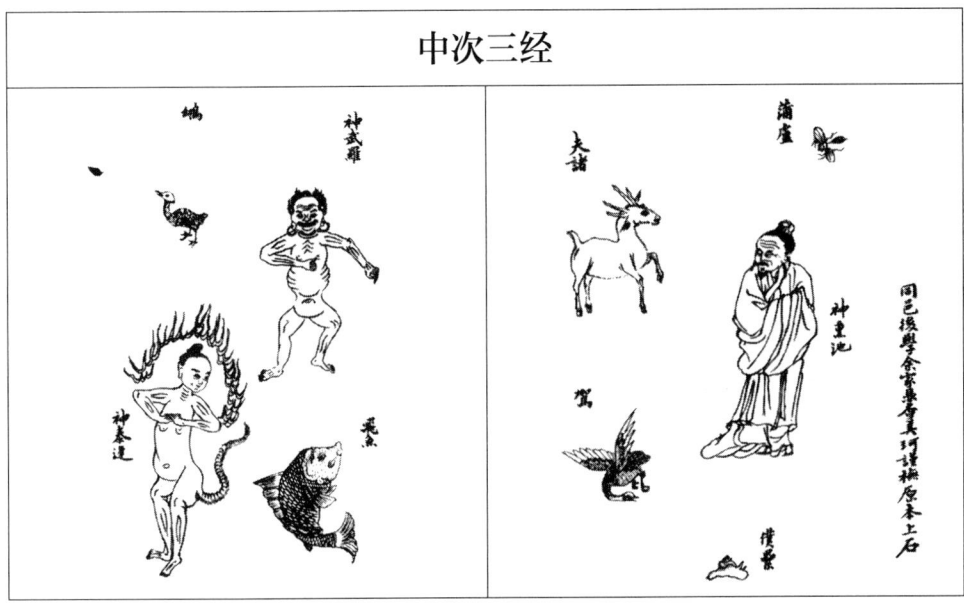

中次四经

中次五经

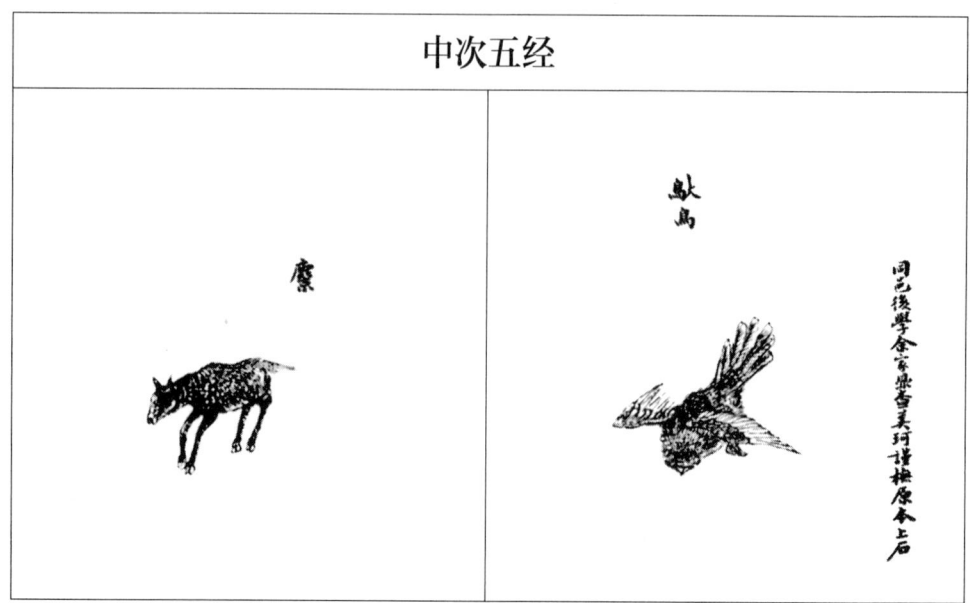

中次六经

中次七经

中次八经

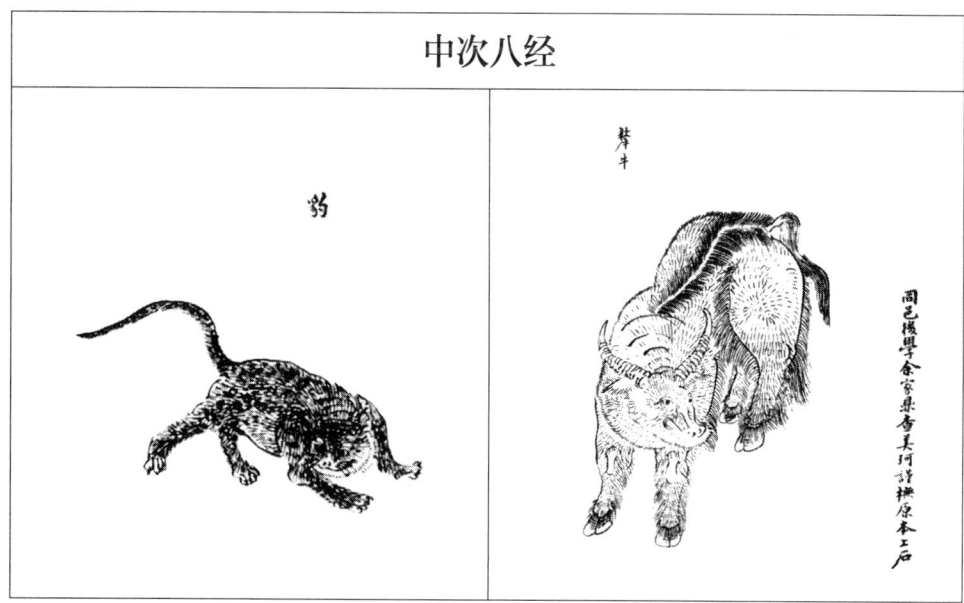

中次九经

犰狳　鼍

雒

熊山神　夔牛

中山神　怪蛇

鴢脂

中次十经

中次十一经

中次十二经

洞庭怪神　姚

神二女

中山神

神于儿

飞蛇

海外南经

交胫国

讔頭國

羽民國

三首國

同邑後學俞家騄會美阿補繪上石

南方祝融

厭火國

長臂國

貫匈國

海外西经

轩辕国　并封　一臂国　三身国

龙鱼　乘黄　奇肱国　形天

西方蓐收　长股国　女子国

海外北经

海外东经

雨师妾　黑齿国　大人国

同邑後學余寧查甫芳玙補繪上石

毛民國　元股國　君子國　奢比尸

東方句芒　九尾狐　天吴

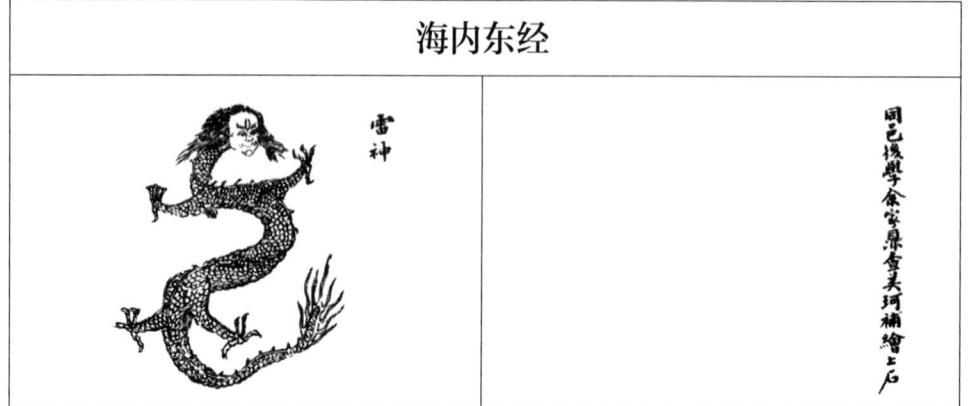

大荒东经

大荒南经

大荒西经

不周山/两黄兽

同邑後學余家泉會美所謹撫原本上石

太子長琴 / 北狄 / 獸狀如兔

十巫

女媧之腸十人

鳴鳥 / 會蓺 / 虐

石夷 / 狂鳥

大荒北经

蚩尤

犰狳

琴虫

猎猎

同邑後學舍家康重美刻諸橅原本上石

女魃

九鳳

赤水女子獻

戎宣王尸

彊良

海内经

山海经图赞

(晋)郭璞

南山经

桂

桂生南裔,枝华岑岭。
广莫熙葩,凌霜津颖。
气王百药,森然云挺。

水玉

水玉沐浴,潜映洞渊。
赤松是服,灵蜕乘烟。
吐纳六气,升降九天。

迷穀

爰有奇树,产自招摇。
厥华流光,上映垂霄。
佩之不惑,潜有灵标。

白猿

白猿肆巧,由基抚弓。
应晷而号,神有先中。
数如循环,其妙无穷。

狌狌

狌狌似猴,走立行伏。
櫰木挺力,少辛明目。
飞廉迅足,岂食斯肉?

鹿蜀

鹿蜀之兽,马质虎文。
骧首吟鸣,矫足腾群。
佩其皮毛,子孙如云。

鲑

鱼号曰鲑,处不在水。
厥状如牛,鸟翼蛇尾。
随时隐见,倚乎生死。

类

类之为兽,一体兼二。
近取诸身,用不假器。
窈窕是佩,不知妒忌。

狪狚

狪狚似羊,眼反在背。
视之则奇,推之无怪。
若欲不恐,厥皮可佩。

祝荼草

祝荼嘉草,食之不饥。
鸟首虺尾,其名旋龟。
鹓鸼六足,三翅并翚。

灌灌鸟、赤鱬

厥声如呵,厥形如鸠。
佩之辨惑,出自青丘。
赤鱬之状,鱼身人头。

鹈鸟

彗星横天,鲸鱼死浪。
鹈鸣于邑,贤士见放。
厥理至微,言之无况。

猾裹

猾裹之兽,见则兴役。
膺政而出,匪乱不适。
天下有道,幽形匿迹。

长右、彘

长右四耳,厥状如猴。
实为水祥,见则横流。
彘虎其身,厥尾如牛。

会稽山

禹徂会稽,爰朝群臣。
不虔是讨,乃戮长人。
玉赣表夏,玄石勒秦。

患

有兽无口,其名曰患。
害气不入,厥体无间。
至理之尽,出乎自然。

犀

犀头似猪,形兼牛质。
角则并三,分身互出。
鼓鼻生风,壮气隘溢。

凤

凤皇灵鸟,实冠羽群。
八象其体,五德其文。
羽翼来仪,应我圣君。

兕

兕推状兽,似牛青黑。
力无不倾,自焚以革。
皮充武备,角助文德。

育隧谷

育隧之谷,爰含凯风。
青阳既谢,气应祝融。
炎雰是扇,以散郁隆。

象

象实魁梧,体巨貌诡。
肉兼十牛,目不逾豕。
望头如尾,动若丘徙。

鹠鸟、鲐鱼

鹠鸟栖林,鲐鱼处渊。
俱为旱征,实延普天。
测之无象,厥数推玄。

纂雕、瞿如鸟、虎蛟

纂雕有角,声若儿号。
瞿如三手,厥状似鸡。
鱼身蛇尾,是谓虎蛟。

白䓘

白䓘䔲苏,其汁如饴。
食之辟谷,味有余滋。
逍遥忘劳,穷生尽期。

西山经

羬羊

月氏之羊,其类在野。
厥高六尺,尾亦如马。
何以审之?事见《尔雅》。

流赭

沙则潜流,亦有运赭。
于以求铁,趋在其下。
蠲牛之疠,作采千社。

太华山

华岳灵峻,削成四方。
爰有神女,是挹玉浆。
其谁由之?龙驾云裳。

豪彘

刚鬣之族,号曰豪彘。
毛如攒锥,中有激矢。
厥体兼资,自为牝牡。

肥遗

肥遗为物,与灾合契。
鼓翼阳山,以表元厉。
桑林既祷,倏忽潜逝。

黄雚草、肥遗鸟、䍺兽

浴疾之草,厥子赭赤。
肥遗似鹑,其肉已疫。
䍺兽长臂,为物好掷。

螐渠、赤鷩鸟、文茎木、鸱鸟

螐渠已殃,赤鷩辟火。
文茎愈聋,是则嘉果。
鸱亦卫灾,厥形惟幺。

橐𩿧

有鸟人面,一脚孤立。
性与时反,冬出夏蛰。
带其羽毛,迅雷不入。

桃枝

嶓冢美竹,厥号桃枝。
丛薄幽蔼,从容郁猗。
簟以安寝,杖以扶危。

杜衡

狌狌犇人,杜衡走马。
理固须因,体亦有假。
足骏在感,安事御者!

菁容草、边溪兽、栎鸟

有华无实,菁容之树。
边溪类狗,皮厌妖蛊。
黑文赤翁,鸟愈隐痔。

礜石

禀气方殊,件错理微。
礜石杀鼠,蚕食而肥。
厥性虽反,齐之一归。

獓如

獓如之兽,鹿状四角。
马足人手,其尾则白。
貌兼三形,攀木缘石。

鹦䳇

鹦䳇慧鸟,栖林喙桑。
四指中分,行则以觜。
自贻伊笼,见幽坐趾。

数斯鸟、𪃍兽、鶌鸟

数斯人脚,厥状似鸱。
𪃍兽大眼。有鸟名鶌,
两头四足,翔若合飞。

鸾鸟

鸾翔女床,凤出丹穴。
拊翼相和,以应圣哲。
击石靡咏,韶音其绝。

凫徯鸟、朱厌兽

凫徯朱厌,见则有兵。
类异感同,理不虚行。
推之自然,厥数难明。

蛮蛮

比翼之鸟,似凫青赤。
虽云一形,气同体隔。
延颈离鸟,翻飞合翮。

丹木、玉膏

丹木炜炜,沸沸玉膏。
黄轩是服,遂攀龙豪。
眇然升遐,群下乌号。

瑾瑜玉

钟山之宝,爰有玉华。
符彩流映,气如虹霞。
君子是佩,象德闲邪。

钟山之子鼓、钦䲹

钦䲹及鼓,是杀祖江。
帝乃戮之,昆仑之东。
二子皆化,矫翼亦同。

鳐鱼

见则邑穰,厥名曰鳐。
经营二海,矫翼闲霄。
唯昧之奇,见叹伊庖。

神英招

槐江之山,英招是主。
巡游四海,抚翼云僻。
实惟帝囿,是谓玄圃。

榣木

榣惟灵树,爰生若木。
重根增驾,流光旁烛。
食之灵化,荣名仙录。

昆仑丘

昆仑月精,水之灵府。
惟帝下都,西姥之宇。
嵘然中峙,号曰天柱。

神陆吾

肩吾得一,以处昆仑。
开明是对,司帝之门。
吐纳灵气,熊熊魂魂。

土蝼兽、钦原鸟

土蝼食人,四角似羊。
钦原类蜂,大如鸳鸯。
触物则毙,其锐难当。

沙棠

安得沙棠,制为龙舟?
泛彼沧海,眇然遐游。
聊以逍遥,任彼去留。

鹑鸟、沙棠实、蓂草

司帝百服,其鸟名鹑。
沙棠之实,惟果是珍。
爰有奇菜,厥号曰蓂。

狰

章莪之山,奇怪所宅。
有兽似豹,厥色惟赤。
五尾一角,鸣如击石。

神长乘

九德之气,是生长乘。
人状豹尾,其神则凝。
妙物自潜,世无得称。

毕方

毕方赤文,离精是炳。
旱则高翔,鼓翼阳景。
集乃灾流,火不炎正。

西王母

天帝之女,蓬发虎颜。
穆王执贽,赋诗交欢。
韵外之事,难以具言。

文贝

先民有作,龟贝为货。
贝以文彩,贾以小大。
简则易从,犯而不过。

积石

积石之中,实出重河。
夏后是导,石门涌波。
珍物斯备,比奇昆阿。

天狗

乾麻不长,天狗不大。
厥质虽小,攘灾除害。
气之相生,在乎食带。

白帝少昊

少昊之帝,号曰金天。
魂氏之宫,亦在此石。
是司日入,其景则员。

三青鸟

山名三危,青鸟所解。
往来昆仑,王母是隶。
穆王西征,旋轸斯地。

江疑、獬狙兽、鸱鸟

江疑所居,风云是潜。
兽有獬狙,毛如披蓑。
鸱鸟一头,厥身则兼。

神耆童

颛顼之子,嗣作火正。
铿锵其鸣,声如钟磬。
处于騩山,唯灵之盛。

帝江

质则混沌,神则旁通。
自然灵照,听不以聪。
强为之名,曰在帝江。

鹓鹐、獂兽

鹓鹐三头,獂兽三尾。
俱御不祥,消凶辟眯。
君子服之,不逢不疐。

当扈

鸟飞以翼,当扈则须。
废多任少,沛然有余。
轮运于毂,至用在无。

白狼

矫矫白狼,有道则游。
应符变质,乃衔灵钩。
惟德是适,出殷见周。

白虎

魋魋之虎,仁而有猛。
其质载皓,其文载炳。
应德而擾,止我交境。

駮

駮惟马类,实畜之英。
腾髦骧首,嘘天雷鸣。
气无冯凌,吞虎辟兵。

神魃、蛮蛮、𩶯遗鱼

其音如吟,一脚人面。
鼠身鳖头,厥号曰蛮。
目如马耳,食厌妖变。

櫰木

櫰之为木,厥形似椶。
若能长服,披树排山。
力则有之,寿则宜然。

鸟鼠同穴山

鵽䶈二虫,殊类同归。
聚不以方,或走或飞。
不然之然,难以理推。

䴊鮎鱼

形如覆铫,包玉含珠。
有而不积,泄以尾闾。
阖与道会,可谓奇鱼。

丹木

爰有丹木,生彼洧盘。
厥实如瓜,其味甘酸。
蠲痫辟火,用奇桂兰。

穷奇兽、蠃鱼、𫛪湖兽

穷奇如牛,蝟毛自表。
濛水之蠃,匪鱼伊鸟。
𫛪湖之兽,见人则抱。

鳐鱼

物以感应,亦有数动。
壮士挺剑,气激白虹。
鳐鱼潜渊,出则邑悚。

北山经

水马

马实龙精,爰出水类。
渥洼之骏,是灵是瑞。
昔在夏后,亦有何駬?

儵鱼

涸和损平,莫惨于忧。
诗咏萱草,带山则儵。
壑焉遗岱,聊以盘游。

膻疏兽、䴅𪇈鸟、何罗鱼

厌火之兽，厥名膻疏。
有鸟自化，号曰䴅𪇈。
一头十身，何罗之鱼。

孟槐

孟槐似貆，其豪则赤。
列象畏兽，凶邪是辟。
气之相胜，莫见其迹。

鳋鳋鱼

鼓翮一挥，十翼翩翻。
厥鸣如鹊，鳞在羽端。
是谓怪鱼，食之辟燔。

橐驼

驼惟奇畜，肉鞍是被。
迅骛流沙，显功绝地。
潜识泉源，微乎其智。

耳鼠

蹠实以足，排虚以羽。
翘尾翻飞，奇哉耳鼠。
厥皮惟良，百毒是御。

幽䃅

幽䃅似猴，俾愚作智。
触物则笑，见人佯睡。
好用小慧，终是婴系。

寓鸟、孟极、足訾兽

鼠而傅翼，厥声如羊。
孟极似豹，或倚无良。
见人则呼，号曰足訾。

鵸鵌鸟

毛如雌雉，朋翔群下。
飞则笼日，集则蔽野。
肉验针石，不劳补写。

诸犍兽、白鵺、竦斯鸟

诸犍善吒，行则衔尾。
白鵺竦斯，厥状如雉。
见人则跳，头文如绣。

磁石

磁石吸铁，瑇瑁取芥。
气有潜感，数亦冥会。
物之相投，出乎意外。

旄牛

牛充兵机,兼之者旄。
冠于旄鼓,为军之标。
匪肉致灾,亦毛之招。

狍鸮

狍鸮贪惏,其目在腋。
食人未尽,还自龈割。
图形妙鼎,是谓不若。

长蛇

长蛇百寻,厥鬣如彘。
飞群走类,靡不吞噬。
极物之恶,尽毒之厉。

狪、闾、䮝马、独狢

有兽如豹,厥文惟缛。
闾善跃险,䮝马一角。
虎状马尾,号曰独狢。

山𤢹

山𤢹之兽,见人欢谑。
厥性善投,行如矢激。
是惟气精,出则风作。

鳖鹊

御喝之鸟,厥名鳖鹊。
昏明是互,昼隐夜觌。
物贵应用,安事鸾鹄!

窫窳、诸怀兽、鰲鱼、肥遗蛇

窫窳诸怀,是则害人。
鰲之为状,羊鳞黑文。
肥遗之蛇,一头两身。

居暨兽、䴅鸟、三桑

居暨豚鸣,如彙赤毛。
四翼一目,其名曰䴅。
三桑无枝,厥树唯高。

鲨鱼

阳鉴动日,土蛇致宵。
微哉鲨鱼,食则不骄。
物在所感,其用无标。

驿

驿兽四角,马尾有距。
涉历归山,腾险跃岨。
厥貌惟奇,如是旋舞。

天马

龙冯云游，腾蛇假雾。
未若天马，自然凌霄。
有理悬运，天机潜御。

酸与

景山有鸟，禀形殊类。
厥状如蛇，脚二翼四。
见则邑恐，食之不醉。

鹕居

鹕居如鸟，青身黄足。
食之不饥，可以辟谷。
内厥惟珍，配彼丹木。

鸪鹊、黄鸟

鸪鹊之鸟，食之不瞧。
爰有黄鸟，其鸣自叫。
妇人是服，矫情易操。

飞鼠

或以尾翔，或以髯凌。
飞鼠鼓翰，翛然背腾。
用无常所，惟神是冯。

精卫

炎帝之女，化为精卫。
沈所东海，灵爽西迈。
乃衔木石，以堙波海。

鹅鹅、象蛇鸟、鲐父鱼

有鸟善惊，名曰鹅鹅。
象蛇似雉，自生子孙。
鲐父鱼首，厥体如豚。

挑挑、罴九兽、大蛇

挑挑似羊，眼在耳后。
窍生尾上，号曰罴九。
幽都之山，大蛇牛响。

东山经

鳙鳙鱼、从从兽、䖵鼠

鱼号鳙鳙,如牛虎鲛。
从从之状,似狗六脚。
䖵鼠如鸡,见则旱涸。

珠蟞鱼

澧水之鲜,形如浮肺。
体兼三才,以货贾害。
厥用既多,何以自卫?

鯈鳙

鯈鳙蛇状,振翼洒光。
凭波腾逝,出入江湘。
见则岁旱,是维火祥。

犰狳

犰狳之兽,见人佯眠。
与灾协气,出则无年。
此岂能为,归之于天。

狪狪

蚌则含珠,兽胡不可?
狪狪如豚,被褐怀祸。
患难无由,招之自我。

狸力兽、鴢胡鸟

狸力鴢胡,或飞或伏。
是惟土祥,出兴功筑。
长城之役,同集秦域。

堪㺔鱼、蛉蛉兽

堪㺔蛉蛉,殊气同占。
见则淇水,天下昏垫。
岂伊妄降,亦应牒谶。

朱獳

朱獳无奇,见则邑骇。
通感靡诚,维数所在。
因事而作,未始无待。

獙獙、蛮蚳兽、絜钩鸟

獙獙如狐，有翼不飞。
九尾虎爪，号曰蛮蚳。
絜钩似凫，见则民悲。

岜木

马维刚骏，涂之岜汁。
不劳孙阳，自然闲习。
厥术无方，理有潜执。

狱狱

治在得贤，亡由夫人。
狱狱之来，乃致狡宾。
归之冥应，谁见其津？

虻鱼、薄鱼

有鱼十身，蘪芜其臭。
食之和体，气不下溜。
薄之跃渊，是维灾候。

蠵龟

水圆四十，潜源溢沸。
灵龟爰处，掉尾养气。
庄生是感，挥竿傲贵。

合窳

猪身人面，号曰合窳。
厥性贪残，物为不咀。
至阴之精，见则水雨。

婴胡、精精兽、鲐鲐鱼

婴胡之状，似麋鱼眼。
精精如牛，以尾自辨。
鲐鲐所潜，厥深无限。

当康、鳛鱼

当康如豚，见则岁穰。
鳛鱼鸟翼，飞乃流光。
同出殊应，或灾或祥。

猲狙、䳃雀

猲狙狡兽，䳃雀恶鸟。
或狼其体，或虎其爪。
安用甲兵？扰之以道。

蜚

蜚则灾兽，跂踵厉深。
会所经涉，竭水槁林。
禀气自然，体此殃淫。

中山经

桃林

桃林之谷,实惟塞野。
武王克商,休牛风马。
阢越三涂,作险西夏。

若华鸟、酸草

疗疟之草,厥实如瓜。
乌酸之叶,三成黄华。
可以为毒,不畏蚖蛇。

鸣石

金石同类,潜响是韫。
击之雷骇,厥声远闻。
苟以数通,气无不运。

蓸草

蓸草黄华,实如菟丝。
君子是佩,人服媚之。
帝女所化,其理难思。

旋龟、人鱼、脩辟

声如破木,号曰旋龟。
脩辟似龟,厥鸣如鸱。
人鱼类鯑,出于洛伊。

山膏、黄棘

山膏如豚,厥性好笃。
黄棘是食,匪子匪化。
虽无贞操,理同不嫁。

帝台棋

茫茫帝台,维灵之贵。
爰有石棋,五彩焕蔚。
觞祷百神,以和天气。

三足龟

造物维均,靡偏靡颇。
少不为短,长不为多。
贡能三足,何异鼋鼍?

嘉荣

霆维天精,动心骇日。
曷以御之?嘉荣是服。
所正者神,用口肠腹。

天楄、牛伤、文兽、䲢鱼

牛伤镇气,天楄弭噎。
文兽如蜂,枝尾反舌。
䲢鱼青斑,处于逵穴。

帝休

帝休之树,厥枝交对。
竦本少室,曾阴云霨。
君子服之,匪怒伊爱。

泰室

嵩维岳宗,华岱恒衡。
气通元漠,神洞幽明。
嵬然中立,众山之英。

楠木

爰有嘉树,厥名曰楠。
薄言采之,窈窕是服。
君子惟欢,家无反目。

芮草

芮草赤茎,实如蘡薁。
食之益智,忽不自觉。
殆齐生知,功奇于学。

鶟鸟

鶟之为鸟,同群相为。
畴类被侵,虽死不避。
毛饰武士,兼厉以义。

鸣蛇、化蛇

鸣化二蛇,同类异状。
拂翼俱游,腾波漂浪。
见则并灾,或淫或亢。

赤铜

昆吾之山,名铜所在。
切玉如泥,火炙有彩。
尸子所叹,验之彼宰。

神熏池

泰逢虎尾,武罗人面。
熏池三神,厥状不见。
爰有美玉,河林如蒨。

神武罗

有神武罗,细腰白齿。
声如鸣佩,以镶贯耳。
司帝密都,是宜女子。

鹞鸟

鹞鸟似凫,翠羽朱目。
既丽其形,亦奇其肉。
妇女是食,子孙繁育。

荀草

荀草赤实,厥状如菅。
妇人服之,练色易颜。
夏姬是艳,厥媚三还。

马腹兽、飞鱼

马腹之物,人面似虎。
飞鱼如豚,赤文无羽。
食之辟兵,不畏雷鼓。

神泰逢

神号泰逢,好游山阳。
濯足九州,出入流光。
天气是动,孔甲迷惶。

葪柏

葪柏白华,厥子如丹。
实肥变气,食之忘寒。
物随所染,墨子所叹。

橘、櫾

厥苞橘櫾,奇者维甘。
朱实金鲜,叶蒨翠蓝。
灵均是咏,以为美谈。

萹

大騩之山,爰有萃草。
青华白实,食之无夭。
虽不增龄,可以穷老。

鲛鱼

鱼之别属,厥号曰鲛。
珠皮毒尾,匪鳞匪毛。
可以错角,兼饰剑刀。

鸩鸟

蝮维毒魁,鸩鸟是噉。
拂翼鸣林,草瘁木惨。
羽行隐戮,厥罚难犯。

椒

椒之灌殖,实繁有伦。
拂颖沾霜,朱实芬辛。
服之洞见,可以通神。

狚狼、雍和、狻兽

狚狼之出,兵不外击。
雍和作恐,狻乃流疫。
同恶殊灾,气各有适。

神蠱围、计蒙、涉蠱

涉蠱三脚,蠱围虎爪。
计蒙龙首,独禀异表。
升降风雨,茫茫渺渺。

蜼

寓属之才,莫过于蜼。
雨则自悬,塞鼻以尾。
厥形虽随,列象宗彝。

岷山

岷山之精,上络东井。
始出一勺,终致森冥。
作纪南夏,天清地静。

熊穴

熊山有穴,神人是出。
与彼石鼓,象殊应一。
祥虽先见,厥事非吉。

夔牛

西南巨牛,出自江岷。
体若垂云,肉盈千钧。
虽有逸力,难以挥轮。

跂踵

青耕御疫,跂踵降灾。
物之相反,各以气来。
见则民咨,实为病媒。

崃山

邛崃峻险,其坂九折。
王阳逡巡,王遵逞节。
殷有三仁,汉称二哲。

蛟

匪蛇匪龙,鳞彩炳焕。
腾跃波涛,蜿蜒江汉。
汉武饮羽,伙飞叠断。

神耕父

清泠之水,在乎山顶。
耕父是游,流光洒景。
黔首祀禜,以弭灾眚。

九钟

峣崩泾竭,麟斗日薄。
九钟将鸣,凌霜乃落。
气之相应,触感而作。

婴勺

支离之山,有鸟似鹊。
白身赤眼,厥尾如勺。
维彼有斗,不可以酌。

獜

有兽虎爪,厥号曰獜。
好自跳扑,鼓甲振奋。
若食其肉,不觉风迅。

帝台浆

帝台之水,饮鹇心病。
灵府是涤,和神养性。
食可逍遥,濯发浴泳。

狙如

狙如微虫,厥体无害。
见则师兴,两阵交会。
物之所感,焉有小大!

帝女桑

爰有洪桑,生渎沦潭。
厥围五丈,枝相交参。
园客是采,帝女所蚕。

梁渠、狍即、闻獜兽、䲪鵌鸟

梁渠致兵,狍即起灾。
䲪鵌辟火,物各有能。
闻獜之见,大风乃来。

神于兒

于兒如人,蛇头有两。
常游江渊,见于洞广。
乍潜乍出,神光忽恍。

神二女

神之二女,爰宅洞庭。
游化五江,惚恍窈冥。
号曰夫人,是维湘灵。

飞蛇

腾蛇配龙,因雾而跃。
虽欲登天,云罢陆略。
仗非启体,难以云托。

海外南经

自此山来,虫为蛇,蛇号为鱼

贱无定贡,贵无常珍。
物不自物,自物由人。
万事皆然,岂伊蛇鳞!

讙头国

讙头鸟喙,行则杖羽。
潜于海滨,维食秬秠。
实维嘉谷,所谓濡黍。

羽民国

鸟喙长颊,羽生则卵。
矫翼而翔,龙飞不远。
人维倮属,何状之反?

厌火国

有人兽体,厥状怪谲。
吐纳炎精,火随气烈。
推之无奇,理有不热。

神人二八

羽民之东,有神司夜。
二八连臂,自相羁驾。
昼隐宵出,诡时沦化。

三珠树

三珠所生,赤之之际。
翘叶柏疏,美壮若彗。
濯彩丹波,自相霞映。

载国

不蚕不丝,不稼不穑。
百兽率儛,群鸟拊翼。
是号载民,自然衣食。

焦侥国

群籁舛吹,气有万殊。
大人三丈,焦侥尺余。
混之一归,此亦侨如。

贯匈、交胫、支舌国

铄金洪炉,洒成万品。
造物无私,各任所禀。
归于曲成,是见兆眹。

长臂国

双肱三尺,体如中人。
彼曷为者?长臂之民。
修脚自负,捕鱼海滨。

不死国

有人爰处,员丘之上。
赤泉驻年,神木养命。
禀此遐龄,悠悠无竟。

狄山,帝尧葬于阳,帝喾葬于阴

圣德广被,物无不怀。
爰乃殂落,封墓表哀。
异类犹然,矧乃华黎。

凿齿

凿齿人类,实有杰牙。
猛越九婴,害过长蛇。
尧乃命羿,毙之寿华。

视肉

聚肉有眼,而无肠胃。
与彼马勃,颇相仿佛。
奇在不尽,食人薄味。

三首国

虽云一气,呼吸异道。
观则俱见,食则皆饱。
物形自周,造化非巧。

南方祝融

祝融火神,云驾龙骖。
气御朱明,正阳是含。
作配炎帝,列位千南。

海外西经

夏后启

筮御飞龙,果儛《九代》。
云翙是挥,玉璜是佩。
对扬帝德,禀天灵诲。

女祭、女戚

彼姝者子,谁氏二女?
曷为水间,操鱼持俎?
厥俪安在,离群逸处?

三身国、一臂国

品物流形,以散混沌。
增不为多,减不为损。
厥变难原,请寻其本。

鸾鸟、鹪鸟

有鸟青黄,号曰鹪鸾。
与妖会合,所集会至。
类则枭鹪,厥状难媚。

奇肱国

妙哉工巧,奇肱之人。
因风构思,制为飞轮。
凌颓遂轨,帝汤是宾。

丈夫国

阴有偏化,阳无产理。
丈夫之国,王孟是始。
感灵所通,桑石无子。

形天

争神不胜,为帝所戮。
遂厥形天,脐口乳目。
仍挥干戚,虽化不服。

女丑尸

十日并燡,女丑以毙。
暴于山阿,挥袖自翳。
彼美谁子,逢天之厉?

巫咸

群有十巫,巫咸所统。
经技是搜,术艺是综。
采药灵山,随时登降。

乘黄

飞黄奇骏,乘之难老。
揣角轻腾,忽若龙矫。
实鉴有德,乃集厥皂。

并封

龙过无头,并封连载。
物状相乖,如骥分背。
数得自通,寻之愈阂。

灭蒙鸟、大运山、雄常树

青质赤尾,号曰灭蒙。
大运之山,百仞三重。
雄常之树,应德而通。

女子国

简狄有吞,姜嫄有履。
女子之国,浴于黄水。
乃娠乃字,生男则死。

龙鱼

龙鱼一角,似狸处陵。
俟时而出,神圣攸乘。
飞鹜九域,乘龙上升。

轩辕国

轩辕之人,承天之祜。
冬不袭衣,夏不扇暑。
犹气之和,家为彭祖。

西方蓐收

蓐收金神,白毛虎爪。
珥蛇执钺,专司无道。
立号西阿,恭行天讨。

海外北经

无䏿国

万物相传,非子则根。
无䏿因心,构肉生魂。
所以能然,尊形者存。

共工臣相柳

共工之臣,号曰相柳。
禀此奇表,蛇身九首。
恃力桀暴,终禽夏后。

烛龙

天缺西北,龙冲火精。
气为寒暑,眼作昏明。
身长千里,可谓至神。

深目国

深目类胡,但口绝缩。
轩辕道降,款塞归服。
穿胸长脚,同会异族。

一目国

苍四不多,此一不少。
子野冥瞽,洞见无表。
形游逆旅,所贵维眇。

聂耳国

聂耳之国,海渚是县。
雕虎斯使,奇物毕见。
形有相须,手不离面。

柔利国

柔利之人,曲脚反肘。
子求之容,方此无丑。
所贵者神,形于何有!

夸父

神哉夸父,难以理寻。
倾河逐日,遁形邓林。
触类而化,应无常心。

寻木

渺渺寻木,生于河边。
疏枝千里,上干云天。
垂阴四极,下盖虞渊。

跂踵国

厥形虽大,斯脚则企。
跳步雀踊,踵不阂地。
应德而臻,款塞归义。

欧丝野

女子鲛人,体近蚕蚌。
出珠非甲,吐丝匪蛹。
化出无方,物岂有种!

无肠国

无肠之人,厥体维洞。
心实灵府,余则外用。
得一自全,理无不共。

平丘

两山之间,丘号曰平。
爰有遗玉,骏马维青。
视肉甘华,奇果所生。

駏驉

駏驉野骏,产自北域。
交颈相摩,分背翘陆。
虽有孙阳,终不能服。

北方禺彊

禺彊水神,面色黧黑。
乘龙践蛇,凌云附翼。
灵一玄冥,立于北极。

海外东经

君子国

东方气仁,国有君子。
薰华是食,雕虎是使。
雅好礼让,礼委论理。

十日

十日并出,草木焦枯。
羿乃控弦,仰落阳乌。
可谓洞感,天人悬符。

天吴

眈眈水伯,号曰谷神。
八头十尾,人面虎身。
龙据两川,威无不震。

毛民国

牢悲海鸟,西子骇麛。
或贵穴倮,或尊裳衣。
物我相倾,孰了是非?

九尾狐

青丘奇兽,九尾之狐。
有道翔见,出则衔书。
作瑞周文,以标灵符。

黑齿国、雨师妾、玄股国、劳民国

阳谷之山,国号黑齿。
雨师之妾,以蛇挂耳。
玄股食躯,劳民黑趾。

竖亥

禹命竖亥,青丘之北。
东尽太远,西穷邠国。
步履宇宙,以明灵德。

东方句芒

有神人面,身鸟素服。
衔帝之命,锡龄秦穆。
皇天无亲,行善有福。

海内南经

枭阳

髯髯怪兽,被发操竹。
获人则笑,唇蔽其目。
终亦号咷,反为我戮。

建木

爰有建木,黄实紫柯。
皮如蛇缨,叶有素罗。
绝荫弱水,义人则过。

狌狌

狌狌之状,形乍如犬。
厥性识往,为物警辩。
以酒招灾,自贻缨胄。

氐人

炎帝之苗,实生氐人。
死则复苏,厥身为鳞。
云雨是托,浮游天津。

夏后启臣孟涂

孟涂司巴,听讼是非。
厥理有曲,血乃见衣。
所请灵断,呜呼神微!

巴蛇

象实巨兽,有蛇吞之。
越出其骨,三年为期。
厥大何如?屈生是疑。

海内西经

贰负臣危

汉击磐石,其中则危。
刘生是识,群臣莫知。
可谓博物,出海乃奇。

流黄酆氏国

城围三百,连阿比栋。
动是尘昏,烝气雾重。
焉得游之,以敖以纵?

大泽方百里

地号积羽,厥方百里。
群鸟云集,鼓翅雷起。
穆王旋轸,爰荣骖耳。

流沙

天限内外,分以流沙。
经带西极,颓唐委蛇。
注于黑水,永溺余波。

木禾

昆仑之阳,鸿鹭之阿。
爰有嘉谷,号曰木禾。
匪植匪艺,自然灵播。

开明

开明天兽,禀兹金精。
虎身人面,表此桀形。
瞪视昆山,威慑百灵。

文玉、玗琪树

文玉玗琪,方以类丛。
翠叶猗萎,丹柯玲珑。
玉光争焕,彩艳火龙。

不死树

万物暂见,人生如寄。
不死之树,寿蔽天地。
请药西姥,乌得如羿!

甘水、圣木

醴泉璿木,养龄尽性。
增气之和,祛神之冥。
何必生知,然后为圣?

窫窳

窫窳无罪,见害贰负。
帝命群巫,操药夹守。
遂沦溺渊,变为龙首。

服常、琅玕树

服常琅玕,昆山奇树。
丹实珠离,绿叶碧布。
三头是伺,递望递顾。

海内北经

吉良

金精朱鬣,龙行骏跱。
拾节鸿骛,尘下及起。
是谓吉黄,释圣牖里。

冰夷

禀华之精,练食八石。
乘龙隐沦,往来海若。
是谓水仙,号曰河伯。

蛇巫山、鬼神、蜪犬、群帝台、大蜂、朱蛾

蛇巫之山,有人操杯。
鬼神蜪犬,主为妖灾。
大蜂朱蛾,群帝之台。

王子夜尸

子夜之尸,体分成七。
离不为疏,合不为密。
苟以神御,形归于一。

阘非、据比尸、袜、戎

人面兽身,是谓阘非。
被发折颈,据比之尸。
戎三其角,袜竖其眉。

宵明、烛光

水有佳人,宵明烛光。
流耀河湄,禀此奇祥。
维舜二女,别处一方。

驺虞

怪兽五彩,尾参于身。
矫足千里,倏忽若神。
是谓驺虞,诗叹其仁。

列姑射山、大蟹、陵鱼

姑射之山,实有神人。
大蟹千里,亦有陵鳞。
旷哉溟海,含怪藏珍。

蓬莱山

蓬莱之山，玉碧构林。
金台云馆，高哉兽禽。
实维灵府，玉主甘心。

海内东经

郁州

南极之山，越处东海。
不行而至，不动而改。
维神所运，物无常在。

韩雁、始鸠、雷泽神、琅琊台

韩雁始鸠，在海之州。
雷泽之神，鼓腹优游。
琅琊嶕峣，邈若云楼。

竖沙、居繇、埻端、玺㬇国

竖沙居繇，埻端玺㬇。
沙漠之乡，绝地之馆。
或羁于秦，或宾于汉。

大江、北江、南江、浙江、庐、淮、湘、汉、濛、温、颍、汝、泾、渭、白、沅、赣、泗、郁、肄、潢、洛、汾、沁、济、潦、虖池、漳水

川渎交错，涣澜流带。
通潜润下，经营华外。
殊出同归，混之东会。

大荒东经

靖人国(残文)

僬侥极么,靖人又小。
四体取足,眉目才了。

九尾狐

青丘奇兽,九尾之狐。
有道祥见,出则衔书。
作瑞周文,以标灵符。

大荒南经(缺)

大荒西经

弱水

弱出昆山,鸿毛是沈。
北沦流沙,南映火林。
惟水之奇,莫测其深。

炎火山

木含阳气,精构则然。
焚之无尽,是生火山。
理见乎微,其妙在传。

大荒北经

若木

若木之生,昆山是滨。
朱华电照,碧叶玉津。
食之灵智,为力为仁。

封豕

有物贪婪,号曰封豕。
荐食无厌,肆其残毁。
羿乃饮羽,献帝效技。

海内经（缺，下为残文）

玉赣表夏　　　　　头文如绣

厥号曰蛮　　　　　璕珸取芥

亦有数动　　　　　畴类被侵

涸和损乎　　　　　员丘之上

鼓翮一挥,十翼翩翩

读《山海经》十三首

(晋)陶渊明

其一

孟夏草木长,绕屋树扶疏。
众鸟欣有托,吾亦爱吾庐。
既耕亦已种,时还读我书。
穷巷隔深辙,颇回故人车。
欢然酌春酒,摘我园中蔬。
微雨从东来,好风与之俱。
泛览《周王传》,流观《山海图》。
俯仰终宇宙,不乐复何如。

其二

玉台凌霞秀,王母怡妙颜。
天地共俱生,不知几何年。
灵化无穷已,馆宇非一山。
高酣发新谣,宁效俗中言?

其三

迢递槐江岭,是为玄圃丘。
西南望昆墟,光气难与俦。
亭亭明玕照,洛洛清瑶流。
恨不及周穆,托乘一来游。

其四

丹木生何许?乃在崟山阳。
黄花复朱实,食之寿命长。
白玉凝素液,瑾瑜发奇光。
岂伊君子宝,见重我轩黄。

其五

翩翩三青鸟,毛色奇可怜。
朝为王母使,暮归三危山。
我欲因此鸟,具向王母言:
在世无所须,惟酒与长年。

其六

逍遥芜皋上,杳然望扶木。
洪柯百万寻,森散复旸谷。
灵人侍丹池,朝朝为日浴。
神景一登天,何幽不见烛!

其七

粲粲三珠树,寄生赤水阴。
亭亭凌风桂,八干共成林。
灵凤抚云舞,神鸾调玉音。
虽非世上宝,爰得王母心。

其八

自古皆有没,何人得灵长?
不死复不老,万岁如平常。
赤泉给我饮,员丘足我粮。
方与三辰游,寿考岂渠央!

其九

夸父诞宏志,乃与日竞走。
俱至虞渊下,似若无胜负。
神力既殊妙,倾河焉足有?
余迹寄邓林,功竟在身后。

其十

精卫衔微木,将以填沧海。
刑天舞干戚,猛志固常在。
同物既无虑,化去不复悔。
徒设在昔心,良辰讵可待!

其十一

巨猾肆威暴,钦䲹违帝旨。
窫窳强能变,祖江遂独死。
明明上天鉴,为恶不可履。
长枯固已剧,鵕鹗岂足恃?

其十二

鸱鴸见城邑,其国有放士。
念彼怀王世,当时数来止。
青丘有奇鸟,自言独见尔。
本为迷者生,不以喻君子!

其十三

岩岩显朝市,帝者慎用才。
何以废共鲧,重华为之来。
仲父献诚言,姜公乃见猜。
临没告饥渴,当复何及哉!

《山海经》影视化趣味指南

2014年《古剑奇谭》杨幂、李易峰主演

夔牛：出自《山海经·大荒东经》。剧中该形象出现于百里屠苏一行人出海寻找仙岛的场景，落入八爪鱼精之手后被百里屠苏所解救。

九尾狐：《山海经》中的《南山经》《海外东经》《大荒东经》篇目中皆有关于九尾狐的记载。剧中九尾狐为角色襄铃的星蕴图，代表着非常高强的灵力，预示着年龄尚小的她，就拥有无穷的潜力。

腾蛇：出自《山海经·中山经》，一名"螣蛇"，也叫飞蛇，是一种会腾云驾雾的蛇，一说天上星宿之一，具有吉祥和美好的寓意。该神兽形象暗合剧中角色风晴雪本身的气质和特征。

重明鸟：中国古代神话传说中的神鸟。东晋的志怪小说《拾遗记》《玄中记》描述其为一种猛禽，鸣声如凤，两目都各有两个眼珠，所以得此名。其气巨大，能搏逐猛兽，象征光明，具有辟邪祛灾的能力。在剧中是百里屠苏这一角色的星蕴图。

赤豹：《楚辞·九歌·山鬼》有描述山鬼"乘赤豹兮从文狸，辛夷车兮结桂旗"。相传赤豹是常伴随在山鬼身边的神兽,有火焰一般的色彩。在剧中为红玉这一角色的星蕴图。

口袋,全身火红,有六足和四只翅膀,没有耳目口鼻,但却懂得歌舞。

2015年《西游记之大圣归来》

混沌:记载于《神异经》中的凶兽,外表像犬,四足无爪,有目而不见,行走不便,有翅膀,性残暴,是中国上古"四大凶兽"之一,电影中的肥圆且没有五官的巨大沙虫正是以该凶兽为原型创作的形象。

2016年《青云志》李易峰、赵丽颖主演

水麒麟:青云门的守护圣兽灵尊,原型是麒麟,古代传说中的仁兽、瑞兽,被认为与《山海经》中神兽应龙关系密切,麒麟与凤、龟、龙在《礼记》中被称为"四灵"。在剧中与道玄掌门互相配合,重创进攻青云的魔教。同时,水麒麟的口中还是青云至宝——诛仙古剑的藏剑处。

2015年《捉妖记》白百何、井柏然主演

胡巴:原型为《山海经·西山经》中的帝江。帝江是一种神鸟,形状如黄色

黑水玄蛇:神兽原型是玄蛇,记载于《山海经·大荒南经》中。黑水玄蛇在剧中出现过两次,一次是在死灵渊下的无情海边打败主角一众,也阴差阳错促使主人公凡、瑶找到滴血洞。另一次就是在死亡沼泽的天帝宝库中与黄鸟抢夺长生药,被黄鸟啄瞎一只眼睛后去向

不明。

黄鸟：记载见于《山海经·北山经·北次三经》。在剧中，黄鸟守卫天帝宝库，实力强劲，曾啄瞎黑水玄蛇一只眼睛。最终被鬼王宗用伏龙鼎收去炼四灵血阵。

九尾天狐：原型是九尾狐。九尾天狐在剧中的人形化角色是后期比较重要的角色，有几千年的道行与见识，是最能看透主人公张小凡的人物，也是其好友与前辈。

饕餮：饕餮是传说中龙的第五子。《山海经·北山经·北次二经》中记载的狍鸮，正是饕餮。其特点为羊身人面，眼睛在腋下，虎齿人爪，声音像婴儿，会吃人。饕餮在剧中是兽神的宠物，喜欢吃主人公张小凡做的食物，也喜欢和三眼灵猴小灰打闹。

2016年《大鱼海棠》

白泽：中国古代神话中的神兽。最早记载见于葛洪的《抱朴子》中。白泽作为传说中昆仑山上的神兽出现在了电影中，为主人公椿家里养的那只白色的像小猫般的动物。

瞿如：《山海经·南山经》中记载的怪鸟。瞿如形状像䴔，却长着白色的脑袋、三只脚和人一样的面孔。它的叫声就是自己的名字。在《大鱼海棠》中则变成了船夫，负责接送过客往来如升楼。

帝江：《山海经·西山经》中记载的一种神鸟，懂得歌舞。帝江在影片中出现在夜半之时，椿去找鼠狓的路上，揭开拯救鲲的谜题。

凤凰：《山海经·南山经》中记载的神鸟。影片中主人公椿的奶奶死后便化为了凤凰。

夫诸：《山海经·中山经·中次三经》中记载的神兽，状如白鹿而有四角，情状似温柔洁净，其出现之处有水灾之兆。在影片中的形象则擅长酿酒，喜欢推销孟婆汤。

后土爷爷：中国上古神话中的后土，全称为承天效法厚德光大后土皇地祇，又称后土娘娘。《大鱼海棠》中将后土娘娘的形象转变为一位白发苍苍的村长老爷爷。

木神句芒：中国古代民间神话中的木神。影片中村长老爷爷最后变成了海棠树，凤凰奶奶率领了百鸟前来，头顶燕子的句芒就出现了，感叹了一句：

"夏日飞霜，季节已经错乱了。"

火神祝融：三皇五帝时夏官火正的官名，被后世尊为火神。祝融也是电影《大鱼海棠》中的人物，可控火，为人性格略暴躁。在影片中曾经狠心攻击鲲，后来为了救人将自己的力量分给了伙伴赤松子。

2017年《三生三世十里桃花》杨幂、赵又廷主演

九尾狐：剧中九尾白狐白浅，九尾红狐白凤九、九尾白狐白真即为生活在青丘之地的九尾狐一族。

毕方：《山海经》中的《西山经》和《海外南经》都有关于毕方的记载。毕方是一种神鸟,外形似丹顶鹤,但是只有一条腿(一说为只有一只翅膀),身体为蓝色,有红色的斑点,喙为白色。毕方出现时预示着有大火之兆。毕方鸟是剧中人物白浅四哥白真的坐骑,因负气离开白真。

凤凰:《山海经·南山经》中记载的神鸟。在剧中人物形象名为折颜,是十里桃林的主人,也是开天辟地以来大洪荒时代孕育出的第一只凤凰。善酿酒,医术高明。在剧中曾帮夜华看病,让九尾狐白浅的师傅早日醒来。

2018年《香蜜沉沉烬如霜》杨紫、邓伦主演

应龙:《山海经·大荒东经》中记载的神兽,是一种有翼的龙。应龙居处在南方,经常招来风雨,所以造成南方多雨。剧中的天族夜神润玉即以应龙为原型创作的人物形象,剧情设定他为天帝与鲤鱼精所生。

九尾狐:《山海经》中最广为人知的神兽之一。剧中月下仙人是天帝的弟弟,即为一只九尾狐。他是女主角锦觅的师傅。

穷奇:《山海经·海内北经》中记载的一种凶兽。穷奇外貌像老虎,长有一双翅膀。《山海经·西山经》的记载则指出穷奇外貌像牛,长着刺猬的毛发。不过两则记载都指出穷奇喜欢吃人。在剧中,穷奇作为凶兽贯穿全剧,因作恶多端被天帝所囚禁,后又被居心叵测之人释放出来,祸害苍生。

凤凰：《山海经》中最被读者喜爱的神鸟。在剧中天族火神旭凤，为天帝太微（真身是龙）与天后茶姚（真身是凤凰）所生，有不死之身。在剧中第一集表现凤凰涅槃时，旭凤被九曜真火焚烧七七四十九日，途中遭遇突袭后仍能像凤凰一样浴火重生。

2019年《宸汐缘》张震、倪妮主演

应龙：传说中一种有翼的龙，战斗力强，地位尊崇，血统尊贵。《山海经·大荒东经》记载："应龙处南极，杀蚩尤与夸父，不得复上，故下数旱。旱而为应龙之状，乃得大雨。"在《宸汐缘》剧中，张震饰演的主人公九宸的神兽本体就是一条应龙，守护天下苍生，战无不胜。

丹鸟：即凤凰。羽毛一般为赤红色。《山海经·大荒北经》记载凤凰居于丹穴之山，故又名丹鸟。在《宸汐缘》中，倪妮饰演的女主人公灵汐的神兽本体为一只小丹鸟，在剧中历经重重劫难后才现出真身——凤凰。

白泽：一种昆仑山上的异兽，浑身雪白，能说人话，通万物之情，晓天下万物状貌。清代《渊鉴类函》引述古本《山海经》记载："东望山有兽，名曰白泽，能言语，王者有德，明照幽远则至。"在剧中，白泽遇到女主人公灵汐后被取名为"五碗"，且多次在危急关头帮助灵汐。

毕方：毕方是只有一只脚的鸟，红色的斑纹和青色的身子，而有一张白嘴巴，所到之处就会发生怪火。剧中人物云风为了给九宸取无尽木和阎辛花治疗寒疾，与毕方鸟大战两次，被毕方鸟烧毁了衣服。

图书在版编目(CIP)数据

中日图解山海经 / 何中夏注解. —杭州：浙江文艺出版社，2021.9
ISBN 978-7-5339-6293-7

Ⅰ.①中… Ⅱ.①何… Ⅲ.①历史地理—中国—古代②《山海经》—图解 Ⅳ.①K928.631-64

中国版本图书馆CIP数据核字(2020)第213965号

统筹策划　柳明晔
责任编辑　邵　劼
责任印制　吴春娟
封面设计　水玉银文化
版式设计　吕翡翠
营销编辑　张恩惠
数字编辑　姜梦冉

中日图解山海经

何中夏　注解

出版发行　浙江文艺出版社
地　　址　杭州市体育场路347号
邮　　编　310006
电　　话　0571-85176953（总编办）
　　　　　0571-85152727（市场部）
制　　版　杭州天一图文制作有限公司
印　　刷　浙江新华数码印务有限公司
开　　本　787毫米×1092毫米　1/16
字　　数　217千字
插　　页　4
印　　张　26.25
版　　次　2021年9月第1版
印　　次　2021年9月第1次印刷
书　　号　ISBN 978-7-5339-6293-7
定　　价　128.00元

版权所有　侵权必究
（如有印装质量问题，影响阅读，请与市场部联系调换）